江西省文化艺术基金资助项目

龚家凤◎著

农林渔猎　民间信仰　衣食住行　乡间手艺　人生礼仪　岁时节令

# 西山民俗

团结出版社

图书在版编目（CIP）数据

西山民俗 / 龚家凤著 . —北京：团结出版社，
2024.6
ISBN 978-7-5234-0908-4

Ⅰ.①西… Ⅱ.①龚… Ⅲ.①风俗习惯—介绍—南昌
Ⅳ.① K892.456.1

中国国家版本馆 CIP 数据核字（2024）第 073678 号

出　　版：团结出版社
　　　　　（北京市东城区东皇城根南街 84 号　邮编：100006）
电　　话：（010）65228880 65244790（出版社）
网　　址：http://www.tjpress.com
E－m a i l：zb65244790@vip.163.com
经　　销：全国新华书店
印　　装：廊坊市海涛印刷有限公司

开　　本：170mm×240mm　16 开
印　　张：22.75
字　　数：358 千字
版　　次：2024 年 6 月　第 1 版
印　　次：2024 年 6 月　第 1 次印刷

书　　号：978-7-5234-0908-4
定　　价：88.00 元

# 西山古老民俗的吟唱

傅玉丽

一方水土养一方人。

对于人类来说，世代受地域、气候、信仰等影响，形成长久固定的习俗，总会在时间长河中慢慢沿袭、转变、承继，所在地之人身上，总会留有或多或少的影子。这就说明民俗既古远，也充满活力的原因。南昌的梅岭，自古以来形成了自身悠久的民间文化，蕴含在当地独具特色的民俗中。

得知龚家凤先生出新书《西山民俗》，我是既觉惊讶，又觉在意料之中。他生于梅岭、长于梅岭，自然承接着当地民俗的抚慰、熏染，梅岭的民俗早已熟谙于心，并在自己的文章中娓娓道来，正印证了其"梅岭之子"称号的当之无愧。

平日里，家凤先生一有空闲，就行走在三百里梅岭山水间。这不只为简单的脚步移动，而是有心灵深度的行走。对于他来说，任何一棵树、一丛草都有着不凡的意义。

家凤先生的祖先生活在这里，他的血液中流淌着祖辈的印迹。而对于山中的任何一位老人、任何一处老屋，他都有种难以割舍的惺惺相惜。他一次次有意地接近他们，记下他们的所述，拍下他们的照片。一次，他说到"这位老人我前段时间去时还在，这次去却不在了"时，眼里满是遗憾与泪水。这些山中祖祖辈辈生活的人，在他看来，就是梅岭民俗的相传者和传承者，时刻在引起他的关注。

为什么写作？为谁写作？听起来是个老话题，却在提醒每一个写作者，手中的笔其实力敌千钧，代表的是自己的内心之想、血液之淌，还有自己最关怀的一类人的生命存在。这种存在，既是物质的，也是精神的。现代科技和社会的发展，使梅岭和其他地方一样，天天在变化。只是在这个变化之中，还有许多不变的东西。这就需要作家写作的精神引领，而家风先生正是以自己多年的写作在这方面起到了良好的作用。

湖南的湘西很美，可在中国大地之上，还有许多美的地方。只是湘西由于有了作家沈从文，它的美变得立体、深邃、久远起来。其中的民俗抒写，为那片古老之地绣上了自己神秘、动人的特殊色泽，也成为沈从文文章的特色。这也是人们想起沈从文，会想到湘西的原因。同样，想到作家迟子建，就会想到东北大兴安岭；而一谈论到作家老舍，就会涌上一股浓厚的京味儿……因为这些作家的作品中，都有着浓厚的当地民俗特色。这是他们作品的特色，也是当地百姓生活在作品中的反映。现在，《西山民俗》的写作与出版，正是承载着梅岭的历史、文化，是与梅岭百姓心灵相连的，是对梅岭地域文化、民间精神与思想意识的呈现与贡献。

梅岭山中，十里不同风，五里不同俗。钟灵毓秀之中蕴藏着一代代人沿袭、相传下来的民间文化。这其中的民俗部分，有许多不为人所知。在书中，我们可以看到，对于过年，此地不同于别处：一年之中要过两次年，即山中的客家人，在一年的六月初六这天，要采摘新鲜瓜果、蔬菜，进行祭拜天地，祈求五谷丰登。中午，还要用新米煮饭，好酒好菜吃一顿，名为"吃新"，这种"过半年"的民俗许多人都不了解。

而对于与百姓生活息息相关的牛，梅岭山里村民体会着牛一生的辛劳与勤恳、奉献与忍耐……每到端午节的日子，晚上人们纷纷赶着牛上山，让它寻找传说中的仙草，特别希望这种动物能够升天成仙。书中，年同爷说的一句话"牛为我们劳作了一辈子，到老来，肉被吃，皮用来蒙鼓。我们看杀牛时，千万记得手交背，要不然有罪过"，把人对牛的感激、体恤、歉疚和自责道了出来，引人泪目。

无论在中国，或世界何处，说到万寿宫，人们都知道是中国江西的象征。万寿宫祖庭，就在梅岭南麓的西山镇上。时至今日，那里常年人声鼎沸、香火不断，依然能看到宗教在民间的力量……

从书中，我们可以看到，由于位于山中，梅岭从前民风淳朴，百姓日出而作，日落而息，相对封闭，也因此能完整地保留着民族四时八节、婚丧嫁娶等传统风俗。清明节、七月半，一个家族会在一起上坟、祭祖。过年谁家杀了猪，煮好了的血旺，要相互赠送。清明节的阳绿饼、谷芽饼，也要送给邻里，相互品尝。寒冬腊月，很多人家坐在一起烤火，讲故事、唱民谣、猜谜语……

在书中，萦绕于此的民俗，经过一代代的历史冲刷，在这里有的延续，尚有踪迹；有的芳影难寻、成为传说……比如山中几百座世代帮助人们舂米磨面的水碓，由人们生活所需之物，最后变得在野外自生自灭。当初，舂米磨面的民俗已不可寻，读之不免让人有唏嘘之感。这座南昌唯一的山中，难道也会像其他地方一样，最终在城市化进程中，变得完全一样？这种担心是否多余？……凡此种种，滋味百般。

民俗文化是世世代代传承的，作为民族精神的主要组成部分，是中华民族传统文化的重要载体，它传承着我们数千年来的文化血脉。它既古老又年轻，因为它来自远古，但又直接体现在一代代，直到今天每一个生活在其中的人身上。书中还大量引用民歌、民谣、传说、方言……非常真实、自然，可亲、可感，文章涌溢着丝丝缕缕梅岭的传统味道及优雅，是作家完全融入梅岭，贴近历史、现实及生活的体现，这种本身与民间文化如榫卯相接，严丝合缝所为，不也是一种民俗的承继吗？

平时，人们都说"入乡随俗"，这正是民俗和风俗对所在地百姓群体的要求，反映出人们对民俗的尊重与理解。如同家凤每一本梅岭之书一样，他在不断的写作之中，已然进行着深层的梅岭的历史研究和文化传承。这种投入的深情，字字流出，处处能见，相信每个读到的人都会有这种感受。

国外，同样有自己的民俗。看美国电影《寻梦环游记》时，我流下了眼泪。里面展示的就是墨西哥古老的节日——亡灵节。这个节日强调人逝去并非死亡，只有不被人爱，无人惦记，才是真正的死亡，这其中有着与我们许多相同的情结。而在一些作家，比如马尔克斯等的作品中，也充满了对当地民俗的描写，不仅让人看到了各民族文化的独特，更为这些作品增色万分。我们需要的是对各种民俗的彼此尊重与理解，了解当地民众和生活才是最直接的融入当地文化的方法。《西山民俗》一书，抒写了梅岭世代相袭、相承以及几经演变、延续、变化的民俗，无疑成为走近梅岭之人了解梅岭、知晓梅岭最具价值的书籍。

南昌的西山指的就是梅岭。家凤所在的桐源村，原属安义县管辖。通过家凤的写作，每个人都会深深体会到，方圆不大、山势并不高的梅岭，却有着一种博大、宽广的历史文化和民间传统。而正是这深度与广度造就了一个大梅岭。

民俗具有极强的生命力，因为它的气息会活生生地存在于日常生活之中，往往在无声无息中影响一代代人。虽然我们每天生活在一些民俗之中，民俗就在每个人身上。但家凤先生却以这本书，以对民俗文化的挖掘、展示，提醒我们每个人，如何对待民俗、继承民俗、推动民俗，成为一个有意识的个体。这将对开发民族的古老精神力量，发挥极为强劲的精神支持作用。这本书，不仅让梅岭人了解了梅岭，让南昌人了解了梅岭，更让南昌以外的人了解了梅岭，必将为研究和探索当地民俗和文化提供良好的帮助，成为让梅岭民俗走出深闺的桥梁，也成为梅岭成为大梅岭的一块基石。

2024 年 1 月 1 日

傅玉丽，中国作协会员、中国自然资源作协会员、中国电力作协会员，鲁迅文学院江西中青年作家班学员，南昌市散文学会副会长。

主要从事小说、散文、报告文学创作。著有小说集《墙》，散文集《永远的家门》《心中的马儿跑起来》，报告文学《照亮乡村》《陶瓷世家》（即将出版）。曾获各种奖励和荣誉。

# Contents

· · · · · · · · · · · · · · · · · · · ·

# 目　录

## 第六辑　农林渔猎

第一辑　人生百年

# 人之初

人的一生，只要走进了婚姻殿堂，很快就要充当为人父、为人母的角色，此乃自然之道。

我乡有民歌唱道：

> 上午扯秧下午栽，五月就有禾花开，
>
> 今年打发姐姐嫁，明年就有外甥来。

人生代代无穷已，江月年年望相似。

孟子说："不孝有三，无后为大。"家族烟火的延续、家庭门户的支撑，接力棒交付到你手中，不可不慎。

祈子。很多人，三年两载过去了，儿女绕膝。而有的人则春风吹来，不起半点波澜。祈子，便提到议事日程。

你看老祖宗造字，有子有女，谓之"好"，女少谓之"妙"。

远在春秋时期，鲁国有个叫叔梁纥的先生，正室施氏，生有九个女儿，可谓芬芳满庭。娶了一房妾，倒是生了一个儿子，名曰孟皮，可惜跛脚。按当时的规定，身有残疾的人，不能主持祭祀。叔梁纥不死心，到了迟暮之年，再娶了一个叫颜征在的妙龄少女。婚后，到尼山祈祷求子，天遂人愿，很快有孕，生下一子，名丘，字仲尼。

在我乡，很多人去梦山，向梦娘娘祈子。

民国初年，我村有一妇人，四十二岁了，头发花白，还没有孩子，便来梦山求子。夜里住下，要将一尊"吵梦神"顶在门上。梦中，有龙凤绕着床盘旋。第二天，妇人向道士请教。道士说："龙凤呈祥，大吉大利。你回去，叫老公修桥补路，多做好事，来年便有结果。"第二年，果然生一对龙凤胎，全家人一路打着锣鼓，放着爆竹来报喜。

但更多的人，是去寺庙向观音菩萨求子。

有的新妇，向观音娘娘三跪九拜，献上三炷香，摸一下观音娘娘的背，说："摸摸观音咯背，生崽生得快。"摸一下观音的肚，说："摸摸观音咯肚，生崽生一路。"

偷瓜送子。这项活动，一般在中秋节这一天进行。村里有久婚不孕的新妇，亲戚邻里，便踏着月光，到别人家菜园，偷偷摘下一只小冬瓜，洗得干干净净，画成胖娃娃模样，塞进新妇被子里。新妇抱瓜睡上一觉。第二天刨开冬瓜，数瓜子。如是单数，生男孩；如是双数，生女孩。冬瓜最好是全部吃掉。

高桥求子。以前南昌的高桥，有些像北京的天桥，各种杂耍、小吃，应有尽有。据老一辈人说，古时候，时逢八月十五，皓月当空，远近的妇女们结伴而来，抚摸高桥两侧的十五根石柱栏杆，祈求生男孩。传说有个新妇，结婚七八年，没有开怀，婆子、老公不依不饶，便来到湖边寻死。可走进水里，又不舍得死，抱着桥墩大哭。不知不觉，睡着了，梦中观音娘娘说："你回家吧，明年就可以生一个胖小子。"于是这里形成了抱桥墩求子的风俗。

民国《南昌县志》说："中秋夜城中妇女暗数高桥桥柱，谓宜子。乡村亦有如元夕摸青者，小儿携伴采百叶斗输赢，亦名摸清。"

清代刘一峰《高桥行》诗云："高桥月明当夜半，前呼后呼女伴郎。传言拜月过中秋，便好生儿嫁石头。"

怀孕。也叫有喜。有的人，一旦求子有应，如遇皇天大赦，狂喜不已，走起路来，特意要把肚子高高挺起，似乎在向世人宣告，我要做母亲了！

胎儿是一个崭新的生命，是自己生命的延续，家族的未来。一旦有了身孕，须谨小慎微，故有很多禁忌。不可做屋或装修房子，怕惊动胎气，导致流产。不可看布袋戏、木偶戏，怕胎儿将来软弱无能，得软骨病，受人操纵。不可看人挖沟，也不可吃兔肉，怕胎儿缺唇。不可吃生姜，怕胎儿多长出手指头。不可杀生，宰杀动物会亵渎神明，怕伤及胎儿。不可吃螃蟹，怕导致难产……

催生。在孕妇临产前一个月，娘家要送催生饼。催生饼不可太软，也不可太硬。糯米粉、粳米粉各占半，掺水和好，用刻有寿字、喜字，或雕有莲叶、莲花、莲蓬的模子，印成饼，蒸熟。用筷子方的那一头，砍开成四瓣，每一块饼蘸红点一下，有"快子"和"四季平安"之意。催生饼装在礼篮里，在红纸上面写着"早生贵子""百子千孙"。挑选一个良辰吉日，还要把新生儿各种衣裳、帽子、鞋袜、围兜、抱裙、罗被、枕头及摇篮、坐桶、徛桶、木柳送上。另外还有孕妇吃的红糖、挂面、桂圆、枣子、橘子、鸡蛋、猪肚子等。有的地方还要用锡壶，送一壶米酒、一壶姜汤。

宋吴自牧《梦粱录·育子》："杭城人家育子，如孕妇入月，期将届，外舅姑家以银盆或彩盆，盛粟秆一束、上以锦或纸盖之，上簇花朵、通草、贴套、五男二女意思，及眠羊卧鹿，并以彩画鸭蛋一百二十枚、膳食、羊、生枣、粟果及孩儿绣绷彩衣，送至婿家，名'催生礼'。"

早先的产妇，好比一脚踏进鬼门关。相传有一种"生产鬼"，专门寻孕妇下手，寻替身。要在门前门后，放上镰刀、渔网等，当然，更要贴上门神，庇佑孕妇。

诞生。产妇一旦发动，就要请来接生婆。当产妇撕心裂肺哭喊时，接生婆会说："着力，着力啊！"婴儿出生，要记下准确的年庚八字，要打爆竹庆贺，拜祭祖先。有谜语云："在家三百日，出外永不归。脱下红绸袄，换过太平衣。"说的就是胎儿出世。

随后，做父亲的立即提一篮子染红了的鸡蛋，去岳丈家报喜，还要带一挂小爆竹。如是男孩，在门口就放；如是女孩，要进了屋才放。有的提上一壶姜酒，如是男孩，在壶盖上贴上一张红纸，如是女孩便在壶嘴上贴一张红纸。身上带了糖果，叫喜果子，见人就散上几个。

生男孩，称为"弄璋之喜"；生女孩，称为"弄瓦之喜"。

《诗经·小雅·斯干》曰："乃生男子，载寝之床。载衣之裳，载弄之璋。……乃生女子，载寝之地。载衣之裼，载弄之瓦。"其寓意就是把璋给男孩玩，希望他将来有玉一样的品德；把瓦给女孩玩，瓦是纺车上的零件，希望她将来能胜任女红。

《礼记·内则》曰："子生。男子设弧于门左，女子设帨于门右。"若生的是男孩，则在侧室门左悬弓一副，并且还要用弓箭射四方；若是女孩，则在侧室门右悬帨。

洗三。在出生的第三天，用艾叶、香樟、黄连煎水，用冷开水冲淡。产妇先要向床神祷告，谓之拜床公床母："保佑我儿身体健康，长命百岁。"

在澡盆里，放上一个红蛋，及两样金银首饰。由奶奶或阿婆洗。边洗边说："长流水，水长流，聪明伶俐好儿郎。洗洗头，做王侯。洗洗腰，一辈要比一辈高；洗脸蛋，做知县……"

给婴儿梳头。边梳边说："三梳子，两梳子，长大戴个红顶子，左描眉，右打鬓，日后奔个好前程。"

梳完头，拿一根葱在婴儿头上打三下。边打边说："一打聪明，二打伶俐。"再用鸡蛋在婴儿额头上擦一擦，可免生疖子。

给婴儿吃黄连煎水。黄连清热解毒，对胎毒及黄疸都有抑制作用。另外，还有先苦后甜的寓意。

给婴儿取名，按照八字，根据金木水火土五行，缺什么，补什么。有的喜欢烙上时代的印迹，如解放、四清、下放、社教，一听就晓得哪年生的。

三天以外，任何人不许进产房，说是会踩断奶。如谁不小心踏了门槛，要端三天米汤给产妇吃，边走，还要边说："奶来了！"

产妇一个月不许出房门，叫坐月子。

要多给产妇吃猪蹄、鲫鱼、黄花、挂面。

产妇吃的猪肉、鸡肉等，一定要把毛清洗干净，否则毛伢子会得猪毛风。猪毛风的症状是，手臂上长几根扎手的硬毛，粗如猪鬃，细伢子会痛痒难忍，啼哭不止。挤点奶，敷上，再用棉线，如同女人绞脸，便可除去。

如细伢子夜里老是啼哭，用红纸写："天皇皇，地皇皇，我家有个夜哭郎。过路君子念三遍，一觉睏到大天亮。"

"壁头上两壶酒，总吃总有。"这是吃奶的谜语。

我乡有关于毛伢子吃奶的民歌，乍一听，让人吓一跳：

什么出来开天眼？什么落土地翻身？
什么有口不吃饭？什么出来人吃人？

太阳出来开天眼，犁头落土地翻身，
菩萨有口不吃饭，孩儿出来人吃人。

满月。这一天，阿婆家要送母鸡、蹄花、挂面、红糖、鸡蛋、黄花等。

娘亲舅大。满月酒，一般由宝宝的母舅坐上，大伯、叔父作陪。姑父、姨夫坐下。开席前要鸣爆，点红烛，焚香。

外孙第一次到阿婆家做客，叫过门，要打爆竹接送，还要包红包。

周岁。在这个日子，阿婆家又要送鞋袜、衣裳等。还要用粳米，印一些寿星、寿桃。俗话说："为人莫生三个女，周岁满月送不起。"

这一天，母亲要给宝宝梳洗干净，换上新衣裳，戴狗头帽，穿虎头鞋，系百家锁。等当昼，亲戚都来了，把书本、毛笔、算盘、脂粉、锅铲、剪子、尺子、镰刀等放在他的前面，看他摸什么，可预测他今后的志向前程。

北齐颜之推《颜氏家训》载："江南风俗，儿生一期（一周岁），为制新衣，盥浴装饰，男则用弓、矢、纸、笔，女则用刀、尺、针、缕，并加饮食之物及珍宝服玩，置之儿前，观其发意所取，以验贪廉愚智，名之为拭儿。"

宋代孟元老《东京梦华录》说："至来岁生日,罗列盘盏于地,盛大果木、饮食、官诰、笔砚、算秤等经卷针线应用之物,观其所先拈者,以为征兆,谓之'试晬',此小儿之盛礼也。"

明代，此习俗被称为"期扬"，到了清代才有"抓周""试周"之称。

清末民初，盛行小儿"抓周"礼，近亲们都不约而同地前来庆贺，仅是给小孩买些糕点等食物或玩具。

如《红楼梦》中，贾宝玉抓了胭脂，让贾政大怒，认为他是酒色之徒。

据说我摸周，摸到父亲珍藏的一块民国时的墨，放进口里就吃。父亲很是高兴，说我有文心。

这块墨六角形，有龙凤图案，一边写着"龙翔凤舞"，一边写着"胡开文监制"。我至今珍藏着。

听大哥说，那一天，是寒冬腊月，雪下得两三尺多深，远近亲戚都来祝贺。可那年月，买不到鱼肉来招待亲戚，好在大哥在禾场用秆块上安绳套，捕到二十多只斑鸠、竹鸡做菜。

那天，母亲肯定抱我坐在膝盖上，捉到我的两个小指头，玩斗鸡鸡：

斗金鸡，斗虫虫，鸡打架，蓬蓬飞。飞得高，飞得低，飞到树上喔喔啼，娃娃看得笑嘻嘻。

或捉着我的小手推来送去，唱道：

砻谷，窸窣，做酒，请阿婆。阿婆不吃甜甜酒，要吃红萝卜盖烧酒。烧酒烧，烧断阿婆咯腰。

或唱：

上马叮叮当，下马到南昌。洗马洗马池，系马系马桩。逛逛百花洲，湖上街上热闹异寻常。走进万寿宫，献上烛与香，一祝保发财，二祝保安康，三祝保我崽，跨马逛街做个状元郎。

因我的侄子侄女做周岁，母亲总是这样逗他们的。

时至如今，很多地方仍保留了抓周习俗，纯粹是一种取乐逗趣的游戏而已。

# 良缘凤缔

## 一

余生也晚。在我出生时，堂侄都七岁了。堂侄叫毛毛，是大堂哥的独生子。因我排行第六，毛毛叫我六叔。

也就是说，从我出生的第一天起，就有人喊我六叔了。在我很小的时候，毛毛就带我采野菜、斫柴、捉鱼。有一天，不记得什么事，毛毛惹得我不高兴，好几天不理他。他还得一迭声地喊着六叔，给我赔不是。谁叫我是叔呢！

堂侄读书时，我也跟去玩。学校就在村子地主家充公的房子里。下了课，他们别出心裁，把地主家的棺材盖，拿到山脚的陡坡上，当溜溜车坐。大家坐好，棺材盖哧溜一下，往下冲刺，只觉得耳畔生风，好不痛快。即使摔得屁滚尿流，我们也乐此不疲呢。我跟到学校去，要的就是这种效果。

轮到我读小学，堂侄竟然就高中毕业了。那时，读到了高中，就是屋场上的最高学历了。至于大学生，全公社也就两个，还是公社推荐的。我家成分不好，哪能做这种白日梦。堂侄一回家就种田了。我的堂哥后悔死了，总是说："嗨，当初怎么就没有学一门手艺呢！搞得这样粮不粮，莠不莠咯，作田不像长工，读书不像秀才！"

这不，本来白白净净的堂侄，不到一年，就变得黑黑的，瘦瘦的，被改造成一个地地道道的小农夫了。

堂侄十九岁时，他的母亲——我那得了多年痨病的堂嫂，才四十出头，就上气不接下气，危在旦夕。堂哥找瞎子算命，说要给堂侄娶亲——冲喜。

冲喜，是我国一种很传统的风俗。家中有人病危时，企图通过办喜事来驱除病魔，以求转危为安。

明代冯梦龙《醒世恒言·乔太守乱点鸳鸯谱》就有："刘妈妈揭起帐子，叫道：'我的儿，今日娶你媳妇来家冲喜，你须挣扎精神则个。'"

今人马识途《夜谭十记》之六："吴廷臣极力鼓动一个吴家大湾的有重病在身的少爷，讨王馥桂来冲喜。"

堂哥说："病急乱投医，也只有这个办法可想了。"

就找媒人物色婚姻。过了几天，媒人在邻村的杨家山，物色了一个姑娘，更换了年庚八字。父亲根据两家三代的生辰八字与天干、地支推算了一下，很吻合。堂侄是1957年生的，属鸡；杨家姑娘是1959年生的，属猪。

我乡属相相克的说法是："羊鼠相逢一旦丢，素来白马怕青牛，蛇见猛虎如刀割，猪见猿猴一世仇，玉兔逢龙门外入，金鸡见狗泪双流……"

至于成分嘛，正好门当户对：她家是地主，我家是富农。

那年代，地主、富农要和贫下中农结亲，那简直是癞蛤蟆想吃天鹅肉。俗话说得好：三十年河东，三十年河西。改革开放后，很多当年的地富反坏右的后代，走在了时代的前列，引领了发展的潮流。一个家族没有优良的血统，良好的教育，岂能兴旺发达。正如古人所说：

得势狸猫欢如虎，落难凤凰不如鸡；
有朝一日毛长齐，凤是凤来鸡是鸡。

其时，伯父已去世多年。还是1940年，他挑一担篾货，去省里（南昌）卖，在路上被日本鬼子用车撞死了。堂哥听我父亲的教导，把杨家姑娘的年庚八字，压在祖宗牌位前的香炉下，以占吉凶。经过三天，要家里不出一点乱子才行。那怕这三天打破了一只碗，或馊了饭菜，或乌鸦在屋上叫，都认为不妥。相反的是，这几天，堂哥家的八只母鸡，只只下蛋；那只叫阿虎的狗，还咬了一只野兔回来；喜鹊成双成对，老是站在他家屋檐，喳喳地叫。

这种传统，由来已久，《诗经·卫风·氓》就写道："尔卜尔筮，体无咎言。"

# 二

喜鹊门前叫，家里好事到。

几天后，媒人领着杨家的人来察亲，杨家的父母带着姑娘来了。察亲，也叫察人家。进门看气象。看这家人家是否上有老下有小，看这家人家的屋舍是否轩敞，更要看小伙子中不中看。这犹如去山上挖笋，要看竹子是否粗壮，叶子是否浓密。

杨家父亲屋前屋后地看，杨家母亲楼上楼下地看，杨家姑娘则不时用眼瞟堂侄一眼。

我乍一看杨家的姑娘，觉得惊讶。心里在想，大队上海知青都进城了，怎么还留下一个呢？高高挑挑的个子，粗粗壮壮的辫子，白白净净的脸蛋，蓬蓬松松的刘海。只是脸红的时候，鼻子两边的雀斑，显得更加显眼。

当时，我坐在堂前的一把竹交椅上吃红薯，心想，杨家姑娘好是好，可惜就是麻了一点。

堂侄正笨手笨脚打开一包"壮丽"牌香烟在发给大家，还把我家的人，逐个地给女方介绍。当介绍到我时，先用手指着我的父母亲，再指着我说："这是我家六叔——是细公、细婆咯细崽。"

当时在场的人，无不哄堂大笑，气氛骤然轻松了许多。其时，我已经十三岁了，看过去就还不到十岁，因为我小时候的外号就叫"硬不大"，但角色却是长辈。

俗话说：媒人不说谎，路上没锣响。那个媒人四十多岁，是邻村的，外号叫"八个舌头"。他能把一只四两重的小白鹭，说成是一只八斤重的大白鹅。他能把水说得可以点灯，能把江河说得倒转，乾坤移位。他正在滔滔不绝地介绍堂哥家的情况。把我憨厚朴拙的堂哥，说成赛诸葛；把我痨病鬼堂嫂，说成赛西施。听得我都要"喷薯"了。这不，堂哥家的阿虎听得不好意思，打了一个哈欠，出去了。

有民谣唱道：

一块手捏两面花，巧嘴媒人两头夸。一话婆家多田产，二话姑娘是大家。

又话男子多聪明，又话女子貌如花。一张嘴巴叽啦呱，叫儿叫女烂床牙。日后死在阴司里，鬼卒拿你去挨叉。

媒人常说：结亲要结盆子亲，散了架一箍就拢。钵子亲可不行，一打就散了。

早就听说，这个时候，男方倒茶给女方，要是喝了一口，就说明中意了。这时，堂侄有些哆哆嗦嗦地递上一碗茶，给杨家姑娘，杨家姑娘扫了他一眼，脸上飘过一朵红云，端起茶就喝。我心里的一块石头也就落地了。

这时，堂侄主动和杨家姑娘交谈了几句。虽然他俩颇有些不自在，但心里像吃了蜜似的，脸上洋溢着喜悦。

据说在早先，不到拜堂是不可会面的，一切都听父母之命，媒妁之言。

三道茶过后，那个长期病卧在床的堂嫂，人逢喜事精神爽，煮了三碗汤来——鸡蛋煮面。杨家吃完，装作要走，堂哥家留他们吃中饭，他们很爽快地答应了。

俗话说：喝了茶，粘了牙；吃了酒，到了手。看来，这婚事也就有八成把握了。

明代藏书家郎瑛，在《七修类稿》中就说："种茶下子，不可移植，移植则不复生也，故女子受聘，谓之吃茶。又聘以茶为礼者，见其从一之意。"

# 三

经过媒人紧锣密鼓的撮合，很快就到了谈婚论嫁的阶段。这一步我乡叫领东，其实就是订婚。这一天，杨家把三大姑八大姨等亲戚，全部请到堂侄家来做客。这一天，我们一大家子也来作陪，好像有七八桌。筛好茶，用花生、瓜子、糕点、香烟、糖果款待。我乡要作兴"过昼"，每桌放四盘糯米粉做成油饼。这种饼很有黏性，意谓两家从此永远不分散。当然，也有煮三个蛋一碗面的。

中午，每桌菜肴有冷、热、生、熟、荤、素二十余盘。按照规矩，蹄花、煎鱼、炒粉、清炖鸡必不可少。无酒不成席，喝的是自家酿的清明酒。

饭后，男女双方派代表，议一下礼金多少，衣裳多少套，肉面多少斤。是否要金银首饰也要谈。杨家提出了一个较高的要求，要买"三转一响"——自行车、缝纫机、手表及收音机。

　　这次，堂侄家要给杨家姑娘"下赏钱"，还要给同来的细伢子"过门钱"。大人则各要发一条手巾，十个糖子。

　　女方回家时，必须打爆竹欢送。

　　来而不往非礼也。下一步轮到堂侄去杨家会亲。堂侄家用礼篮买了烟、酒、糖、肉、饼、面等。杨家姑娘父亲有五兄弟，上有爷爷奶奶，买了六份礼品。但他丈母家要双份。按规矩，本来要送了三节，才可以结婚。正是因为冲喜的需要，把结婚佳期的帖子一并送上。

　　男家庚帖子。

　　帖套上写：天作之合，良缘凤缔。

　　里面写：全福。谨诹农历×月×日为小儿花烛之喜，或结婚佳期。

　　俞允并祈，或写恳祈应允。

　　姻弟×××鞠躬。×年×月×日。

　　女方回帖。

　　帖套上写：终焉允藏，永贞佳期。

　　里面写：承示农历×月×日为小女于归。

　　吉期谨尊台命。

　　姻弟×××鞠躬。×年×月×日。

　　帖子的字数要偶数。帖子用红纸做的信封装着，封面贴着浮签，要用两个，一个由男方写，一个是空白的，给女方回日子用。男方的浮签上可写"预报吉日"，女方复签（贴）上可写"欣纳佳期"，或别的吉语。

## 四

　　佳期选在腊月初八。民间风俗，腊八是紫微星降临、百无禁忌的大日子。

　　结婚前一天"下衣"，也就是送新娘子出嫁用的衣裳及肉面、烟酒、糖果等。堂侄家请人挑了几担肉、面、饼等，请来唢呐和锣鼓，吹吹打打，来到杨家。东西放下，由女方母舅来开杠，就是清点聘礼。开杠有"例喜"钱。母舅还要作贺词曰：

开杠开杠，普请来看。

百肉百面，两家脸面。

发子发孙，白头到老。

女方呢，可把陪嫁的部分嫁妆及棉被、衣服等，挑回男方。

这天下午，堂侄在家人的簇拥下，敲锣打鼓，来到祠堂，用三牲祭祖，还要点红烛，打爆竹。接着，堂哥和堂侄用菜篮，装着几样菜肴，还有米酒、米饭，到祖坟山，祭悼我的祖父祖母、大伯大妈。请求他们在天之灵保佑。保佑家庭顺顺遂遂、发子发孙。

晚上，请亲朋好友来喝酒，热热闹闹。这晚的酒叫花烛酒，要点母舅的蜡烛，打母舅的爆竹。当然更要母舅坐上。

# 五

迎亲那日，堂侄家张灯结彩，房门有我父亲写的对子：易曰乾坤定矣，诗云钟鼓乐之。

堂侄沐浴更衣，面貌一新。有锣鼓唢呐随行，安排了打爆竹的，散喜糖、喜烟的。媒人拿着两炷大香。因去杨家山要走两里多山路，按我父亲的指示，把村里废除十多年的轿子，抬出来了。轿子右边写上联：桐源龚第吉日亲迎。

到了杨家山，先到杨家祖堂烧香叩拜，再来到新娘家。我家先打爆竹，表示娶亲的到了。女方打爆竹迎接。但开门要拿红包、香烟。

杨家的对子是：谷我士女，宜我家室。

娶亲队伍，在杨家吃过早饭，乐队要三吹三打，谓之"催嫁"。吹打的曲调有《小桃红》《丹凤朝阳》《八板头》《高腔》《闹扬州》《小汉》《进城三观》《九连环》《鸳鸯戏水》等，都是那样欢快喜庆，悦耳动听。

如有两家嫁女，要争取走到前头。

俗话说：娶亲如接官，嫁女如出丧。日去半边屋，夜去半边床。其时的新娘，也叫新嫂，要抱着她的母亲哭成一团，谓之哭嫁。也表示对亲人的难舍难分。陪哭的还有其他女眷。

在家是女，出门是客，岂不伤感。

娘哭女：

女呀女，十月怀胎娘受罪，一朝分娩生下你，心里快活可别提。天天奶水把你喂，日日和你逗嘻嘻，头痛脑热娘心惊，冷暖饥饱娘挂记，尿布屎片娘来洗，移干就湿不容易，一年二年带不大，一直带到十八岁，女儿刚刚会做事，如今却要嫁出去，怎叫老娘舍得你？

女呀女，公婆怎与爷娘比，上门媳妇难做人，小心谨慎多注意。自从今日起，饥寒冷暖自己管，有病早请郎中医，孝敬公婆是本分，服侍老公做贤妻，洗衣做饭要精心，屋里屋外勤打理，在家定要守妇德，莫让别人说是非，叔嫂之间保距离，妯娌姑嫂要和气，待到日后崽出世，才在婆家有地位，上下左右都满意，要为娘家争名气。

女呀女，堂前椅子轮流转，媳妇也有做婆时，井水不打不溢舷，不养爷娘有闲钱，老人来了搬凳坐，后生来了莫插言。挑花绣朵要精心，洗衣煮饭样样行。早早关门早早睏，莫在门前惹是非。十年媳妇十年婆，再过十年做太婆。

哭爷娘：

娘啊，自从女儿出生起，爷娘养我不容易，提起话头说不完。桩桩件件记心里。爷娘养我十八岁，担惊受怕总不离，一怕女儿受饥饿，二怕女儿生疾病，三怕女儿穿戴差，四怕女儿被人欺，移干就湿带大我，吃喝拉撒娘受累。女大不能孝双亲，我今离别爷娘去，临别三叩行孝礼，难舍难分泪雨飞。

爷啊，堂屋中间一炉香，先拜老爷后拜娘，爷娘养我十八岁，辛苦劳累表不完。如今出嫁随郎去，内心难过泪汪汪！今生难报养育恩，只将恩情记心里！

哭哥嫂：

哭一声哥来叫一声嫂，难舍难分你我骨肉亲。平日哥嫂待妹千般好，为妹费心又操劳。这大恩大德还未报，又得拜托哥嫂多行孝……

哭嫁，既非号哭，又非低泣，而是一种有节奏的唱腔，从慢到快。不断重复"嗯"——"嗯啊"——"啊啊啊"。

梳妆时，由母亲或大妈、婶婶、姑姑用丝线绞去脸上的绒毛，谓之开脸。然后戴上凤冠霞帔，盖上红盖头，胸前佩戴一面铜镜。坐在床舷，准备出阁。

嫁妆必备的有大小脚盆七只，漆红漆，"七"谐音为"妻"，意为"妻生贵子"。马桶内放筷子、枣子、花生、红蛋，都是讨口彩的。各种器具内放有红枣子、白莲子、南瓜子、绿豆子、红被子，取意"五子登科"。所有的物品上，都撒有红纸、松柏，并贴有"囍"字剪纸。

关于双喜，民间流传着一个这样的故事。说是王安石年轻时，正值元宵，去京师汴梁赶考，在路上看见一家姓马的员外招婿。门楼上高悬着一盏马灯，另外挂着半副对子："走马灯，灯马走，灯熄马停步。"听说这半副对子是马小姐亲自拟的。王安石想了想，一时答不上来，但因急着应考，只好赶路。

王安石可是学富五车的临川大才子，很顺利通过了试诗、试赋、试论、试策。一次面试，主考官手指衙门的飞虎旗，出了上联联："飞虎旗，旗虎飞，旗卷虎藏身。"王安石随口答道："走马灯，灯马走，灯熄马停步。"主考官大喜。

王安石赴马家，马灯还在，对了下联，这门婚事就成了。

在完婚的那一天，有报子来传，王安石高中进士二榜第四名，喜上加喜。王安石在门前的"喜"字上，又加了一个"喜"字。

在以前的乡绅富豪之家，陪嫁讲究双橱双柜，四铺八盖，绫罗绸缎、金漆大床、桌椅板凳、珍珠玛瑙、金银首饰，有的还要陪田、陪山，就连棺材也陪上。

父亲说，在南昌见过一家姓蔡的大财主，陪"全副銮驾"，请了五百个人，吹吹打打，搬运嫁妆，把夫妇两人一生所需的一切生活家什，猫狗鸡鸭等，包括千岁屋（棺材），应有尽有。匪夷所思的是，把两口漆得锃亮的柏木棺材，抬在花轿的前头，有升官发财的寓意。

以前的人，都说女儿是赔钱货。

新娘由本家大伯抱上轿子。这个人还必须是夫妻白头到老，有子有女、德高望重之人。

其时轿子左边写着：下宅杨氏之女于归。

回对子，要请屋场上最有学问的人。如回不出，还要去别的屋场请先生。

父亲读过私塾，读过师范，能对对子。1951年，他刚三十出头，在家种田。有一天在自家的田里耘禾，见邻村的一个人跑得满头大汗，气喘吁吁。父亲问他跑什么。他说，他哥哥嫁女，男方出的对子，满屋场的人，没有谁对得出。他正急匆匆去邻村，找一个老先生帮对。马上又问，你也是当过先生的人，对得上吗？父亲上了田塍，看了上联，很快就帮他对出下联。那个人把随身带的肉、面，谢了父亲，欢天喜地而去。

如果对不出，就给整个屋场、家族都丢脸。正如前人所说：读书须用意，一字值千金。在旧社会，文化人是很顶钱的，可当时，连扫地的都不如。斯文扫地，也许就是这样来的吧。

这种对联很多写成：

男右联：娶来 × 妇添人添口又添丁；
女左联：嫁得 × 郎有田有米更有水。

男右联：吉日吉时迎吉女；
女左联：良辰良席会良人。

关于娶亲对对子，有一个笑话。说是港口周家，向土门赵家娶亲，出了上联：一枝朱笔点港口。土门赵家毫不示弱，下联曰：三尺罗裙遮土门。结果，亲没有结成，还打起架来。

新娘上轿前，要一个力大的堂哥，抱到祖堂，向列祖列宗告别。祖堂伏桶里点着一盏七星灯，上面盖着一只筛子，新娘在上面站一下子。有老者说：企了伏桶舷，婆家万万年。接着，就抱上轿。如路途遥远，轿内放二十枚桂圆干，防止尿胀。因有祝英台中途祭墓化蝶的典故，轿门要加锁。在关轿门的时候，要撒茶叶和米在轿内，压煞避邪。

有民谚说：茶叶米，轿上撒，今日女，明日客。

有谜语云：新瓦盖新屋，新嫂肚里卧，打起花锣鼓，唱起百样曲。

有民歌唱道：

一粒谷，二头尖，爷娘留我过千年，千年万年留不住，一项花轿到堂前。

娘哭三声抱上轿，爷哭三声锁轿门，哥哭三声抬轿走，嫂哭三声出头门。

大嫂教我做针线，二嫂教我织衣襟，三嫂教我俭朴过，四嫂教我勤耕种。

爹娘教我敬公婆，大伯教我学做人，感谢亲人千叮咛，般般良言记在心。

新娘要给轿夫红包，免得花轿过分摇摆。如遇官轿，花轿为尊，走左边，因结婚是小登科。

相传，在一个渡口，有三顶轿子等着过渡。一顶是文举人，一顶是武举人，一顶是新娘子。因船太小，一次只能渡一顶轿子。谁先过渡？三人商量好比口才。

文举人：笔头尖尖，笔杆圆圆，做起文章，考中状元。

武举人：箭头尖尖，箭杆圆圆，比起武来，考中状元。

新娘子：奶头尖尖，奶房圆圆，一胎二个，文武状元。

结果新娘子先过渡。

花轿落地，有伴娘把新娘搀扶下轿。

拜堂。新郎和新娘先到祠堂拜天地宗亲，后到家里拜父母高堂，再夫妻对拜。这时，有人贺新郎道：

伏以！

一对花烛喜洋洋，满堂宾客贺新郎，

老者贺郎添百福，少者贺郎寿命长，

书生贺郎登金榜，田家贺郎万担粮。

男耕田来女织布，神仙羡慕好伴侣。

自从今晚喝彩后，幸福生活万年长。

在场的长辈，只要受拜，都要给新郎、新娘红包。天上无云不下雨，地下无媒不成婚。另外，还要拜谢媒人。

新人进洞房，床上坐着五男二女，有"五子登科""七子团圆"之意。有人唱贺床彩：

伏以！

天上金鸡叫，地下凤凰鸣。

八仙云里过，正是坐床时。

坐床坐床，听我言张。

好男生五个，好女生一双，

大公子当朝一品，二公子两榜都堂，

三公子云南布政，四公子兵部两堂，

五公子年纪虽小，带管十三省钱粮，

大女儿千金小姐，二女儿皇后娘娘，

百折罗裙就地拖，罗裙上面绣莺哥，

莺哥口衔七个字，状元榜眼探花郎，

自从今晚喝彩后，大富大贵大吉祥。

一边唱，一边向床上抛红枣、花生、桂圆、瓜子、莲子之类食品，以示早生贵子。孩子们抢食。唱完彩词，给每个坐床的细伢子分发一份礼品或红包。

那天，大队贫协主席找到父亲，说："你呀，是个彻头彻尾的老顽固、老封建。现在都作兴结自由婚，行文明礼。屋场上好几对青年，都跳秧歌结婚。可你……"

# 六

婚礼最热闹的，便是闹房了。有一人扮皇帝，高高坐在桌子上。另选一男一女做"通书"，就是皇帝的传话官。如叫新郎、新娘唱歌或回答问题，不听话，就可以在新娘脸上搭辣椒粉或锅灰等。

有的要新郎父亲，穿蓑衣，戴斗笠唱歌。每唱一首歌，得喝一杯酒。有的要新娘骑在新郎背上做马骑，还要他们喝交杯酒，亲嘴。

乡绅之家，门当户对，闹房也要斯文多了，多玩题诗作对的游戏，就像苏小妹三难新郎。

有一个新娘，在洞房里低头凝思，看见鞋子上的金凤凰，便出对：鞋圈绣凤，天边飞转地边行。

新郎在堂前，看见一对画了龙的蜡烛在燃烧，灵机一动：蜡上盘龙，水里龙中火里化。

做完游戏后，有吹唢呐的人吹小调，唱《十送情郎歌》《十绣荷包》……

《十送情郎歌》：

一送情郎哥床头边，拿出首饰和花边。首饰送郎做买卖，花边送郎做盘缠。哥呀，妹呀，花边送郎做盘缠。

二送情郎哥槅子边，推开槅子看青天。天上无云不下雨，地上无媒不成婚。哥呀，妹呀，地上无媒不成婚。

三送情郎哥出绣房，包袱雨伞送情郎。天晴要买日帽戴，下雨要把雨伞开。哥呀，妹呀，下雨要把雨伞开。

四送情郎哥到堂前，妹牵亲哥拜祖先。一拜二拜连三拜，保佑小妹早开怀。哥呀，妹呀，保佑小妹早开怀。

五送情郎哥出大门，妹送荷包挂哥身。荷包小妹亲手做，要把小妹挂在心。哥呀，妹呀，要把小妹挂在心。

六送情郎哥大路旁，手拉亲哥不愿放。实在难舍情郎哥，郎痛心上妹断肠。哥呀，妹呀，郎痛心上妹断肠。

七送情郎哥洋布铺，妹带亲哥扯竹布。扯布要扯一丈五，哥做罩褂妹做裤。

哥呀，妹呀，哥做罩褂妹做裤。

　　八送情郎哥翠花街，哥打首饰小妹戴。戒指要打三钱三，手镯要打九连环。哥呀，妹呀，手镯要打九连环。

　　九送情郎哥九曲亭，九曲亭上看牡丹。路边野花不要采，看花容易栽花难。哥呀，妹呀，看花容易栽花难。

　　十送情郎哥到河边，妹送情哥上渡船。坐船要坐官舱里，莫坐船头担风险。哥呀，妹呀，莫坐船头担风险。

　　《十绣荷包》：

　　　　　　一绣荷包自布里，你想我来我想你。
　　　　　　你想荷包装东西，我想少年结夫妻。

　　　　　　二绣荷包二点兰，荷包旁边绣牡丹。
　　　　　　有人拿起荷包看，看咯容易绣咯难。

　　　　　　三绣荷包三条纹，二条进来一条出。
　　　　　　做个荷包送我哥，劝哥不要送别人。

　　　　　　四绣荷包四朵花，你要找我莫找她。
　　　　　　你要找我一个人，再找一个结冤家。

　　　　　　五绣荷包五点红，你要讨我莫嫌贫。
　　　　　　你也穷来我也穷，桃花落地一样红。

　　　　　　六绣荷包六根线，我坐中间你坐边。
　　　　　　虽然没有结夫妻，看到一眼心也甜。

　　　　　　七绣荷包七颗星，荷包旁边绣灯笼。
　　　　　　夜里不怕天落雨，日里不怕扫地风。

八绣荷包八个样，根根丝线绣我情。
送到别人舍不得，送到我哥心也欢。

九绣荷包九样心，劝句我哥莫反情。
但愿白头同到老，我做哥哥知心人。

十绣荷包话不多，劝句哥哥讨老婆。
千万不要讨别人，要讨老婆就讨我。

这些歌都是用采茶调唱的，在南昌地区流传很广，只是版本各有些不同。吹唢呐的，每唱一支曲，堂侄家要给一个红包。

夜阑人散，新郎、新娘共度好时光。

# 做　寿

人们常用光阴似箭、日月如梭来比喻岁月的急促。的确如此，人在天地间行走，好像踩在日月这两个风火轮上，还没有弄清人生是怎么回事，就白发苍苍，步入老年了。

人生六十，为一个甲子。我们的祖先，用十天干与十二地支，按顺序两两相配，从甲子到癸亥，共组合六十次，叫六十甲子。再跨出一步，就是下一个轮回了，说是活别人的命了。

人活到这个年纪，可以叫长寿老人。于是很多人家会做寿，庆贺一番。

在早先，生产力低下，人们生活条件很差，医学落后，能活过五十岁的人也不多。

《礼记·王制》有云："五十杖于家，六十杖于乡，七十杖于国，八十杖于朝，九十者，天子欲有问焉，则就其室，以珍从。"

我乡做寿，有做九不做十之说。九是个吉利数字。《老子》说："天长地久。天地所以能长且久者，以其不自生，故能长生。"十是个足数，凡事满则溢。

做寿，要做儿子的来担纲操办，发请帖。出嫁了的女儿，要送寿桃、寿面、寿糕、寿轴，还有衣裳鞋帽，红烛爆竹，祝父母长命百岁。亲朋要送寿匾，上一般写花甲同春、龟鹤遐龄等祝词。

寿桃可用米糕做成，也可以买鲜桃。

《神异经》记载："东方有树，高五十丈，名曰桃。其子径三尺三寸，和核美食之，令人益寿。"

寿星一清早起来，就要点三炷香，拜福禄寿三星。

赐福天官。身穿红朝服，足蹬朝靴，龙绣玉带，手执如意，慈眉善目，五绺长髯，和颜悦色，雍容华贵。

官禄员外郎。一身员外郎打扮，头上插戴牡丹花，怀抱婴儿。

长寿南极仙翁。广额白须，左手执杖，右手棒桃，笑容可掬。

中堂张灯结彩，悬挂寿幛、寿屏、寿画。门口、屋树上张贴寿联，如：年逢花甲福满满，寿奕子孙乐融融。福同天地共在，寿与日月同辉。椿萱并茂享高龄，兰芳竹翠灿朝霞。

书香之家，要自拟对子，才不失风雅。

二老上坐，男东女西。爆竹响过，亲戚朋友开始拜寿，先亲后疏，先大后小。都要说添福添寿，长生不老，福如东海，寿比南山之类的话。但官不拜民，大不拜小。

拜完寿，开寿宴。先要给二老各添上一大碗长寿面，再给客人敬上一碗。客人一般都有三个蛋。还要专门派人，用水桶挑一担寿面，给村盘上各家送上两碗，以表邻里和睦之意。如是做过寿的老人，须另加上一碗面，祝健康长寿。

宴席上，大家要给寿星敬酒，祝福。要请唢呐，配丝竹，吹奏《八板头》《小桃红》《高腔》《闹扬州》《小汉》《进城三观》《九连环》《张飞洗马》等。

有钱人家，还要请来戏班子，叫办堂会。

给亲朋回礼，用精致的搪瓷，或瓷器把碗，烧好字，每家回两只，作为纪念。

人们常说：三十没人晓，四十无人知，五十吃只鸡，六十来贺喜，七十庆大贺，八十无消息，九十、百岁大贺喜。

八十岁是不做的。如果人家说给你做八十岁，则是一句骂人的话。俗话说：润七不润八，润八拿刀杀。也有七胜八败之说。

一生中，在有的年龄段，是一个关口，有句老话："三十三大拐转，六十六不死掉块肉，七十三、八十四，阎王不叫自己去。"在这些坎上，有人喜欢穿红短裤，系红布腰带，避邪消灾。

牡丹竞放笑春风，喜满华堂寿烛红。白首齐眉庆偕老，五女争来拜寿翁——这是南昌采茶戏《五女拜寿》中，家喻户晓的唱词。

《五女拜寿》是办堂会必演的一出戏。

明嘉靖年间户部侍郎杨继康，因看不得严嵩专权，告老还乡。杨继康做六十大寿，五个女儿女婿前来祝寿，因养女三春及婿邹应龙贫寒，礼轻，受到冷遇。后来，杨继康的族弟杨继盛诛奸未成，受到牵连，削职抄家，逐出京都。

投靠四个亲生女儿，均遭拒绝，唯养女三春夫妇将其收留。后三女婿金榜题名，杨继康沉冤昭雪，官复原职。几年后，杨的夫人做寿，诸女又来拜寿。一番沉浮，冷暖自知。

采茶戏最原始的唱腔，叫下河调，是由地方道情戏、灯戏发展而来，有着采茶山歌的狂放，水乡渔歌的甜美。角色一般有两旦一丑，配以鼓板、锣、镲及管弦，俗称三脚班子。

下河调《方卿戏姑》里做寿，老生陈金莲的唱词：

御师呀府里呀灯哟结彩啰喂，灯哟结彩。叫声夫人听我言，满堂啊宾客齐来到，方卿哎内侄怎不来哟，怎不来呀？倘若是方卿哎内侄前来此啰喂，前来哎到此，就在我家把书攻。

小旦陈翠娥的唱词：

方才拜过爹妈寿，爹妈寿。好酒贪杯醉昏沉，哎，醉昏沉。满堂宾客齐呀来到，齐来到。方家表弟怎不来？哎，怎不来？倘若是母舅娘前来哎到此，前来哎到此，就在我家享荣华。倘若是方表弟前来哎到此，前来哎到此，就在我家把书攻，哎，把书攻。这一阵叹得我昏迷哎不醒，昏迷哎不醒。

孔子曰："仁者寿。"方苞注云："气之温和者寿，量之宽宏者寿，质之慈善者寿，言之缄默者寿，故仁者寿。"

早先，邻村有一个叫高大邦的人，本是一块读书的好料子，可惜，生不逢时，清廷逊位，废除了科举考试，便稂不稂莠不莠，在有钱人家坐馆。有一年东家做六十大寿，除了亲戚朋友，还遍请当地的文人墨客。还是少东家反复要求，才请了高先生。祝寿过程中，文人们乘着酒兴，题诗的题诗，作画的作画，忘乎所以，把高先生晾在一边。只有少东家知道自己先生的才学，硬要他题诗。高先生望了望窗外的湖光山色，小桥流水，题诗道："日出东方万事低，一篙撑出画桥西。道人不是寻常客，深山野鸟莫乱啼。"大家一看，晓得来者不善，吓得诗都不敢写了。

　　高大邦的夫人在结婚三年后就病逝了，没有留下一男半女，却不肯再娶。高大邦的老弟叫高小邦，是当地名医，外号人称"三不先生"，即夜里不去，落雪不去，没轿子不去。高大邦年老体衰，只好一切仰仗老弟。

　　高大邦六十九岁那年，高小邦硬要给老兄做寿，名誉上是敬重兄长，实际上是凭自己的名声，收一些礼金，好减轻自己的经济负担。

　　在我乡，无儿无女的人做寿，叫"打棺材会"。高大邦再三推却无效，就在发请帖的当夜，干脆上吊了。

　　用做寿来敛财的自古有之。《水浒传》中多处有送生辰纲的描写，数目之大，令人触目惊心。到了南宋绍兴年间，宋高宗禁止任何形式的生日贺礼。可到了秦桧掌权，死灰复燃。

　　还有死而不亡者寿，这更是人生一种大境界。

　　做寿，可以说是一种民间风俗，也可折射出一个家庭，或一个时代的清浊与成败。

# 最后的节日

死亡是人生的最后一个节日。

——史铁生

## 一

圆福。

人生百年，都有一死。跨过这道门槛，便如踏进万古长夜，再与春花秋月无缘；又似跌入绝望的深渊中，从此与亲人永诀。

王羲之《兰亭集序》："古人云：死生亦大矣。岂不痛哉！"

常言道：宁愿世上挨，不愿土里埋。死亡恐惧，与生俱来。且说人生烦恼，就像头发丝一样多，永远都排解不完。最后，很多人躲进精神的避难所，或遁入空门，或求仙访道。

佛说人生有八大苦："生苦、老苦、病苦、死苦、爱别离苦、怨憎会苦、求不得苦、五阴炽盛苦。"

两脚奔波走，全为这张口。据老人说，起初，人都不愿投胎，都是阎王爷一脚踢到凡间来的，你看毛伢子的屁股，都有一大块青斑。大人称呼细伢子为鬼崽子。

鸟之将死其鸣也哀，人之将死其言也善。在长辈生命垂危之际，做晚辈的都要贴身守护，听取临终遗嘱，这叫送终。

一个人在辞世的时候，无灾无病，且亲人都到齐了，人家会说，这老人头世修到了！

人咽下最后一口气，两腿一蹬，在我乡叫圆福，也叫落平。只要是善老善终，亡者多有轻松解脱之感，神态都很安详。先要用一张红纸，或鸡毛，放在鼻翼前试探，看是否有出气。确定没有气了，马上放鞭炮，宣告魂魄归天。

生离死别，哭声震天，但眼泪不可洒在亡者身上。亲人要摘除身上的金银首饰，脱下艳装，披麻戴孝。鞋子上要缝一块白布。

下河调《彦龙回朝》，小旦王桂英就是用哭板，唱的就是这种情景，催人泪下：

头上珠花哎，忙呀取下来哎，忙哎取下来哎。两耳哎，排环取下哎来哎，哎，取哎下来哎。胭脂水粉嘞，都呀不要啰哎，都哎不要哎。明镜哎，打得碎纷嘞，纷嘞，哎，碎纷纷嘞。三尺白绫啰，齐哎眉扎呀，齐哟眉扎哎。白绫哎，褂子白绫哎裙哪。哎，白绫裙呐。三尺白绫啰裹哎小脚哇，裹哎小脚哎。白绫哎，齐裤白绫哎鞋。

亡人如没有闭上眼睛，儿女用手给他抹上。一个小时内，给亡者脱去衣服。如有解大便的情况，视同留饭给后代吃，不要嫌弃。用一张草纸蒙在脸上。

灵位牌左边，要用灯盏，倒上清油，用灯心草，点上三个头的长明灯。右边则要插"香火"。

在一个铁锅里，烧七斤四两纸，冷却后，用生前的裤子装好，待放进棺材内，作为归道山的积蓄。紧接着，还要源源不断烧纸钱，叫"动身钱"。

发红帽子布，很有讲究。若要发，二尺八。子女一辈的，如女婿、侄子、外甥，用二尺八白布，用麻绳系。若要富，二尺四。孙子辈，用二尺四红布，用麻绳系。曾孙辈用绿布，玄孙辈用黄布。其他人亲戚、朋友的红帽子布，要在中间点红。撕红帽子布，不可剪，要顺着布纹撕，意味家里顺顺利利。

以前通信不发达，要发动一大家子的人，四处给亲朋报丧。

门口用绿纸写对子，堂中挂白幔，写上"悼"或"奠"。

亲友闻讯后，送花圈、挽联、祭幛、蜡烛、草纸等奠祭品，须三跪九拜。如果前来吊唁的人是长者，孝子要跪下回礼。

# 二

地仙。

相传法眼地仙，左眼能观天，右眼能察地。

郭璞是风水学的鼻祖，在《葬书》中云："葬者，乘生气也，气乘风则散，界水则止，聚之使不散，行之使有止，故谓风水。"

清同治《新建县志·邑肇·风俗》记载："堪舆重于今古，而新建尤甚。家藏郭璞之书，图穴选方，拘忌时日，或暴露其亲至数十年，一门中或数世不葬，重富贵之思，昧仁孝之义已。"

风水好坏，关乎家运、儿孙的前程，不可不慎。

要聘请地方上有名望的地仙。地仙进门后，称地师或先生。提供亡人准确的生殁年月日时，还要提供全家人的生辰八字，用于做课，也叫隔课。把入殓、出殡、下葬、接煞、头七、五七等一整套程序及忌讳写在上面。接下来就是采地。孝子披麻戴孝，陪同地仙来到祖坟山。

祖坟山，埋葬了自己列祖列宗的灵骨，是自己生命的源头。人生就几十年，死后灵魂能与祖先作伴，也是莫大的安慰。

葬坟和做房子大致相同，山管人丁水管财。山向不可太硬，也不可太软，更不可冲撞太岁、三煞。依照"左青龙，右白虎；前朱雀，后玄武。宁可青龙高万丈，不可白虎抬头望；宁可后高一丈，不可前高一寸"的古训。

太岁，乃道教值年神灵之一，一年一换，掌管人世间一年的吉凶祸福。《神枢经》说："太岁，人君之象，率领诸神，统正方位，翰运时序，总成岁功。"

太岁方位：寅卯辰太岁在东，巳午未太岁在南，申酉戌太岁在西，亥子丑太岁在北。

三煞，传说中居于人宅的三位凶神，为青羊、乌鸡、青牛，也叫劫煞、灾煞、岁煞。

三煞方位：巳酉丑煞在东，亥卯未煞在西，申子辰煞在南，寅午戌煞在北。

三煞可向不可坐，太岁可坐不可向。

《孝经》云："卜其宅兆而安厝之。程子云：卜其宅兆者，卜其地之美恶也。

地之美者，则神灵安，子孙盛。祖父孙同气，彼安则此安，彼危则此危。"

相好地，地仙用罗盘定好方位。用一只公鸡，把鸡冠血滴在地上。拿一块犁头铁在手上，说："天煞归天，地煞归地，五房神煞，年煞，月煞，日煞，时煞，各归原位。"再将犁头铁，在地上划，边划边说："一划黄河，二划黄海，三划黄河水不开。"把犁头铁钉进土里。钉桩，拉好线。打一挂爆竹，烧三刀纸，装四方香。请过山神土地，由孝子破土，并兜回家，放在遗像前的托盆里。

我乡有一个叫赵子方的地仙，著有《洪都记》一书，很详尽地记录了古南昌山水走向及龙脉，并有钤记。好的风水，也要天人感应。福地福人登。再好的地，如果与德不匹配，也是枉费心机，竹篮打水一场空。

三

八仙。

人死要人埋，此乃常理。

老人圆福后，在一个太公名下，派一个精明的人主事，还要负责请八仙。孝子披麻戴孝，是不可以上别家门的。

所谓八仙，正与中国道家文化相吻合，把亡者送往天堂、仙境。旧时挽联，常用遽归道山、瑶池添座、蓬岛归真、蓬山鹤使一类的词语。

八仙过海，各显神通。传说中的八仙，有男、女、老、少、富、贵、贫、贱，均由凡人得道。他们随身带的蒲扇、葫芦、花篮、荷花、宝剑、竹笛、鱼鼓、玉板，称为八宝。

八仙坐的桌子，叫八仙桌；八仙用的杠子，长八尺，叫龙杠；八仙用的绳子，叫龙绳。

八仙一般在族中选定，一房一个或两个，约定俗成，不可推迟。第一次做八仙，叫发肩。

八仙上门后，就叫仙家，茶前饭后，都要有人精心招待。酒席上，要坐上席，酒菜要额外丰盛，满盘满钵。菜碗要成单数，不可叠起来。红烧肉里不可有骨头。吃鱼不可翻面，还要留头尾。不可用糕一类。添饭说进粮。吃完了，筷子要轻轻放下，摆整齐。用完餐，只可说撤席。酒盅、饭碗里，都要留点，叫有吃有剩。

其中一位长者，不但要坐上，还要坐东边。第一次开席，他要用筷子头，蘸点酒，往上洒一下，往下洒一下，是敬天地，还要蘸酒在桌上画一道符，是敬祖师爷。红烧肉里如有骨头，他用筷子夹起，啪的一声，甩打在楼板上。每盘菜，他没有动筷子，别人不可下箸。

八仙喝酒，喜欢划拳。谁说的数，与两人伸出的手指相符，就赢了。《划拳歌》：一品高，两相好，三星在户，四季发财，五福临门，六六大顺，七个巧，八个码，九在手，十全十美。

在正席上，孝子要反复敬酒，还要提供花生、瓜子、瓜果等。

丧葬中，打金井、入殓、拈香、出殡、下窆、关山等一系列活动，均由八仙来完成。抬棺时，脚步要沉稳踏实，不可以有闪失。

按照老规矩，是不给报酬的。近年来，要给八仙买鞋袜、毛巾、衣服等。出殡拜路祭的钱，归八仙。

## 四

入殓。

入殓也叫上临。

在老人过世的第一天傍晚，孝子提着壶子，去村前的港边取水。女婿、侄子、外甥都可以去。一路有唢呐伴随。到港边，由长子拿一刀草纸，三炷香，祭拜四方。挽一壶水，口里要说："天知知，地知知，讨点水给我大人抹尸。"也有的说："天之水，地之水，五湖四海水。今来借口水，给我大人抹尸。"

来到屋里，倒在脸盆里，用毛巾抹尸。上七下八，房房齐发；前三后四，代代富贵。

取水因烧了一刀草纸，也叫买水，可洗去在人世间几十年的污浊和烦恼，干干净净，无牵无挂，去见祖先。

有一样仪式，叫孔明拜斗。在一个伏桶里，用清油、灯心草，点一盏七星灯，上面放上一只米筛，把亡者的寿衣、帽子、鞋袜、被子，放个几分钟，也叫过千里眼。这样，一可保佑家里平安，二怕孕妇看见亡者不得投胎。

寿衣依然保留了明代服饰风格。在清代，汉人过世，如留着辫子，穿着满服去见先人，不但没有脸面，还不能认祖归宗。这种风俗一直保留。

穿衣服，先穿袜子、裤子、鞋子。鞋子要在鞋底上画七颗星子，到阴曹地府可防滑。靠肉的衣服，最好是纺绸，棉布也可，先要让孝子打赤膊穿一下，再给亡者穿上。胁下要放灯心草。汉服大多是系带或者隐扣。寿衣也不用扣子，每穿一件衣服，用带子绑一道，但不可打疙瘩。十岁一根线，组成一股绳。"带子"象征后继有人。

接材。拿动寿材，要安排一个人，用力摔碎一只破坛子，叫撒煞驱邪。寿材进门要鸣炮，儿女跪地相迎。

照材。孝子站东边，媳妇站西边。长子用一张红纸搓成条，用清油浸透，点燃。

照寿材头说："照材头，万代封侯。"

照寿材尾说："照材尾，万担粮米。"

照寿材角说："照材角，儿孙满桌。"

最后说："天煞归天，地煞归地，凶神恶煞，各归原位，让我大人好安身。"

上材。棺材底，要撒点石灰，再用草纸，从下到上垫七层，像盖瓦。八仙给亡者穿好衣服，须平平整整，再抬进寿材。按亲疏大小盖寿被，也叫盖百子寿被。头边放七个铜钱。七斤四两纸灰，放在手边，也叫"随手钱"。甑箅一只，垫在脚下。红纸一张，盖在最上面。男的要折扇，女的要蒲扇。不可放皮袄、皮鞋。将一个铜钱用绳子穿上，吊在亡者鼻梁上，要不偏不斜，叫"分径"。盖寿材盖，亲人须离远一点，不可把影子照进寿材内，不可喊名字。

有一个上材的谜语："四四方方一道城，云长坐在紫禁城。打开龙门任他进，八仙一到就关门。"

# 五

拈香。

灵堂设在堂前，男东女西。灵位前放三牲、饭、果品、烛架、香炉、酒杯、茶杯等物。两边有蜡烛映照。

拈香，一般都是夜里进行。祭拜，先亲后疏，先大后小。程序分三步进行。

第一步。走三步，点三下头，正好来到灵位前，跪下烧香，双手向上举三下，要过头顶，叩三个头。

第二步，跪下去，依次接过菜、酒、饭、茶，饭菜都要用筷子左右拨动一下，一样举过头顶三下，叩三个头。

第三步，跪下去，先点燃一张小草纸，再点三支香，一样举过头顶三下，叩三个头。退三步，也要点三下头。

每一个人拜祭完，要打一挂小爆竹。

若是孝子长辈或年长者祭拜，孝子要跪在一边。女婿乃半子之道，跪一只脚即可。等一个个祭拜完，一般到深夜。

这天晚上从开席起，都有锣鼓唢呐、二胡相伴。还可唱一些《孟姜女》《哭皇天》《望江台》等哀伤的歌曲。

也可唱《孝鼓歌》：

> 两个鼓槌圆溜溜，孝家请我唱歌曲。
>
> 歌路如同蜀道难，未曾开口泪先流。
>
> 开天天有八卦，开地地有五方。
>
> 开人人有三魂七魄，开神神有一路豪光。
>
> 歌郎站在十字路，先请几路神将。
>
> 一请天地水火土，二请日月和三光。
>
> 三请当方土地神，四请本府各城隍。
>
> 五请雷公和雷母，六请闪电大娘娘，
>
> 七请七仙姊妹们，八请八大众金钢。
>
> 九请九天玄淑女，十请地府十殿阎罗王。
>
> ……

是夜，孝子要守灵，也叫守夜。

# 六

出殡。

要准备好石灰、麻蒿、禾秆烟包。石灰是撒在坑底的，麻蒿是用来熏金井，这叫发圹。烟包是在关山后点燃的。

按照地仙规定的时辰起棺，出屋檐，也叫出滴水。

把寿材抬到村口。一般是早晨五到七点。八仙用龙杠龙绳，绑好，要用公鸡血祭杠。

由八仙或地仙喝彩：

伏以！天地开张，月吉时良。借雄鸡宝血，保大家平安。金鸡祭龙头，将相王侯。金鸡祭龙尾，万担粮米。金鸡祭龙肚，千烟万户。自从今日喝彩后，百子千孙万担粮。

再用托盆装一壶酒，八个杯子。地仙拿起酒壶，每喝一句彩，在一只杯子倒一下酒：

伏以！天地开张，月吉时良。请棺上路，大发大富。一点当朝一品，二点兰桂腾芳，三点状元及第，四点百子千孙，五点五福临门，六点六畜兴旺，七点南山府库，八点福寿绵长。自从今日喝彩后，大富大贵大吉祥。

起棺了。八仙各拿起酒杯，喝一口，多余的反手往身后一倒。这叫鼓劲酒。孝子们都要站两边护棺。有的还要骑棺，须是曾孙或玄孙辈。

有的地方要拜路祭。凡是亲属，都要三跪九拜后，要放一个红包，在搁有遗像的托盆里。

举招魂幡的人走在最前。走第二的是孙女，端托盆，上面装有遗像、茶叶、米。走第三是大女婿，提酒壶。走第四是二女婿撒纸钱。孝子贤孙，拄孝棍，走在灵柩前，一路行跪拜之礼。送葬的人，都走在灵柩后面。

一路上，鼓乐相随，爆竹喧天。锣鼓只打咚咚嘭——咚咚嘭——

当灵柩走在桥上、水沟边，或悬崖旁，孝子要说："爷（娘）吔，莫着吓，轻轻快快！"

送葬的人到了墓地后，要绕金井转一圈，乐队和孝子沿原路返回，叫回灵。回灵时，端托盘的孙女一边撒茶叶米，一边叫："公公（婆婆）回家来吃茶吃饭哦！"回灵的人，要在灵位三跪三拜，然后才可脱去孝服。

其他亲友，走到金井边，须把红帽子布取下。

# 七

下竁。

八仙将灵柩抬到墓地，选个较平稳的地方放下来，便下山吃饭了。下午，八仙把金井清理干净，将麻蒿放到金井里燃烧，孝子下去将灰踩平。地仙在上面，用棍子写上：长发其祥，或福荫后人。根据地仙规定的吉时，差不多下午三点左右，用龙绳将棺放入墓穴里，这叫下竁，也叫请棺登位。下竁时要打爆竹，然后盖了压石填土。填土时孝子要把土踩实，名曰盖瓦。

地仙喝彩道：

伏以！天地开张，月吉时良。佳龙吉穴，福人安葬。此地留来几千年，今日孝子跪面前。二十四山青龙到，打开龙口葬先贤。龙来正，福来端。先贤积德后代昌，天门开，地门开，白鹤仙师送地来。此地不是非凡地，昆仑山上发脉来。左青龙，重重拥护，右白虎，低头如眼弓，儿孙世代状元翁。福人登天，福佑万代。

伏以！太阳出土满天红，金山下竁永兴隆。郭璞杨公亲临到，助我下竁大吉昌。

伏以！今日下竁龙神临，宝地是个金叉形。金叉生来三个齿，子孙后代富无比。朋堂如掌心，家富斗量金。前案是金龟，代代着朝衣。朝山如纱帽，代代产英豪。百亩良田万包谷，代代儿孙享清福。青龙白虎来拱卫，猪马牛羊遍山冈。自从今日喝彩后，大富大贵大吉祥。

喝彩罢，鸣炮。

# 八

关山。

起了坟堆，竖了墓碑，在坟上点燃一个烟包。青烟袅袅的时候，用菜、饭、酒敬亡灵。另有一只碗，装有五个菩萨形状的斋饼，是敬土地公公。随后，拿起一只斋饼，分成四块，抛向四方。剩下四只斋饼，留给家里细伢子吃，可保佑他们健康成长。关山毕，鸣炮。地仙喝彩道：

伏以！手提贤东金银瓶，佳肴美酒谢诸神。一祭东方吉青龙，二祭西方白虎神，三祭南方朱雀神，四祭北方玄武神，五祭中央五色土，六祭亡人登仙府，七祭福寿万年长。自从今日喝彩后，百子千孙一路良！

每喝一声，要用锣响应一下。喝完彩，一阵紧凑的锣声、爆竹声响起。葬礼完毕。

葬礼，是人生最后一个节日，必须随乡入俗。只有坚守传统，才能安定人心！

第二辑　四时节令

# 过月半

## 一

在我乡，有正月十五闹元宵的习俗。

那一天，到处张灯结彩，燃放烟花。随着咚咚锵锵的锣鼓声和噼噼啪啪的爆竹声，各种花灯接踵而至，把节日的欢乐和喜庆，推向高潮，推向极致。

元宵节，也叫过月半。始于西汉，隋、唐、宋以来，更是盛极一时。

太史公《太初历》，就将元宵节列为重大节日。唐朝大诗人卢照邻《十五夜观灯》诗云："接汉疑星落，依楼似月悬。"北宋欧阳修《生查子·元夕》："去年元夜时，花市灯如昼。月上柳梢头，人约黄昏后。今年元夜时，月与灯依旧。不见去年人，泪满春衫袖。"南宋辛弃疾《青玉案·元夕》："东风夜放花千树，更吹落，星如雨。宝马雕车香满路，凤箫声动，壶光转，一夜鱼龙舞。蛾儿雪柳黄金缕，笑语盈盈暗香去。众里寻他千百度，蓦然回首，那人却在，灯火阑珊处。"

陈弘绪《石庄集拾遗》记载了元宵西山访友的情景："丙戌首春，访刘献叟，借佚书，因适掘冈寻熊西雨旧迹，过刘光裕宅饮茶，薄暮抵万伯子宅，时元夕前四日也。适其地有灯酒之会，各姓轮年当届，首事者造酒，务备务旨，择大厦广堂，盛设名灯，储美名制，虽小儿纸灯杂镨，亦自可观。各族属约亲携友，扶老挈幼环集焉。酒出于公，肴果各具其坐次，士者从士，商者从商，农者从农，饮各随量，务尽永夜之欢。当兹抢攘，斯为仅见，此地可谓醉乡矣。喜风土之美，因归而纪之。"

民国《安义县志》记载："近成内外，自正月十一日起，至十五日止，灯彩辉煌，笙歌嘹呖。鳌山竹燎、鹤焰、龙灯，所在皆有，尤以禳灾船最为巨观。……元宵前数日，比户具酒馔，祭墓燃烛，一谓之'送灯'。近西山一带，则用竹梢长三尺，破开尺许，编灯烛插墓前。自远望之，高下烂如星点，往来疏林中，若隐若现，诚奇观也。"

大清早，照例要吃元宵团子。

还要用粳米浸涨，去碓房舂成粉，做成十二生肖，用笼蒸蒸熟，点上红，叫月半斋，先用来敬天地祖先，再给细伢子把玩。

这一天，还有一个重要的活动，给祖茔上灯。一大家子的人，提着香、烛、纸等，走在山路上，经常能闻见兰花的清香，于是，大家分头寻找起来，总能找到几茎春兰，让人且惊且喜。拿回家，就送给姊姊、妹妹戴。

然而，在我细伢子时，元宵节并不热闹，只是在傍晚，各家来到禾场的禾秆堆下，扯禾秆，把它编成麻花状，名曰烟宝。

烟宝编成后，在自家的大门口、菜园地、猪槽边点燃。待烟宝的青烟袅袅升起，更是把我们宁静的山村，衬托得格外清冷和寂寥。据说燃烟宝，就像端午节挂艾蒿、菖蒲一样，起到避邪、驱五毒的作用。除此之外，有的人家，会在大门口点两支红烛，在屋前屋后，插许多香，叫作"栽禾"，用来渲染节日氛围，或是祈盼农业丰收。

自改革开放后，百废俱兴。各村各姓，在一年明月打头圆的元宵节，都亮出了自己的传统绝活，玩起了各种花灯。

## 二

元宵节，最为常见，最为热闹，最为壮观，最为激动人心的，莫过于舞龙灯了。

龙，是民族的图腾，是皇权的象征，是吉祥的化身，是司雨神。我国是农耕社会，只有风调雨顺，五谷丰登，才能确保国泰民安。

《尔雅翼》云："龙者鳞虫之长。形有九似：头似牛，角似鹿，眼似虾，耳似象，项似蛇，腹似蛇，鳞似鱼，爪似凤，掌似虎，是也。其背有八十一鳞，具九九阳数。其声如戛铜盘。口旁有须髯，颔下有明珠，喉下有逆鳞。头上有博山，又名尺木，龙无尺木不能升天。呵气成云，既能变水，又能变火。"

曹孟德与刘玄德煮酒论英雄时说："龙能大能小，能升能隐；大则兴云吐雾，小则隐介藏形；升则飞腾于宇宙之间，隐则潜伏于波涛之内……"

玩龙灯，也是宗族社会的产物。一条灯，都是以一村一姓为单位。玩灯的时候，如与本族的龙灯不期而遇，大家会载歌载舞，且欣且欢。相反，如与别姓的灯狭路相逢，一不小心，还会引起事端。

通常所见的龙灯，是用竹篾扎成，长约九到二十一节，成单数。龙头要扎得张牙舞爪，有须有角，神采奕奕，八面威风。龙身、龙尾用金光闪闪鱼鳞似的彩布饰之。每节内燃蜡烛，下有一支长木柄，由舞龙者撑之。舞龙者，皆头扎红巾，身着黄袍。龙灯在一执引珠领队指挥下，或进或退，或腾或舞。

村盘的主事者，拿着提笼，在前引路。提笼上打着 × 府，及风调雨顺、五谷丰登、国泰民安、家族兴旺等字样。

有的村盘，出过大人物，为了彰显自己的家世，还在提笼上书着"尚书第"或"文武世家"等字样。

俗话说：宁愿隔壁出黄牯，不愿隔壁出知县。如出了知县，你说不定受他的欺负；出了黄牯，或许可以借来耕田呢。有一个小村盘，因为族中没有出过显赫的人物，看见人家的排场，很不是滋味，便在灯笼上打着"看得见"三个字。它表面的意思是，我打灯笼是为了看得清路，深一层的意思是说，你的官做得再大，也看得见，有蔑视之意。

农民做事，有时很较真。有赵家、周家二姓，隔港而居，乡里乡亲。有一年元宵节，玩完龙灯后，周家在村前的港边放焰火，有一个焰火，不小心打翻在地，向赵家方向射去。赵家以为是向他挑衅，就在街上收购所用的烟花，就对放起来。周家本无准备，比输了。

几天后，周家向赵家娶亲。原来娶亲作兴对对子。周家出了上联："一枝朱笔点港口。"赵家毫不示弱，下联曰："三尺罗裙遮土门。"结果，亲没有结成，还打起架来。

我乡有个村玩龙灯出过一个笑话。在一个风雨交加之夜，一队人撑着龙灯，走过一个田垄，去邻村拜年。撑龙头的人，一不小心，滑了一跤，掉进路下的鱼塘，紧接着，后面的十几个人，全掉下去，霎时，就像一锅煮滚的饺子。

起灯，一般是在十三晚上。才断夜，摆好香烛，祭拜天地，紧接着，三声响铳过后，鞭炮齐鸣。锣鼓唢呐声中，龙灯第一站，来到祖堂，给列祖列宗拜年。

这个时候，族长总是穿着整齐，神情肃穆地喝彩道：

伏以！

龙灯贺岁喜洋洋，今夜宗亲贺祖堂。

一贺祖堂生百福，二贺祖堂大吉祥，

三贺祖堂人增寿，四贺祖堂出英豪，

五贺祖堂喜事多，六贺祖堂福满门。

自从今晚喝彩后，大富大贵大吉祥。

每唱一句，便用锣鼓响应一下。喝完彩，在场的人一齐欢呼。

龙灯上路了，所到之处，人流两分，随着领队一声哨响，在锣鼓喧天、鞭炮齐鸣声中，顿时，一条火龙蜿蜒起舞，如烈焰腾空。这情景，正如我乡诗人熊荣《西山竹枝词》所云：

邻姬元夜恰相逢，不看鳌山看火龙。

一部铙吹随小伙，到门十棒鼓咚咚。

注脚云："山中元夕，家家门首堂户燃灯如昼。十数家合扮龙灯一条，傍晚，向神庙上香，然后游村落，穿门入户，大锣小鼓欢声动地。彼此酬答，往返彻宵。"

龙灯表演完毕，挨家挨户拜年，领队要根据屋主人的境遇、身份喝彩。如，到了村主任家，喝彩道：

伏以！

龙灯拜年笑嘻嘻，今晚来贺村长家。

一贺村长命富贵，二贺村长人增寿，

三贺村长素质高，四贺村长人公道，

五贺村长工作真，明年必定上北京。

自从今晚喝彩后，工作更上一层楼。

如，到了一家娶了新媳妇的人家，便喝彩道：

伏以！

龙灯进门喜洋洋，今晚来贺好新娘。

一贺新娘富且贵，二贺新娘长得好，

三贺新娘生贵子，四贺新娘讲文明，

五贺新娘心灵美，挑花绣朵样样行。

自从今晚喝彩后，早早生对胖娃娃。

贺寿星：

伏以！

龙灯进门亮晶晶，今晚特来贺寿星。

彭祖寿高八百八，松龄鹤寿一千年。

天增岁月人增寿，春满乾坤福满门。

自从今晚喝彩后，五福临门百世昌。

伏以！

贺得东来又贺西，贺得寿星笑嘻嘻。

白发夫妻同偕老，双双举案喜齐眉。

儿孙满堂又孝敬，一家欢乐庆长春。

自从今晚游龙后，椿萱齐寿茂千秋。

元宵夜，规模最大的便是板凳龙了。

它长三四百节，有五六百米。由木板做底座，上有三盏花灯，内燃蜡烛。板凳龙一般都是有好几千人的大姓才玩得成。约定俗成，只要是分灶吃饭的人家，便要出一节灯。玩灯的人，在当天要沐浴、斋戒。到了向晚时分，村民纷纷捎着板凳灯来了，谁先到，谁走在前头。不多久，一字排开，连缀成一条流光溢彩，气势如虹的火龙。只要板凳龙一出动，便家家篝火，户户爆竹迎接。观者，更是人山人海，万人空巷，好一派热闹、欢乐、祥和的景象。

　　罗亭镇上坂曹家村的关公灯，其实是板凳龙的一种。头灯、尾灯，皆"丰"字形，两面写着风调雨顺、国泰民安。据族谱记载，上坂曹家，乃曹操的后裔。因先祖在赤壁之战，败走华容道，感谢关公不杀之恩，曹氏家族，扎灯还愿，故名为关公灯。

　　其实很多村盘，玩龙灯的同时，要抬菩萨。菩萨坐在轿子里，前面点一对蜡烛。由四个强壮劳力抬着，一路上，还吱呀吱呀地响。

## 三

　　采莲船、马灯、花篮灯、蚌壳灯，一般都连台演出，载歌载舞，有旦有丑。鼓锣齐鸣，还有唢呐、二胡、笛子等江南丝竹伴奏。

　　采莲船。采莲船里，坐着一个淡妆浓抹的村姑。前头一个艄公，头戴毡帽，身穿黑袍，长须过膝，手里拿着桨，边划边唱。后面一男子，打扮成妇人的模样，手摇蒲扇，与艄公对唱，插科打诨，引人发笑。

马灯。由五个穿红戴绿的村姑表演。用竹篾扎成马的形架，糊以花纸，绘上图案花纹，分前后两节，系在表演者腰间，作骑马状。配以管弦、打击乐器。边舞边唱："马灯进门喜洋洋，今日进门贺花堂……"

花篮灯。两个端庄秀丽的旦角，挑着花篮，舞步翩跹，边走边唱，两个花脸的丑角相随。旦角用采茶调唱《十二月采花》："一月梨花白如雪，二月郑花送春来，三月桃花红似火……"

蚌壳灯。由一个花枝招展的村姑，打扮成一只蚌壳精。蚌壳一张一合，翩翩起舞。一会儿，来了一个渔翁，嘴上两撇八字须，头戴斗笠，穿着草鞋，高卷裤管，背着一张渔网，腰上挂着一个鱼篓。他不时地撒上一网，不时又与蚌纠扯在一起，配合默契，饶有风趣，演绎出一折乡村版的"鹬蚌相争，渔翁得利"的故事。

清代翟金生《豫章景物竹枝词》云："二月街头唱采茶，村童扮作髻双丫。土音方语无腔调，笑煞吴姬与楚娃。"

我乡的元宵节，就是这样，由乡亲们自编自排，自娱自乐，虽是朴素，倒也异彩纷呈，犹如一幅浓墨重彩的梅岭民俗风情画！

# 韩波捡柴

在我小时候，不知为什么，气温要比现在冷得多。寒冬腊月，雪一落，就二三尺深。冰冻三尺。门前水塘结的冰，可以走人。屋檐的冰溜，长可达一米。这个时节，村里人不砍柴，不作田，成天在屋里坐着，闲得无聊时，就走家。那时，不像现在这样有电视可看，有收音机可听，谁家热闹，就往谁家去。烧一堆篝火，大家一起烤，这样，可以聊天、讲故事、猜谜语，打发时日。

到了正月十九，照例会有人说："哦，今晚又是韩波捡柴的日子呢。"

韩波在我们印象中，是一个赤身裸体的天神。他好像每年这一天，必须做一件事——下凡捡柴。如是这天，月色清朗，他怕羞，不敢下凡。如是雨雪天气，他也捡不到柴。只有天阴或毛毛雨，他才能如愿以偿。他捡到了柴，通常要晴天丽日，晒上三天，接着，就有七七四十九日倒春寒呢。

韩波捡柴的故事，在我乡，只要五十岁以上的人，都耳熟能详。

但有的人说是"寒婆捡柴"。欧阳桂《西山志》："寒婆岭，在萧峰傍。登者皆投石于山，谓之送炭，盖俗讹也。"

《安义县志》记载："正月十九俗传寒婆捡柴，是晚天阴无雨则捡柴，主有四十日风雨。"全国很多地方有这个传说，版本不一样。

清代南昌人王易《韩波诗二十韵》：

正月十九，俗传韩波捡柴。野语荒唐，羌无取义。或曰韩波古孝子，母以是日寒死，孝子毁殉，幽灵未伸。捡柴索暖，意殆胥涛、石尤之类邪。语无可徵，诗以存俗。

同云霁寒霄，缺月隐穹碧。

其间若有人，捡柴当此夕。

野语出齐东，谓是食贫客。

北风雨雪雰，慈母殒寒疾。

哀哉凯风歌，耗矣皋鱼泣。

养体不可能，守死志无斁。

年年觅散柴，藉御严霜逼。

坐是致人间，四旬寒不戢。

斯言宁凿空，有自吾可必。

为事固近情，副会遂失实。

拔木记金縢，雊雉载彤日。

倘无人立豕，或有退飞鹢。

大孝慕终身，岂以死生易。

波也其有灵，弥憾外何术。

民方苦饿寒，十户九还给。

骈死夫谁怜，终古抱悽恻。

丘坟万鬼狞，残贼一夫敌。

波也恶用哀，比屋尽兹厄。

小人欣有母，爱日幸怡色。

帘栏早春寒，挟纩有余适。

在很久以前，韩波与一个叫李渡的人，结伴进京赶考。两人同乡，同出一个师门，情同手足。一路上，谈诗论文，吟诗作对，虽是风餐露宿，倒也其乐融融。

一日，两人为了赶路，走到旷野，前不着村，后不着店，加上风雨骤至，淋了个透心凉。韩波是个十足的文弱书生，很快病倒在一家旅店。李渡心急如焚，请郎中，开处方，熬药汤，细心伺候。十多天过去了，韩波的病倒是好了，可李渡的银两，花个精光，就连御寒的衣物也当了。两人就只剩一份盘缠。可京城还在千里迢迢的北方。正是寒冬腊月，越是望北走，天气越寒冷。

韩波想，就这样走下去，两人都到不了京城。于是，把自己的银两和衣物，交给李渡，要他一个人进京赶考。再三嘱咐，不可耽误了前程。

李渡死死不肯，说："韩兄的才识，在我之上，此番进京，定能高中。至于费用嘛，我们省吃俭用，只要到了京城，可以去同乡会馆——万寿宫借一些。"

两人只好一同上路。一日，来到西山大岭中。开始还细雨霏霏，紧接着，北风呼啸，下起了鹅毛大雪。那时的西山，地僻人稀，好不容易寻到一座山神庙。两人捡了一堆干柴，敲石打火，生了一堆篝火，烘干了衣裳。

北风像狼嚎，爆竹声时断时续。两人在庙中饥寒交迫，过了一夜。第二天，韩波拿出一锭银子，对李渡说："李兄，这雪不知还要下到何时，你且下山，买些粮食来备用吧。"

说完，把身上的棉袄脱下，要李渡穿上。

等李渡回来，韩波赤身裸体，冻死在庙中。手里捏着一张纸，写着："李兄，永别了。神京路远，赶紧上路，莫要耽误了来年二月中旬的会试。人生难得一博。如能考取功名，要做一个忠君爱民的好官。拜托！"

是日，正是正月十九日。

李渡抱着韩波的尸体，号啕大哭。哭得天空愁云惨淡，哭得山间泉水呜咽。他把韩波葬在山民烧木炭的窑里，拜了三拜，冒着风雪赶路。

李渡负笈而行。再也不在乎风雪的肆虐，再也不在乎路途艰险，再也不在乎贫穷和饥饿。他把悲痛，化作了力量，要去完成韩波一生未能完成的使命。

李渡考取功名后，衣锦还乡。李渡来到韩波的葬身之地，坟墓不见了，化作一潭寒气逼人的碧水。潭水清幽见底，一尘不染，犹如韩波生前的眸子。

李渡此后，每年正月十九，要来这里，捡一根柴，丢在深潭里，以表示对韩波的怀念。并且把这里叫作韩波岭，潭叫韩波潭。山神庙，改作韩波庙，一年到头，香火旺盛，有求必应。

韩波的义举，感动了天庭，玉帝把他封了神。可他为了不忘正月十九那天，彻骨铭心的寒冷，还要赤身裸体，下凡捡一次柴。

这个故事，虽近于神话，但从中可以折射出，中国古代读书人，为了信仰，为了道义，可以舍生取义。

# 怀想乌米饭

甲午冬日，一个天气晴和的午后，我拿着一本书，来到离家很近的那一片山上闲逛。晒晒日头，看看闲书，听听鸟语，倒也悠然自得。在山冈的灌木丛中，不经意时，看见好多棵俗名叫"饭染子"的野果。

这种果子，才红豆那么大，颜色呈紫色，却是密密匝匝，缀满枝头。虽是寒冬，叶子依然青翠。但也有的叶子被霜染，有些泛红，却也不凋零，显得格外精神。

我随手捋了一把"饭染子"，放在嘴里吃，味道酸酸甜甜，非常可口。我觉得它的味道和蓝莓相仿。吃过后，唇齿间还散发着草木的芳香。

久违了。在故乡的岁月，去山上砍柴、打茅栗、摘橡栗，不经意时，常能看见这种野果，总是高兴地摘着吃。一转眼间，我已经有三十年没有见过它们了。

我一直不晓得它的学名叫什么，也许是心有灵犀一点通吧，由此，我想起了网络上常见的一个字眼：乌米饭。我掏出手机，在百度里一查，这种树果然就叫乌饭树，也叫南烛。

据我所知，在江南很多地方，在四月初八这天有吃乌米饭的习俗。在那一天，人们采摘乌饭树的嫩叶，捣烂，榨取汁水，将糯米浸一夜，染成黑色，再放到甑里去蒸，这便是乌米饭。

民间有个传说，在早先，佛祖有个叫目连的弟子，母亲被打入了十八层地狱中饿鬼道。目连天天去地府送饭，可在路上，就被小鬼抢着吃了。后来，是佛祖教他，用乌饭树叶，捣汁染米，煮成乌米饭送去，小鬼们就不敢吃。目连的母亲终于能吃饱。最后，目连救母脱离了饿鬼道。

《本草纲目》载："摘取南烛树叶捣碎，浸水取汁，蒸煮粳米或糯米，成乌色之饭，久服能轻身明目，黑发驻颜，益气力而延年不衰。"

《本草经疏》云："南烛，其味苦，气平，性无毒。"

现代科学证明，乌饭叶和果实含有丰富的铁、锌、锰等元素，能补脾益肾，有安神明目，强筋健骨，延缓衰老之功效。

我曾拨通了一位年过九旬老朋友的电话，向他询问，我乡以前是否有吃乌米饭的习俗。

他说："有，我细伢子的时候经常吃。这种植物俗称饭染子，肯定是用来染饭的呀。"

这时，我突然想起前不久，我的一个亲戚，送给我家一些发亮的乌米。她也只是说，是用山上的柴染了颜色，蒸熟后晒干的。这种饭，只要在锅里稍蒸片刻，就可吃了。吃起来，虽和普通的糯米饭一样绵软滑溜，但格外芬芳可口。但怎么也没有想到，这竟然是有着悠久文化内涵的乌米饭。

这时，有五六个孩子在山间玩耍。我向他们搭讪道："小朋友，快过来，我请你们吃野果子。"

他们蜂拥而至。我摘着乌饭子，边吃边说："吃吧，这叫乌饭子，是一种很好吃的野果。"

可他们面面相觑，一粒都不敢尝。

也许，他们的祖父、父亲，就是吃这种野果长大的呢。现在孩子吃的东西太丰盛，渐渐，就把野果给淡忘了。

可以说，我小时候为吃到野果，满山乱跑。其幸福指数，绝对不会比现在的孩子差。我在采摘野果的同时，锻炼了体质，增长了知识，也滋补了身体。

时过境迁。随着现代文明的发展，很多农耕时代的物产，慢慢在淡出我们的视野。就连彰显孝道文化的乌米饭，也渐渐被人遗忘了呢。

# 吊清明

## 一

我国有四时八节之说，清明乃八节之一。

《历书》载："春分后十五日，斗指丁，为清明。时万物皆洁齐而清明，盖时当气清景明，万物皆显，因此得名。"

好雨知时节。清明，雨总是淅淅沥沥地下，润物无声，花开了，草绿了，世间万物，无不欣欣向荣。在我们这个诗意的国度里，要进行踏青、扫墓、插柳、斗鸡、蹴鞠、荡秋千、打马球、放风筝等一系列民俗风情活动。

## 二

清明，也叫寒食节。《荆楚岁时记》载："冬至后一百五日，谓之寒食，禁火三日。"

相传，在春秋时期，晋国公子重耳，四十三岁那年，被晋献公的妃子骊姬加害，在外流亡。同行的侍从有狐偃、颠颉、赵衰、介之推等人。一次，逃到荒野，断食数日。重耳病危，介之推割股煎汤，给他服食，方救得性命。时隔十九年，历尽磨难的重耳，在秦穆公的帮助下，做了国君，就是历史上春秋五霸之一的晋文公。

时过境迁。当年的侍从，一个个封官晋爵，荣华富贵，唯独介子推功成身退，与母隐居于山西汾河之阴的绵山。一日，晋文公想起了介子推，深感内疚，便亲自带人去寻找。可绵山绵延数百里，到哪里去找！晋文公想了个省事的办法，命人放了一把火。本以为介老先生会携母出来，可三日后，待山火熄灭，寻到的却是介子推与母相抱，惨死于枯柳之下的残骸。

介子推的背脊，堵着一个柳树洞，洞里有一片衣襟，上面题了一首血诗：

> 割肉奉君尽丹心，但愿主公常清明。
>
> 柳下作鬼终不见，强似伴君作谏臣。
>
> 倘若主公心有我，忆我之时常自省。
>
> 臣在九泉心无愧，勤政清明复清明。

晋文公悲痛万分，遂命人把介子推葬于绵山枯柳之下，并将绵山，改名为介山，并以此为祭田。为了纪念介子推，晋文公下令每年的这一天，禁止生火，家家户户，只许吃冷食，以示追怀之意。

这就是我国寒食节的来历。

第二年，晋文公领着群臣，素服麻屦，徒步来到绵山，祭奠介子推。行至坟前，只见那棵老柳树复活了，万条垂下绿丝绦，在随风而舞。晋文公望着复活的柳树，就像看见介子推一样，虔诚地走上前去，作了个揖。临走时，折了一枝柳条，插在宫苑中。故，我国也就有了清明节插柳的风俗。

《唐书》记云："开元二十年敕，寒食上墓，《礼经》无文。近代相传，浸以成俗，宜许上墓同拜扫礼。"因寒食与清明相接，后来就逐渐传承为清明扫墓了。

清明也叫踏青节。李淖在《秦中岁时记》载："上巳，赐宴曲江，都人于江头禊饮，践踏青草，谓之踏青履。"

关于踏青，唐代还踏出一个很优美动人的爱情故事。

博陵人（今河北省定州市）崔护，在清明日的午后，独自走出长安城，来到南郊游玩。一路行来，桃红柳绿，蝶舞蜂飞。走着走着，看见一户人家，四面桃花环绕，姹紫嫣红。门左，翠竹青青；门右，芭蕉冉冉。庭院寂静，阒无一人。

崔护流连再三，心想：这等人家，绝非俗流。

正是正午时分，崔护口有些渴，想讨碗茶喝，敲了一通门，有一个女子说："谁呀！"

崔护答道："博陵崔护，寻春独行，因多喝了酒，口渴难耐，想讨碗茶喝。"

　　门吱呀一声开了，出现在崔护眼前的，却是一个衣着素雅、眉目清秀的妙龄少女。女子先向他道了个万福，进屋片刻，替他端上一碗茶来，低头捧上。崔护接过茶，喝了，见女子美艳如花，流盼了几眼。女子见崔护神情俊逸，文采风流，也心生爱慕。但终因不敢越礼，就此告别。

　　崔护是一个性情孤傲，但多情的人，念念不忘这位女子。第二年清明，故地重游，心爱的女子不见，只有桃花，灼灼其华。他无限惆怅，在门上题了一首《题都城南庄》：

　　　　去年今日此门中，人面桃花相映红。

　　　　人面不知何处去，桃花依旧笑春风。

　　写罢，吟了一遍，怏怏而归。

　　几天风雨后，崔护因情不可抑，再去寻找那女子。其时，桃花调谢，结子累累。至门前，却分明闻得屋里有哭声，叩问其故，有一位长髯老者出来，说："你是博陵人崔护吗？是你害死我的女儿了！"

　　原来，女子自去年与崔护一别后，害了相思病，茶饭不思。几天前，见了崔护的诗，病情更是加重，已是奄奄一息。

　　崔护进屋，不顾一切，抱着女子放声痛哭。这一哭，女子苏醒过来了，相抱而泣。就此，两人结为连理。

　　从此，崔护有了这样的如花美眷，红袖添香，学业日益精进，唐贞元十二年，高中进士，官至岭南节度使。

## 三

　　清明扫墓，在我乡叫吊清明，以示对故去亲人的追思哀悼。在时间上，前三后四。通常是合族而动，结队而行。有隆重者，鸣锣开道。来到祖坟山，清理掉墓道及墓前的柴草，或为坟墓培土。祭祀时，在墓前摆上鱼、肉、米粉、豆腐四盘菜，另有米饭、清明饼两碟，还要筛上茶、酒各一杯，摆上筷子，然后叩三个头，插上香，挂上纸，燃放爆竹。

清明节，作兴吃清明饼。在晴天丽日下，妇女、孩子们，提着竹篮，去田间摘鼠曲草。鼠曲草俗称阳绿，全株有白色绵毛，叶如菊叶而小，开黄花。摘其嫩茎，洗净后，放在碓臼里，春成糊状，再和上糯米粉，做成饼状，蒸熟后，色泽如翡翠，食之清香四溢，韧性十足。

对了，清明节还要做糯米酒，用泥巴封好坛口，待几年后，颜色变得暗红，味道醇和甘甜。这种酒，就叫清明酒。

清同治《安义县志》："清明各子姓载酒祭其先茔，挂纸钱于墓，是日酿酒，曰清明酒，色红而味甘。"

清明时节，它让人想起杏花春雨江南。

民谚有云：清明谷雨两相连，浸种耕田莫迟延。

清明时节，惠风和畅，莺飞草长，是江南农村耕耘播种、酝酿美好希望的季节。

# 乡村立夏

当我踉跄的脚步，在春风春雨的泥沼中，还不能自拔，猛然觉得，天开始燥热起来，不远处，还传来几声嘶嘶蝉鸣，心里猛然一惊，不由得感叹道：林花谢了春红，太匆匆！

《历书》云："斗指东南，维为立夏，万物至此皆长大，故名立夏也。"

在这一日，我乡作兴吃米粉肉"撑夏"。把粳米炒得香喷喷，磨碎，加上少量的桂皮、八角，用五花肉，切成一片片，拌均匀。可掺一些豌豆、蚕豆、土豆或芋头，倒一些料酒、生抽等佐料。放在笼蒸上蒸时，下面要垫莴苣叶、包菜叶，如果有荷叶更好。大约要蒸两个小时。一打开笼蒸，便清香诱人。食之，肥而不腻，入口即化，令人唇齿留香。

米粉肉，也叫米糁肉。《解文说字·米部》："糁，以米和羹也。"

袁枚《随园食单》记载："用精肥参半之肉，炒米粉黄色，拌面酱蒸之，下用白菜作垫，熟时不但肉美，菜亦美。以不见水，故味独全。江西人菜也。"

按照以前的生活水平，在这一天，大吃一顿米粉肉，还要等到秋天才开荤。民谚有云：米粉肉，立夏吃顿足；暑伏天，吃素全家福。

"立夏称人轻重数，秤悬梁上笑喧闺"，这是古人写立夏称人的诗。这一天，吃完米粉肉，很多人家架起一杆大秤，把细伢子轮流称一遍。看秤的人，还要说一些吉利话。相传，立夏称人会给人带来福气，也是祈求上苍，给人带来好运。

清顾禄《清嘉录》说："家户以大秤权人轻重，至立秋日又称之，以验夏中之肥瘠。"

据《中国民俗通志·节日志》载，在三国时期，有一年立夏，刘备要带兵出征魏国，带着阿斗不方便，就请赵子龙把阿斗护送去吴国，交给夫人孙尚香抚养。孙夫人心想，自己毕竟是后娘，万一孩子养瘦了，不好向刘备交代，于是当着赵子龙的面，把阿斗称一下，书告刘备，以表心迹。

民国《安义县志》记载："立夏，炒粘米磨粉，加香料，和酒浆，蒸米粉肉。食后，不分老幼，衡其轻重，藉以观肥瘦之消长焉。自谷雨至立夏，秧针出水，以次栽植。农夫歌声四起，唱以为乐。"

范成大《村居即事》诗云："绿遍山原白满川，子规声里雨如烟。乡村四月闲人少，采了蚕桑又插田。"

这是一个耕耘播种、莺飞草长的好日子。

民谚曰：立夏立夏，泡犁泡耙。

民谣云：芒种夏至天，南风日夜掀。吹得软绵绵，走路要人牵。牵的人要人扷，扷的人要人颠。

在抛秧栽禾的时候，有人打山歌：

山歌好唱口难开，杨梅好吃树难栽。想说几句私情话，姐的心事好难猜。我的姐吔，赤脚踩水试深浅，我把山歌打过来。

屋前屋后莫打歌，打咯少来听咯多。老人听见要挨骂，后生听得是非多。我咯哥吔，山歌要往深山打，树大根深情意多。

高山流水响叮当，哪有山水不落河，哪有哥来不想姐，哪有姐来不想哥。哥吔姐吔，东山日头西山落，二人心事差不多。

在这一天，每人要喝一碗生水。因我乡是山区，山里人经常要去离家很远的山中砍柴、耕作，免不了要喝泉水。说是在这一天喝了生水，再喝就不会闹肚子。

旧时的南昌，有吃立夏茶的习俗。

清乾隆《南昌县志》载："立夏之日，妇女聚七家茶，相约欢饮，曰立夏茶，谓是日不饮茗，则一夏苦昼眠也。"

清杨屋《立夏茶词》写道：

城中女儿无一事，四季昼长愁午睡；

家家买茶作茶会，一家茶会七家聚。

风吹壁上织作筐，女儿数钱一日忙；

煮茶须及立夏日，寒具薄持杂藜栗。

君不见村女长夏踏纺车，一生不煮立夏茶。

在早先，我乡有一乡绅，生有七个崽，都是牛高马大，柳柳秀秀，娶了七个媳妇，一个比一个漂亮。这七个媳妇，有着千般好，就是有一样事，让婆婆不放心，一有空闲，就和男客躲进房间，如胶似漆，不肯出来。一年立夏，婆婆把七个媳妇都留下，各泡了一碗明前茶。大家喝了一小口，都说清香可口。婆婆说，你们今天要听我的话，一口把这碗茶喝下去。七个媳妇都喝上一大口，烫得花容失色，做鬼叫。婆子说，我是有意要害你们吗？夫妻要白头到老，就像喝滚茶，要小口小口地品啊！七个媳妇听了，都面红耳赤，勾下了头，不好意思去房间睏觉，便打鞋底的打鞋底，绣花鞋的绣花鞋，补衣裳的补衣裳。

于是，我乡女客婆，一直还保留了吃立夏茶的风俗。

# 端午节

## 一

五月里来午端阳，端阳佳节蒲艾香。

端阳节，又叫端午节。在先秦时期，先民普遍认为，五月是毒月，初五为恶日。汉代应劭《风俗通》说："俗说五月五日生子，男害父，女害母。"宗懔《荆楚岁时记》说："五月俗称恶月，多禁。忌曝床荐席，及忌盖屋。"

《史记·孟尝君列传》记载，大名鼎鼎的孟尝君就是在五月初五出生的，他的父母很害怕，认为"五月子者，长于户齐，将不利其父母"。

《宋书·王镇恶传》云："王镇恶，北海剧人也。以五月五日生，家人以俗忌，欲令出继疏宗。祖父见奇之，曰：'此非常儿，昔孟尝君恶月生而相齐，是儿亦将兴吾门矣！'故名之为镇恶。"

所以，在这一天民间悬挂艾蒿、菖蒲，洒雄黄酒，为驱魔避邪。

到了隋唐之际，有人把端午节和纪念屈原联系在一起。

据南北朝人吴均《续齐谐记》载："屈原五月五日投汨罗江而死，楚人哀之，每至此日，以竹筒贮米投水祭之。汉建武中，长沙区曲，白日忽见一士人，自云三闾大夫，谓曲曰：'闻君当见祭，甚善，但常年所遗，恒为蛟龙所窃。今若有惠，当以楝叶塞其上，以彩丝缠之，此二物蛟龙所惮也。'曲依其言。今世人五月五日作粽，并带楝叶及五色丝，皆汨罗水之遗风。"

1945年，闻一多先生在《人民诗人——屈原》一文中说："古今没有第二位诗人像屈原那样曾经被人民热爱的……端午节是人民的节日，屈原与端午节的结合，便证明了过去屈原是与人民结合的，也保证了未来屈原与人民还要结合……屈原是中国历史上唯一有充分条件称为人民诗人的人。"

在江河流域，端午节普遍有划龙舟的习俗。最早，古人划龙舟，是一种驱逐瘟疫的仪式，后来，演变成人们下水救屈原的演练。

清同治《安义县志》："端午馈角黍、涂雄黄、泛菖蒲、悬艾叶、竞龙舟、夺锦标，始于初一，终于初五。各村镇演戏而城隍祠为盛，每以五月初起，六月中止。惟黄洲市以十三日当墟，远近云集交易。"

然而，我乡是山区，没有龙舟可看。正如熊荣《西山竹枝词》所云：

浦人艾虎颤钗头，鸭子家家竞献酬。

盘上任教堆角黍，却愁无处看龙舟。

另有注脚云："山中旧俗，家家门首插艾数株，挂菖蒲其上。内人剪纸虎同艾叶拴髻，或以蒲根刻葫芦、方胜作肩坠，清晨饮雄黄酒，食大蒜，谓可辟百毒，随以鸭子交相馈遗。架溪村人采新箬，裹糯米为粽子，芳香可喜。"

## 二

芭蕉绿了樱桃红。又到了粽子飘香的时节，我想起童年端午节的一些往事。

那时，每到农历五月初一，天才蒙蒙亮，母亲便叫醒我说："快起来，割艾蒿、菖蒲去。去晚了，就割不到了！"

我便欢天喜地，来到年年割艾蒿、菖蒲的野地里。

艾草，一般长在土壤贫瘠的田头、地角、菜地边，平时，无人理睬，无人打理，但它的生命力极强，总是长得英姿飒爽，两米来高。它的姿态，虽不华美，但我国自古以来，就把它作为祈祥避邪的吉祥物。晋代周处《风土志》记载："以艾为虎形，或剪彩为小虎，帖以艾叶，内人争相裁之。以后更加菖蒲，或作人形，或肖剑状，名为蒲剑，以驱邪却鬼。"南朝梁宗懔《荆楚岁时记》说："鸡未鸣时，采艾似人形者，揽而取之，收以灸病，甚验。是日采艾为人形，悬于户上，可禳毒气。"

艾蒿，用于医学，可理气血、温经脉、逐寒湿、止冷痛、抗真菌，为妇科要药。

菖蒲，则长在溪水边、水塘旁。叶丛生碧绿，端庄秀丽，挺直似剑，直刺苍天。

先民还把菖蒲当作神草。《本草·菖蒲》记载："典术云：尧时天降精于庭为韭，感百阴之气为菖蒲，故曰：尧韭。方士隐为水剑，因叶形也。"人们常用它来点缀庭院、花园，与兰花、水仙、菊花并称为"花草四雅"。

那时的大门，好像都挂着一对小竹筒，插上艾蒿，再挂上菖蒲。一大清早，整个村子里，散发着浓郁的艾蒿、菖蒲的馨香。

## 三

早饭吃过后，不用母亲吩咐，邀好几个伙计，上山去摘箬竹叶，扎粽子了。

其时的田野，早稻正好扬花、灌浆，谓之拜节。稻花香里说丰年，听取蛙声一片。

其时的山野，新竹成林，蝉鸣嘶嘶。还有满山的芒花，开得红艳似火，一簇簇，一片片，乍看似少女的笑靥，仿佛又如天边的彩霞。

箬竹叶，一般长在地势较阴暗的山坳里。其竿细细，其叶硕大。山风吹来，叶叶相撞，沙沙作响。摘箬竹叶，要拣新叶，用拇指和食指夹住叶片，中指一顶叶柄，啪的一声，就脱落了。

箬竹除了扎粽子外，还可以用来衬斗笠。

我们这些孩子在故乡的怀抱里，这山望着那山高地跑着，跳着，留下一路欢笑。我们攀比着，谁摘的箬竹叶多，谁摘的箬竹叶大。

箬竹叶摘回家后，母亲拿到锅里焯过，再拿到清亮的溪水里，一张张洗刷干净，就开始包扎粽子了。糯米须淘洗干净，晾干，用少量的碱和之。有时还在粽子中包上一些红豆、红枣、花生米及腊肉，味道就更好。母亲把湿漉漉的箬竹叶，卷成圆锥型，然后用饭勺，填进糯米，用筷子插实，包好，将嫩竹篾一捆，一只只棱角分明的粽子，便扎成了。五只再串成一挂。

母亲扎粽子的时候，还打谜语给我猜："生在深山叶朵朵，漫山遍野寻找我。寻得归来吃糯米，又拿绳子捆绑我。"

想当然，很快猜出是箬竹叶。

粽子扎好，便到晚上了。晚饭过后，父亲把粽子放在锅里，用准备好了的干柴，煮上三四个小时，再让它焖到第二天天亮。食之，余温尚存，还带着浓郁的箬竹叶清香。

粽子，从初二一直吃到初五。

# 四

到初五那天，母亲还要做包子、蒸发糕、煮咸蛋、煨大蒜。对了，母亲还在蛋壳染上红色，用五颜六色的网袋装着，挂在我的脖子上，意谓祝福孩子逢凶化吉，平安无事。蛋当然是越大越好，如果能在脖子上挂上一个大鹅蛋，那就雄壮了。玩腻了，就找伙伴用蛋打架，谁的蛋碰破了，就先吃掉。最后留下的就是胜利者了。

如有嫁出去的女，回娘家拜节，除了粽子、咸蛋、发糕外，必送蒲扇、折扇。

因为端午节后，天气热了，蒲扇、折扇可以带来清凉。

扇子扇清风，时时在手中。
有人来借扇，自己要扇风。
三伏来防暑，夜里扇蚊虫。
扇到七八月，收扇过寒冬。

到了傍晚，母亲把艾蒿、菖蒲收起来，蘸雄黄酒，洒到屋的旮旮角角，消毒避虫。还在我们的额头上、手背上、脚背上涂一些雄黄。

端午节，虽是纪念屈原的节日，更浸透着一种浓浓的乡情、亲情。

# 打时草

## 一

打时草，是我乡一种特有的风俗。传说在端午节这一天，山中会有一种时仙草，牛吃了可以成仙。所以，在这一天，从子时起，满山去放牛。

有《时仙草》童谣唱道：

> 松峰岭，松树下，半棵时仙草。
> 端午节，子午时，长得离离葆。
> 太阳一出就难找，有牛吃得时仙草，
> 放牛崽俚骑牛天上跑，做个逍遥神仙佬。

小时候，我家没有放牛，但到了这一天，也会跟着堂哥他们，摸黑赶着牛，满山乱跑。

这一天，我们身上都带着咸鸭蛋、粽子可吃，还带着爆竹可玩。爆竹声此起彼伏。还摘"叫子柴"叶，看谁吹得好听。那牛听得叶笛声声，也哞哞地响应。

南唐成彦雄《梅岭集·村行》："暖暖村烟暮，牧童出深坞。骑牛不顾人，吹笛寻山去。"

熊荣《西山竹枝词》云："鱼云片片淡无痕，一树秋风叶满门。牛背阿哥端坐稳，数声羌笛过前村。"

一天，我骑着牛，唱着《穷老表》：

> 穷老表，实可怜，两块破布搭胸前。

拿起针来冇有线。叫我这样连。

穷老表，实可怜，牵条牛来去耕田。
肚子饿得咕咕叫，叫我怎样走上前。

穷老表，实可怜，一年四季吃野菜，
春夏秋冬住茅屋，田螺蚌壳当过年。

财主爷，不劳动，住着高楼吃种谷。
下饭有鸡又有肉，还说不得足。

# 二

来到半山腰，天已大亮。在一丘平整的荒田里，坐着一位老人，悠然自得抽一杆旱烟。

其时，他只有五十多岁，与我父亲同年，我叫他"同年爷"。他从小就去山外，给地主放牛，和那些伙计天天听故事、猜谜语、唱歌谣。所以，他是我们村最会讲故事的人。到了寒冬腊月、天寒地冻的日子，屋场上很多人，都去他家烤火，听他讲故事。

我坐下来剥粽子吃，边吃边问："同年爷，你以前放牛，财主爷是不是像黄世仁、刘文彩一样很坏？"

他说："别个财主坏不坏，我不晓得。人吃良心，树吃根。当天话，我东家，自己不吃，也要让我吃饱。不像有咯人，打开眼睛说瞎话。有有影咯事，不能话。头顶三尺有神明。"

我说："你放了一辈子牛。牛吃了时仙草，真能升天吗？"

他说："肯定是有咯。你看，'牛郎织女'里咯牛，硬是能说人话，还晓得天上咯事呢。"

我多次听过他讲"牛郎织女"的故事，听得如痴如醉。

他不但讲故事好听，打谜语也很有趣：

　　　　四个铁墩，两个铁钉，两人打扇，一人扫厅。

　　　　三头六臂，七脚落地，太公钓鱼，咒天骂地。

这两个谜底是：第一个是牛，第二个是耕田——穿蓑衣，戴斗笠，手拿竹枝，吆喝着牛。

同年爷那天又讲了个故事给我们听。他细伢子的时候，和屋场上二十多个伙计，赶了三十多头牛，来到茅棚口打时草。在一处荒田里，草长得很茂盛，牛吃得正欢。打完了爆竹，吃完了粽子，玩起捉迷藏的游戏。很多人都钻进乱石丛中。到了半上昼，有一个伙计看见一大群"野马子"，有三四十只，在围攻牛。牯牛很快围成一圈，头向外，形成犄角之势。母牛、牛犊在中间。这个伙计吓得魂飞魄散，赶快跑到乱石丛，说，不得了，野马子吃牛了。大家一看，都叫喊起来。屋场上大人听见，打着铜锣，拿着鸟铳赶来。

所谓野马子，据说是狼和豺，杂交品种，走路的姿势像马，故名。屋场上住了外姓人，就骂人家"野马子"。

同年爷说："牛为我们劳作了一辈子，到老来，肉被吃，皮用来蒙鼓。我们看杀牛时，千万记得手交背，要不然有罪过。"

早先，有一头老牛吃了时仙草成仙了，头等大事，就是直奔天庭，到玉皇大帝那里去告状。

老牛见到玉皇大帝，就说："玉皇大帝啊，我等苦大仇深，为人类耕了一辈子田，劳苦功高，可到老了或病了，却被剥皮抽筋、千刀万剐。"

老牛还眼泪汪汪，如泣如诉地唱起了《牛歌》：

谁人听我说声牛，兽中最苦是耕牛。
春夏秋冬常用力，不知磨难几时休。
拖犁拉耙千斤重，皮鞭身上千万痕。
泥硬水深拉不动，肚中饥饿泪长流。
口干吃口田中水，喝声病了走如飞。
肚饿吃口田中草，恶言恶语骂瘟牛。
我在山中吃百草，种起五谷主人收。
瓜麻豆粟般般有，棉花麦子满仓收。
籼米做饭养性命，糯米做酒待亲朋。
娶亲嫁女做喜事，夫妻商量卖耕牛。
老来嫌我身无力，卖与屠夫作菜牛。
怕死难言流眼泪，将刀割断我咽喉。
破肚抽肠取心肺，割肝挖骨熬成油。
剥我皮来做鼓打，惊动阴司上星升。

杀我之家人不富，食我之人身不肥。

知我受尽千般苦，想是前生未能修。

劝解农夫休打我，今虽变牛怎奈何。

莫道天公无一报，天道轮回几时休。

玉皇大帝说："是可忍孰不可忍。是一些什哩鸟人，敢对尔等如此残忍？"

老牛说："都是一些没有手咯人。"

玉皇大帝说："嗨，你比人要大若干倍，还给了你一对尖角，四只蹄子，却被手脚不全咯人给杀了，死得活该。"

由此，我想起了一个很好笑的故事。那天，同去告状的还有鱼。鱼诉说冤情后，玉皇大帝说："网无底，罾无盖，你本是凡间一道菜。"鱼出凌霄宝殿的时候，翘着嘴，翻着白眼，一副死不瞑目的样子。我每次去菜市场，看见翘嘴白鱼，就想到这个故事。

牛嘴巴向下，一日吃到夜。牛投胎的时候，问玉皇大帝："我咯口粮呢？"玉皇大帝说："你不错，拜四方咯角色，走到哪里都有吃。"牛大喜。其结果是，吃的是草，挤的是奶，耕一辈子田，还天天挨打，死不闭目。

据说，狗投胎的时候，也顺便问了一句："那我吃什哩？"玉皇大帝说："凡间有句老话，是狗千年总吃屎。还有，猪吃剩下咯，你才可吃。"狗很生气，生下七天才开眼。

我乡还有一个笑话，说牛眼大，把人看得比山大，所以任人宰割。相反，鹅眼小，把人看得比豆子还小，所以敢藐视人。

是的，我见过最惨烈的事，是杀牛。在一丘绿茵茵的红花田里，把牛前脚绑住，溜上几圈，猛拉绳子，牛跌倒在地。一个人飞步上前，抢起大铁锤，猛然朝牛脑门砸去。几个人，迅速上前，用木杠把它按住，便在它的咽喉处连捅几刀，血流如注。牛在它将死未死时，喉咙里发出几声闷雷一样的悲鸣，眼睛睁得恐怖而狰狞，还在汩汩流泪。

这时，我心中悲凉，眼睛里总噙着泪水。

# 三

我问:"同年爷,你见过时仙草吗?"

同年爷呵呵地笑,说:"冇见过。如我认得时仙草,让我咯牛吃了,骑着它到天上去当神仙,何必在凡间忧生忧死,吃苦受累。"

山风吹来,不远处传,来此消彼长的爆竹声、叶笛声,还有伙计们的欢笑声。

哞——!偶尔也传来牛的一声长鸣。

# 过七夕

纤云弄巧，飞星传恨，银汉迢迢暗渡。

在我国诸多的节日中，七夕节过得最是悄无声息，不打一挂爆竹，菜碗里不见一片肉，只有年年听不完的牛郎织女故事。

牛郎本是一个孤儿，每天放一头牛，依靠哥嫂过日子。嫂子经常虐待他，连饭都吃不饱，受了委屈，只有跟牛哭诉。说得悲伤的时候，牛还会流泪。牛郎渐渐长大了，倒也出落得玉树临风，每日拿着一管横笛，在河边吹。那嘹亮优美的笛音，水里的鱼儿听了，禁不住跳出水面。老牛听了，停止了吃草，愣愣地看着他。他对牛唱起了《可怜歌》：

天像一把伞，地像一块板。可怜咯鲤鱼掸呀掸。

鲤鱼呀，你也好，有根须，可怜咯黄鳅满田趋。

黄鳅呀，你也好，有丘田，可怜咯田螺走田舷。

田螺呀，你也好，有层壳，可怜咯蛤蟆打赤脚。

蛤蟆呀，你也好，有层皮，可怜咯雄鸡夜夜啼。

雄鸡呀，你也好，有个冠，可怜咯老鼠屋下钻。

老鼠呀，你也好，有间屋，可怜咯兔子满山哭。

兔子呀，你也好，有座山，可怜咯水牛夜里耕。

水牛呀，你也好，有人牵，可怜咯马儿驮马鞭。

马儿呀，你也好，有人骑，可怜咯猴子活剥皮。

猴子呀，你也好，有身毛，可怜咯花狗夜夜嚎。

花狗呀，你也好，有张口，可怜咯狐狸毛狗拖。

　　村盘上的人，笑他是个对牛弹琴的呆子。他却说，你们不懂，万物皆有灵。

　　嫂子要他分家。牛郎说，我什么都不要，只要一间牛棚，一头老牛好了。他就靠这头牛，农忙时，给人家耕田耙地，挣口饭吃。闲暇时，就牵着老牛，吹着笛子，在山野、河边闲逛，日子过得倒也逍遥自在。

　　老牛是他沉默的朋友，一天也没有和他分离过。

　　夏天的一个傍晚，牛郎把老牛冲洗得干干净净，正在为它摇风打扇，驱赶蚊虫。这时，老牛开口说话了，说："牛郎哦，你老大不小了，成个家吧。今日半夜的时候，有很多仙女在河边洗澡，你就选那套紫红色的裙子藏起来，裙子的主人，便是你最美的新娘。"

　　牛郎等到子时，悄悄来到河边，果然有仙女在洗澡。他拿到那套紫红色的裙子，忐忑不安地躲在一边。仙女们穿好裙子，纷纷飘然而去。只留下最小的仙女，找不到衣服，急得团团转。这时，牛郎从芦苇丛中走出来，说："仙姑，失礼了。裙子在此，你，你要做我老婆，才给你。"小仙女羞得面红耳赤，点了点头。

　　婚后，男耕女织，生活美满。筑两间泥屋，虽是简陋，却也别致，屋前小桥流水，屋后长满了奇花异草，夫妻俩就像生活在画中。小仙女本是天上的织女，

织布又快又好，举世无双。她说，天空的彩云，就是她们姐妹们织的。很快三年过去了，生了一儿一女。王母娘娘得知此事，震怒，派天兵天将，押解织女回天庭受审。老牛不忍他们妻离子散，在墙上碰断头上一只角，变成一条飞船，让牛郎挑着儿女，乘飞船追赶。耳畔呼呼生风，穿过了云海，眼看就要追上织女了，王母娘娘拔下头上的金钗，在天空划出了一条波涛滚滚的银河。从此，把牛郎、织女隔开了。

他们坚贞的爱情，感动了喜鹊。每年七月七日这一天，天下的喜鹊都飞来，用身体搭成一道跨越银河的天桥，让牛郎织女相会。

这个故事神奇美丽，让我们百听不厌。大人讲完故事，还指着浩瀚的星空说："你看哪，那个像挑着担子的星座，就是牵牛星，河对岸的就是织女星了。天空漂亮的晚霞，就是织女星编织出来的锦缎呢。"

牵牛星，我们也叫牯牛星。我们望着天空，用手一边指，一边唱："牯牛星，七只角。东边坐，西边落。一口气，话七个。"便一口气唱了七遍，一个个憋得满脸通红。

晋朝周处《风土记》记载："七月初七日，其夜洒扫于庭，露施几筵，设酒时果，散香粉于筵上，以祈河鼓（河鼓即牛郎）、织女。言此二星辰当会，守夜者咸怀私愿，咸云，见天汉中有弈弈白气，有光耀五色，以此为征应。见者便拜，而愿乞富乞寿，无子乞子，惟得乞一，不得兼求，三年乃得言之，颇有受其祚者。"

这一天也叫乞巧节。夜里，女孩们对着天空皎洁的月光，摆上时令瓜果，朝天祭拜，乞求天上的仙女能赋予她聪慧的心灵和灵巧的双手，让自己的针织女红技法娴熟，更乞求月神，将来赐予自己美好的姻缘。

我听说，夜深人静，一个人躲在茂盛的南瓜棚下，或葡萄架下，能听到牛郎织女相会时的悄悄情话。可我听过几次，只听见唧唧虫鸣。

宋代杨朴《七夕》诗云："未会牵牛意若何，须邀织女弄金梭。年年乞与人间巧，不道人间巧已多。"

夏季凤仙花儿红，女儿看见乐融融。

是日，女孩子摘凤仙花，捣碎，加入明矾，绑在指甲上，第二天，色泽鲜艳，经久不褪。清顾张思《土风录》载："万历昆山志云，七夕妇女以凤仙花染指甲。案此法自宋有之。周草窗《癸辛杂识》云：凤仙花红者捣碎，入明矾少许染指甲，用片帛缠定过夜，如此三四次，则其色深红，洗涤不去，日久渐退，人多喜之云云。今吴俗皆然，但不必在七夕。"

七夕，是中华民族一个最有浪漫色彩的节日。

# 七月半

## 一

癸巳炎夏，持续高温，据说是五十年未遇。可到了阴历七月半，却风云突变，天色漠漠，竟然淅淅沥沥，落起几点细雨来。

七月半是中元节，也叫鬼节。民间传说，阎罗王在这几天，打开鬼门关，让孤魂野鬼到阳间来享受祭祀。明代谢肇淛《五杂俎》记载："道经以正月十五日为上元，七月十五日为中元，十月十五日为下元。"依照佛教的说法，七月十五，教徒们举行"盂兰盆法会"，供奉佛祖和僧人，济度六道苦难众生，以及报答父母养育之恩。

民谚有云：七月半，鬼乱蹿。

我乡风俗，说七月半，祖宗回家过年。这一天，总是神秘兮兮，不许乱说话，不许去乱坟岗，不许大声喊名字，不许去游泳，到傍晚更不许外出。有喜欢讲故事的乡亲，这几天，坐在一起，讲的都是"鬼话"。

有的说，他家灶下，半夜听见碗响，第二天发现菜碗橱子里的油饼，无故少了一半。嘿，还真有鬼吃饼的事。

有的说，三更天，他家鸡埘，鸡在乱叫，第二天，死了一只公鸡。原来他的爷爷，生前说了要吃那只鸡的，结果死也不放过。

……

这些故事，听得让人毛骨悚然，心惊胆战。

# 二

一大清早，一家六口回家祭祖。

"日月忽其不淹兮，春与秋其代序。"二十岁朝气蓬勃，离开老家，在外闯荡，一转眼，年届五十，已是发苍苍，视茫茫，快进入老境啦。孙子都已经半岁，快会叫爷爷了。有歌曰：岁月如刀，刀刀催人老。我看，就是这些小的们，把我活活逼老的吧。而我的父母双亲，在很多年前就成先考、先妣了。子欲养而亲不待。想起此言，我的心头便掠过一丝苍凉，一丝无奈。

走进乡关，稻谷飘香，荷叶田田，不时还看见白鹭在翻飞。这久违的乡村风光，真让我心旷神怡。然而，在路上每每看见少年的伙伴和同学，昔日的翩翩少年，都是鬓发斑斑，真有些悲从中来，不可断绝。常言道："记得少年骑竹马，转眼便是白头翁。"也正如元代诗人陈草庵的《山坡羊》云："今日少年明日老。山，依旧好；人，憔悴了。"

来到老家桐源，大哥也是快奔七的人了，背也显得有些驼了，白发已成"燎原"之势，看见小兄弟拖家带口地回家，脸上笑成了一朵菊花。大哥已越来越像老年时的父亲了。

在外工作，已退休的二哥、姐姐也回来了。我们兄妹长大后，各奔东西，一年中也只有过年、清明、七月半，才会团聚。

大哥、大嫂早弄好了一桌祭祖用的菜肴，摆在老屋的堂前桌上。列祖列宗的牌位、遗像端坐在八仙桌上。清油灯荧荧如豆。上供的菜，一般是鱼、肉、油饼、米粉、冬瓜。

按照惯例，兄弟及子侄，只要分灶吃饭，都要端菜来。供的菜是单数，或五个，或七个。桌子四边，摆着碗筷、酒杯、茶碗。

大哥来到村前的桥边，煞有介事地说："请列祖列宗，公公、姆妈（祖母）、爸爸、咿呀（母亲），大爸、大呀（大妈），大家到屋里去过年！"

大哥走到家门口，做了一个请的姿势，说："请上座！"

在茶碗里倒上茶，在酒杯里筛上酒，在饭碗里添上饭。

家里有不懂事的细伢子，看见满桌的酒菜，一旦没有来得及制止，就往桌上爬去，让人哭笑不得。

狗也在桌底下忙得团团转，可就是不见抛下一根骨头。

一大家子，围在桌子周边，庄严肃穆，相对无言。

再三打量八仙桌上的列祖列宗遗像，总觉得他们还目光慈祥地打量着我们。我觉得他们并没有离开我们。打断骨头连着筋，我们身上流淌着他们的血，与他们一脉相承。他们的言传身教，还在影响着我们的日常生活。我们的身高、长相、脾气、性格、禀赋，都是由他们的遗传基因决定。

阴阳虽两隔，但他们永远活在我们心中。

人事有代谢。七月半，让我们更加思念已故亲人，更加怀念祖德。

以前，父母在世时，和大爸、堂哥他们一起祭祖更是热闹。大爸、父亲辈过世后，就树大分丫，另立门户，各自祭祀。

大哥每年要用筶问卦。所谓筶，就是拿两片牛角状的小竹兜，若要向祖宗问起何事，便把筶往堂前中间一丢。如一阴一阳，是"圣筶"便是如愿以偿。如是两阴，是"阴筶"说明这事由阴间亲人定夺。"阴筶"也叫"宝筶"，说祖先会保佑。如是两阳，是"阳筶"，说明这事由阳间的亲人定夺。凡是"阳筶"，最叫人忐忑不安了。

还有，家里如有儿孙考上了大学，或添了鸿丁，或做了大厦，都要一一告慰先灵，更要说感谢祖先在天之灵保佑之类的话。如有刚成家的新人，也要请祖宗保佑，来年添个宝宝。

筶，也有的写作珓，很多寺庙求神问卜常用。清代黄香铁所著《石窟一征·礼俗》卷四载："俗神坛社庙，皆有珓。按，珓图，阳珓俱仰，阴珓俱俯，胜珓一仰一俯，此羲画所传两仪四象占三之则成卦，而六十四具于其中。胜珓，今讹为圣珓。夫圣珓，灵珓也，非胜珓之谓也。又，演繁露，后世问卜于神，有器名杯珓者，以两蚌壳投空掷地，观其俯仰以断休咎。"

祭祀完毕，对列祖列宗说："请到门口拿钱去用！"

门口早烧好了包袱。里面装的是纸钱、金元宝、冥币等。封面上写着"先考××大人收""先妣××老孺人收"。切不可用棍子挑动，否则成了破铜钱。烧完，在地上划个圈，说是防野鬼来抢。另外，在圈子外烧两刀纸，是祖宗请挑夫的脚钱。

这种纸钱，也叫火纸，一般在七月十一上昼，就打印好。是用一种外圆内方的铁錾，一个一个地打印。民谚有云：十一金钱，十二银钱，十三、十四破铜钱。

凡事过犹不及。有一种说法是，纸钱也不可烧得太多，有的祖先财迷心窍，钱太多了，管不过来，一时糊涂，会把年轻的儿孙招了去。

还有更糊涂的是，有的老妇人，看见当下的冥币，面值有千亿、万亿，便爱不释手，用一个包袱，写上自己的名字，注明存于冥中银行。

烧了纸钱，便鸣鞭炮，送祖宗回去。

在西方国家，也有一个类似七月半的节日，叫万圣节。他们传统文化认为，这是鬼怪接近人间的时候。在前夜的十月三十一日，孩子们会戴上各种面具，挨家收集糖果、点心等。

有一年的十月三十一日夜，我走到一家大商场，有一群少男少女，带着各种面具，拿着宝剑，又歌又舞。我说："这是什么玩意？"同行的年轻人都笑了，说："你还天天看书呢，这都不知道？今天是万圣夜呀。"我恍然大悟！令我担心的是，我们的节日，我们的文化，渐渐被年轻人淡忘，弃之如敝履，而西方的意识形态却无孔不入。

## 三

火纸，古代叫冥镪。《野获编·列朝·大行丧礼》记载："盖自唐宋以来，相沿已久，惟冥镪最属无谓。"明刘仕义《新知录摘抄》云："古时祭祀用牲币，……唐明皇渎于鬼神，王玙以纸为币，用纸马以祀祭鬼神。"

我乡多竹。乡亲多用竹麻制造火纸。在农历四月间，将刚成林的新竹，砍成五尺许，去掉青，放在石灰塘里浸，一两个月后，放到楻桶里蒸，把它碾成细末，再在石槽中打成浆，做成纸。

其实，清明节上灯挂纸，中元节烧裔祭，在我国是一种很传统、很古老、很普遍的风俗。

二十世纪五十年代后，我乡造纸这一行几乎绝迹。

可就是七月半这一风俗，在我乡也终止很久。有人认为这是一种封建迷信。我认为，这是我们古老国度传统文化的一个重要组成部分，是我国几千年农耕文明、宗族社会的产物。曾子曰："慎终追远，民德归厚矣。"每逢佳节倍思亲，人生就几十年，百年之后，有自己的后人来祭祀、怀念，有什么不好呢。

美国电影《寻梦环游记》中，墨西哥亡灵节到了，所有的亡灵都会回到现实世界，和亲人们团圆。如不被亲人记起或祭祀，他们就回不来，才是真正死亡。

孔子曰："君子有三畏：畏天命，畏大人，畏圣人之言。小人不知天命而不畏也，狎大人，侮圣人之言。"

可我们过度的唯物主义教育，让人天不怕，地不怕，神不怕，鬼不怕。就连万世师表孔圣人的牌位也敢砸，坟墓也敢挖。

如果人没有了敬畏之心，没有了宗教信仰，没有了道德底线，就沦为欲望的奴隶，世界便成欲望之海。那么，就为所欲为，无恶不作。

君不见，有的人，名为人民公仆的官员，实则干着卖官鬻爵，鱼肉百姓的勾当；君不见，有的人，名为救死扶伤的医生，只顾榨取钱财，哪管病人死活；君不见，有的人，名为人类灵魂工程师的教师，尽干一些男盗女娼的事，就连幼女都不放过。

长此以往，礼仪之邦，也就沦为禽兽之邦了！

# 四

傍晚，炊烟袅袅。这时各家各户，不约而同，来到村头、路口、溪边，摆上几样果品、米饭及米酒，烧上几刀纸，再点三炷香，祭拜四方。这些纸钱，是烧给无家可归的野鬼。我被这些淳朴的乡亲虔诚的爱心所感动。

凉风习习，稻浪翻滚。路边，芳草萋萋。暮色苍茫中，分明看见几点微弱的萤火，在一闪一烁。

哦，从我居住的山城一路走来，看不见了稻田，也听不见了蛙声。至于萤火虫，好像有一二十年没有见到过呢。

况属高风晚，山山黄叶飞。

其时，烟雾缭绕的同时，纸钱的灰烬也在飞扬。我拿着照相机，抢拍了几张久违的画面。不知是感动，还是烟熏火燎，我的眼睛湿润了。

致君尧舜上，再使风俗淳。

故乡的七月半，不但可以祭祖思亲，还可以领略传统文化的风俗美、人情美。

# 山里中秋月

## 一

中秋节，起源于先民对月神的崇拜。《礼记》载："天子春朝日，秋夕月。"夕月，就是祭月光。

中秋也叫团圆节。《帝京景物略》说："八月十五祭月，其饼必圆，分瓜必牙错，瓣刻如莲花。……其有妇归宁者，是日必返夫家，曰团圆节也。"

成彦雄《梅岭集·中秋月》云：

> 王母妆成镜未收，倚栏人在水精楼。
>
> 笙歌莫占清光尽，留与溪翁一钓舟。

## 二

海上生明月，天涯共此时。

我在山里长大，最初对月光的记忆，却是别样的：村前高山之巅，那一片高大挺拔的松树，先是从缝隙里，透出一点光亮，慢慢才全盘涌出。顷刻，光辉洒满大地。

其时，我家有天井的院落里，一片光明。父亲在天井里搁着供桌，上面摆着月饼、柚子。而我又将亲自采来的猕猴桃、山葡萄放上一些，表示对月神的恭敬。

父亲点红烛，我放爆竹。

母亲点燃三炷香，对月光拜三拜，说："月光婆婆，保佑我一家人，身体健康，平平安安；保佑我崽健康成长，读书戴顶子。"

男不拜月，女不祭灶。

家有女孩子，也要烧香拜月，大人在一边说："月光，月光，保佑我女儿，将来嫁一个好老公。"

八月十五月正圆，中秋月饼香又甜。硝烟散去，一家人坐在天井清朗的月光下，吃月饼。月饼有生糖、麻碱、五仁等。

老话说："千日望年，百日望社，望到中秋过个夜。"

母亲一边扇着蒲扇，一边教我唱《月光谣》：

> 月光光，水光光，李家猪嗰吃我秧。
> 爷拿棍，崽拿枪，打死猪嗰有人扛。
> 爷来扛，崽来扛，切块肉，来汆汤，
> 童养媳妇有有吃，打掉一堵壁。

或唱《野鸡公》：

> 野鸡公，背弓弓，驮袋米，看阿公。阿公吃什哩菜？吃芹菜。什哩芹？水芹。什哩水？大水。什哩大？天大。什哩天？黄沙天。什哩黄？鸡蛋黄。什哩鸡？尖脚鸡。什哩尖，犁头尖。什哩犁？耕田犁。什哩耕？糯米羹。什哩糯？红壳糯。什哩红？月月红。什哩月，中秋月……

猜谜也是中秋风俗之一。姐姐打谜语给我猜："初出茅庐一张弓，游山打猎往西寻。人人都说三十岁，二十八九一场空。"

我指着月光说："应该是月光吧。"

母亲嗔怪道："你莫用手指月光，到三更半夜，小心会被割耳朵。"

接着，母亲念念有词："月光婆婆，你莫怪。你还我崽耳朵，我还你刀子。"

我心里很是后悔，生怕自己的耳朵被月光割掉，闷闷不乐。

母亲宽慰道："这样吧，你睏觉嗰时候，鞋尖向外。这样，在梦中如有谁割你耳朵，就会跑得风快。"

从此，我很注意这点。每在梦中遇见豺狼虎豹，果然能健步如飞。

我仰望着月光，说："月光里面好像有人呢。"

父亲说："月光里有个叫吴刚咯人，在砍桂花树。"

我说："他为什么要砍桂花树呢？"

父亲说："吴刚学道，心术不正，误入歧途，惹恼了玉皇大帝，便把他拘留在月宫中，叫他天天砍桂树。玉皇大帝说，如果你把这棵树砍倒，就可成仙。可吴刚每砍一斧，树马上就愈合。就是到了天老地荒，吴刚也砍不倒这棵树。——月宫中，还有嫦娥、玉兔、桂花酒呢。"

## 三

清代道光年间《新建县志》载："相传许旌阳以八月十五日，拔宅上升，居民感德立祀。宋徽宗敕修赐额玉隆万寿宫。历元明迄今，自八月朔，四远朝拜不绝，至十五日而最盛，居民辐辏成市。"

《宣和书谱》卷五，记载了西山万寿宫庙会中，秋夜踏歌的盛况：

女仙吴彩鸾，自言西山吴真君之女。太和中，进士文萧客寓钟陵。南方风俗，中秋夜，妇人相持踏歌，婆娑月影中，最为盛集，萧往观焉。而彩鸾在歌场中，作调弄语以戏萧。萧心悦之，伺歌罢，蹑踪其后。至西山中，忽有青衣燃松明以烛路者。彩鸾见萧，遂偕往，复历山椒，有宅在焉。至其处，席未暇暖，而彩鸾据案，如府司治事，所问皆江湖丧溺人数。萧他日询之，彩鸾初不答，问至再四，乃语之："我仙子也，所领水府事。"言未既，忽震雷迅发，云物冥晦。彩鸾执手板伏地，作听罪状，如闻谪词云："以汝泄机密事，罚为民妻一纪。"彩鸾泣谢，谕萧曰："与汝自有冥契，今当往人世矣。"萧拙于为生，彩鸾为以小楷书《唐韵》一部，市五千钱为糊口计。然不出一日间，能了十数万字，非人力可为也。钱囊羞涩，复一日书之，且所市不过前日之数。由是彩鸾《唐韵》，世多得之。历十年，萧与彩鸾遂各乘一虎仙去。《唐韵》字画虽小，而宽绰有余，全不类世人笔，当于仙品中别有一种风气。

相传，八仙之一的铁拐李，八月十五慕名也来到西山万寿宫。街上人来人往，各种月饼，香气四溢。有的说，生糖月饼甜，买给崽吃。有的说老婆月饼香，买给老婆吃。就是听不到一个人说买给爷娘吃。自古道：百行孝为先。难道这些人的良心，都被狗吃了？

铁拐李用法术，变了两只一斤重的大月饼，也摆在街上叫卖。他的月饼色泽金黄，香飘十里，让人一见就流口水。

很多人围着月饼问价。铁拐李说，你们买给谁吃？有的说买给孙子孙女吃，也有说买给外甥吃。铁拐李摇头晃脑，开出天价，十两银子一块。大家以为这个人疯了，纷纷离去。等到日头快要落山，一个樵夫，趿着一双破草鞋，腰间别着一把柴刀，掮着一条尖担，满脸汗水，手里捏着几文钱，走到摊前，细声细气地问："老板，我爷娘久病在床。我还有五文钱，买得到一个月饼给老人家吃吗？"

铁拐李眼睛陡然一亮，说："为爷为娘，地久天长。后生家，这两个月饼就送给你吧。"

樵夫千感万谢而去。由于中午没有吃饭，饥肠辘辘，月饼浓烈的香气，让他一路馋得直流口水。

一路唱道：

> 竭归竭归，磨刀杀鸡，
>
> 大锅煮肉，细锅煮鸡，
>
> 不拿我吃，留得生蛆。

铁拐李踏着月光，紧随其后。

樵夫走进一间茅屋，喊了一声爷娘，就把月饼递给老人手里。

老人接到手里，却是两块沉甸甸的黄金。

# 四

明月几时有，把酒问青天。

中国是个诗的国度。在这一天，文人士大夫或登楼揽月，或泛舟邀月。宋代文豪苏轼，丙辰中秋，欢饮达旦，大醉，作《水调歌头·明月几时有》，寄托对弟弟苏辙的思念。

但愿人长久，千里共婵娟！

# 佳节又重阳

## 一

在南昌，梅岭、滕王阁、龙沙等地，是重阳节登高雅集的胜地。

何谓重阳，是说阳数里两个最大的数字相叠，故名。九在中国民间，是个吉祥的数字，有天长地久之意。

重阳节的源头，可追溯到上古。先民在这一天，祭天、祭祖、庆祝丰收等。《吕氏春秋·季秋纪》就记载："（九月）命冢宰，农事备收，举五种之要。藏帝籍之收于神仓，祗敬必饬。是日也，大飨帝，尝牺牲，告备于天子。"

《西京杂记》称："九月九日，佩茱萸，食蓬饵，饮菊花酒，云令人长寿。"

晏殊《少年游·重阳过后》："重阳过后，西风渐紧，庭树叶纷纷。"

同治《安义县志》："重九登高赋诗燕乐，亦有酿会、墓祭者，曰醮重阳。"

我乡杨圣希《梅岭竹枝词》云："一年一度一重九，燕去鸿来菊正黄。人自登高山自笑，笑人今古一般忙。"

时至今日，文人墨客喜欢带着肴馔美酒，来梅岭登高赏菊。

百姓人家，会采菊花，加上糯米、板栗、枣子，做重阳糕，香甜可口。

## 二

"画栋朝飞南浦云，珠帘暮卷西山雨"，诗中的西山，也就是梅岭。许多人不知，王勃写下《滕王阁序》的那一天，竟也是重阳节。

《旧唐书·王勃传》记载，唐龙朔三年（663），王勃去交趾（今越南北部红河三角洲地区），探望当县令的父亲，九月九日路过洪州。

当时，都督阎伯屿重修滕王阁，正在宴请宾客及僚属。阎都督本暗中安排其女婿吴子章写好了一篇序，好在宴会上一显身手。拿出纸笔，遍请诸宾，都推辞，只有王勃沉然不辞。阎都督很不高兴，觉得此人不懂事，借口身体不适，到后堂休息去了。当王勃写到"落霞与孤鹜齐飞，秋水共长天一色"时，阎都督听报，一跃而起，说："真天才，当垂不朽矣！"随即出来，携王勃之手说："帝子之阁，有子之文，风流千古，使吾等今日雅会，亦得闻于后世。从此洪都风月，江山无价，皆子之力也。吾当厚赏千金。"

佳节又重阳。阎都督的大度与惜才，为那个重阳节留下了千古佳话；时运不齐，命途多舛的王勃，是日，成就了一生最辉煌的篇章。

三

我乡流传着宋应星与李曰辅重阳节相约西山的故事。

《水经注·赣水》云："赣水又北径龙沙西，沙甚洁白，高峻而随有龙形，连亘五里中，旧俗九月九日升高处也。"

万历三十八年（1610），宋应星二十四岁，父亲要他去庐山白鹿洞书院求学。九九重阳节那天，路过龙沙，正是南昌人登高的日子。宋应星在龙沙西禅堂，与李曰辅一见如故，两人聊着聊着，一同登上了西山。

两人在洪崖丹井观瀑后，夕阳西下，来到翠岩寺的迎笑堂投宿，彻夜长谈天下大事及宋明理学。

李曰辅，字元卿，号匡山，一号匡庐山人，南昌松山人。幼时于村塾读书，与肉铺比邻，听杀猪声，悲痛不能进饮食。父母把村塾迁移到僧寺附近，开始他很是喜欢寺庙的清净及和尚诵经声、钟磬声。时日既久，亦不喜欢和尚所作所为。独居一室，从不打扫，专心攻读经史，研究诗文。万历三十四年（1606）中举后，居住在南昌龙沙西禅堂，长期素食。孤傲耿直，从不与俗人交际。所作的诗文，也从不给人看。

第二天两人分手，李曰辅紧握宋应星的手说："宋兄，人生得一知己足矣！三十年后的重阳节，你我相约香城寺如何？"

宋应星说："一言为定！"

崇祯十三年（1640），时序刚进入立秋，时任福建汀州府推官的宋应星，与李曰辅相约西山的日子临近了。宋应星归心似箭，还没得到上司的批准，便挂冠而归。翻过雄奇的武夷山，来到赣州，再乘船沿江而下。

其时，李曰辅从云南道监察御史位置，因直言上书，罢官在家，归隐在香城寺多年。

宋应星因在吉水锦鳞庵，拜会了刘同升，耽误了一些时日，没来得及回家，直接赶到香城寺，正好是重阳节这一天，与李曰辅相见。久别三十年，两人都白发苍苍，步入老年了，感慨万千。畅谈久别离情，国家大事，不胜愤慨。在山中盘桓十数日，经过石鼻，回到久别的牌坊村。

当时，宋应星写了一首《访香城李侍御夜话》：

> 闻道云城里，先生久挂冠。
>
> 心婆知爱国，疏直志无官。
>
> 一衲忘朝野，千峰见岁寒。
>
> 不因瞻佛岭，何以共盘桓。

宋应星为答谢李曰辅的知遇之恩，辞官不做，可谓一诺千金。

## 四

在近几十年，很多马来西亚的华侨，每逢重阳节，像候鸟一样，奔赴紫阳山。他们负囊而行，里面装着各种器皿及祭品。到山巅的紫阳宫，来不及休息，就摆好了器皿、牺牲、果酒，焚烛燃香，开始祭祀天地神灵。他们一个个神情肃穆，读经如唱。

他们信奉的是德教。德教宗旨是：以德教民，积善累德。教义为：孝、悌、忠、信、礼、义、廉、耻、仁、智，以修身进德为中心思想，以不欺、不伪、不贪、不骄、不怠、不怨、不恶为日常生活中的德行准则。德教，通过扶乩，领会乩谕神说。

诵经毕，便开始扶乩。在一个有八卦图案的木盆里，有两人闭目捉乩笔划字，另有一人唱和，一人记之。隔一会儿，有人在木盆里洒上一把粉，或淋点水，就这样捣鼓着，一首首扶乩诗就出来了。

扶乩，其实是中国大陆民间失传已久的传统文化。

我乡有个关于重阳节的故事。

有三个老庚，都是重阳节生，一个叫黄老九，一个叫张老九，一个叫李老九。他们还同窗，每年重阳节约好了去洗药湖登高一次，轮流做东。

那年月，讲究父子不同席，公孙不对门，晚辈不可以称呼长者的名号。黄家的新妇，能言善辩，闻名乡里。黄老九说："我家新妇乖巧，进门三年，没有说过一个'九'字。"

张老九说："年久日深，有时说话绕不开，实属难免。"

黄老九说："如果日后我家新妇说话带了'九'字，我连做三年东。"

一年九九重阳，张老九、李老九，买了韭菜，打了酒，来约黄老九，去登高。

李老九进门，对黄家新妇说："你就说，张老九、李老九，来会黄老九。买了韭菜，打了酒，去洗药湖过九月九。请你转告一下，我们就在村口等候。"

其实，他们两个就躲在院子的围墙外。

一会儿，黄老九进门。新妇对他说："张公公、李公公，来会我公公。买了扁菜，重阳节，请你喝几盅。"

杜甫的《九日蓝田崔氏庄》："明年此会知谁健？醉把茱萸仔细看。"古人在这一天，还要佩茱萸，或挂茱萸香囊，说可消灾避难。这种风俗已不多见。

我乡的茱萸，叫吴茱萸，一般长在洗药湖、萧峰、梅岭头、葛仙峰等高山上。很多人采来晒干，可降血压，治胃病。

# 忆腊八

又是腊月初八，我想起了一些童年往事。

腊七腊八，冻死寒鸦。记得那时的寒冬腊月，雨雪霏霏，冰冻三尺，我们一般就在家里烤火，听故事，猜谜语。

有童谣唱道：

有吃冇吃，烧炉火炙。炙得面红耳赤，你晓得我吃了冇吃。

以前的人，生活困难，吃饱饭为头等大事，见面总问：吃了吗？

大雪封山，时间一长，就有麂子饿得不行了，冒冒失失，撞进人家屋里找吃的。可想而知，它反而成了人家桌上的一碗菜。

这个时候，大家成群结队，扛着长矛，带着猎狗，去山上捉麂子。它们一般躲在避风雪的石坎下面，只要看见人来，拔腿就跑。它瘦如麻秆儿的脚，捅进冰雪里，很难拔出来，轻而易举，就被擒获。

上山打麂，见人有份。我们看着人家抬着麂子下山，很是羡慕，有时候也会去凑热闹，或许也可分得一两斤麂子肉。

其实，腊月的"腊"字，本来从"猎"字演变过来。我们的先民，在岁末年终，农作物收割好，便去野外获取野物，祭祀祖先。

《风俗通》记："腊者，猎也。因猎取兽祭先祖，或者腊接也，新故交接，狎猎大祭以报功也。"《礼记·令》称："天子乃祈来年于天宗，大割祀于公社及门闾，腊先祖五祀。"《说文解字》载："冬至后三戌日，腊祭百神。"

我们把这个时候腌来过年的鱼肉，就叫腊鱼腊肉。

到了腊月初八，是佛祖成道纪念日，照例要喝腊八粥。母亲在头天晚上，用瓦罐，把淘洗干净的米，还有红豆、绿豆、板栗、尖栗、花生、红枣等装进去，如是放一块腊肉骨头更香。把盖子盖上，下面压一片芥菜，就放到灶里炆。稍放一把茶籽壳做燃料。这种粥，温软淡香，回味无穷。

为了炆腊八粥，深秋，我经常在港边摘野豇豆。

野豇豆长在芭茅、籇篷丛中，生命力可谓强劲。叶片花序都类似豆角。寒露后，豆荚由青转乌，便可采摘。晒干了，用手一捏，便迸裂开来。豆子棕色，有黑色斑点。

我摘野豇豆的时候，总喜欢看潭水里怡然嬉戏的小鱼。

其实，炆腊八粥的米，也是我捡的秈谷。秈谷就是农人收割时遗下的谷穗。也叫捡糤。

我们经常成群结队，挽着篮子，在收割完了的稻田里，细细寻觅。我们边捡秈谷，一边唱着歌谣：

一粒谷，两头尖，爷娘留我过千年，千年万年留不住，一顶花轿到堂前。娘哭三声抱上轿，爷哭三声锁轿门，哥哭三声抬轿走，嫂哭三声出头门。三只桶，四只箱，抬到婆家有天光。

天才光，事又多，梳完头，又洗锅。问声要耆多少米？有客来，耆一斗；有客来，耆八升。好话留爷吃餐饭，又怕公婆不放心。送爷送到大门口，摸根棍子来赶狗。崽呀肉，多年媳妇熬成婆，再过三年做太婆。

最好是在刚收割完，抢在前头去捡。捡得好，一天可捡上十来斤谷子。把谷子搓脱，放在簸箕里晒干，簸出米来，成为炆腊八粥的主要原料。

自己捡的秈谷，摘的野豇豆，炆出来的粥，格外好吃。

佛祖本名乔达摩·悉达多，是古印度北部迦毗罗卫国（今尼泊尔境内）净饭王的王子，自幼锦衣玉食，因见众生受生老病死等痛苦折磨，又不满当时婆罗门的神权统治，二十九岁那年，舍弃王位继承权，出家修道。经六年苦行，于腊月初八，在菩提树下悟道成佛。在这六年苦行中，每日仅食一麻一米。后人不忘他所受的苦难，每年腊八吃粥纪念。

腊月初八，在佛祖释迦牟尼光辉照耀下，是个百无禁忌、诸邪回避的大日子，很多人用于娶亲嫁女，做屋上梁。

# 过 年

## 一

过年也叫春节，是我国四时八节中，最重要的一个节日。时届年头岁尾，有辞旧迎新之意，也意味着春回大地，万象更新，给人带来新的希望，新的起点。

一年之计在于春。在我们这个有着几千年农耕文明的社会，人们自然要充满喜悦、载歌载舞，迎接这个盛大的节日。

常言道：有钱没钱，回家过年。这是一个亲人团聚的日子。不管你在外当官也好，发财也好，潦倒也好，都要与亲人团聚，共享天伦之乐，祭拜天地宗亲。

在我乡，大约过了腊月初八后，就开始准备过年了。杀年猪、腌咸鱼、炒花生、煮瓜子、煤薯片、制南瓜干、做冻米糖。还要买年画、贴春联、舞狮子、耍龙灯、抬菩萨、逛庙会、穿新衣、戴新帽。把这种欢乐和喜庆，一直延续到元宵，真可谓中华民族的狂欢节。

## 二

梅岭山中的客家人，在六月初六有"过半年"的习俗。在这一天要采摘新鲜瓜果、蔬菜，祭拜天地，祈求五谷丰登。中午，要用新米煮饭，好酒好菜吃一顿，也叫"吃新"。杨圣希《梅岭竹枝词》云：

> 百姓穷来吃饭难，不逢年节不加餐。
> 山民别有聪明在，过个半年好解馋。

真正过年，要从二十四开始。这一天，是过小年。这一日，灶王爷要去天上，向玉皇大帝汇报这一家人一年的善恶。为了让灶神说好话，要用冻米糖、花生糖、芝麻糖之类的甜点心祭祀他。祭祀完毕，还要点上香，送他上天。

我乡有"过了二十四，天天是过年"的说法。这个民俗，还得从秦始皇修长城说起。当年修长城，征集了大江南北千百万的青壮年劳力。在很多年后，长城修完了，正是年关，天天有人回家。去修长城的人，九死一生。很多人家盼到自己的儿子归来，就欢天喜地，打爆竹过年。以此，作为家族纪念日。

前人有诗云："三牲三果赛神虔，不说赛神说过年。一样过年分早晚，声声听取霸王鞭。"

我们村过年，一般在腊月二十九。但月小，就提前到二十八。这样叫跑马年。那天清早，家家用托盘装着三牲（公鸡、鲤鱼、猪头）、斋饭，祭祀天地。斋饭上要放一小块胡萝卜，一小枝柏树叶。点三炷香，祭拜天地，然后放爆竹。

细伢子唱《新年快乐歌》：

过新年，快乐多，大家来唱快乐歌，丰收乐呵呵。

打爆竹，贴对子，杀只鸡来贺新年，家家庆团圆。

鸡说道，东方红，催人早起勤做工，杀羊庆丰收。

羊说道，毛多长，做件毛衣赛春阳，杀牛大家尝。

牛说道，春复秋，耕种四时未曾休，杀马尝珍馐。

马说道，路程长，拉车运货走忙忙，杀狗肉奇香。

狗说道，守门边，夜夜主人安心眠，杀猪办酒宴。

猪说道，新年啰，大家迎春多快乐，为何独杀我。

在除夕夜，必吃年糕，寓意生活一年更比一年高。桌上的鱼不能吃完，因为它象征着"年年有余"。常言道：三十夜晚咯火，十五夜里咯灯。饭后，一家人还要围着火盆烤火，谓之围炉守岁，直到子夜。炭火要烧得旺，意味着日子过得红红火火。

还要给细伢子压岁钱。压岁，我乡叫隔岁。

民国《安义县志》记载："除夕与小孩钱，名曰'隔岁钱'。小孩向尊长展拜，名曰'辞岁'。守岁聚饮,取红枣、莲子、荸荠、天门冬煎之当茶,谓之'洪福齐天'。"

除夕夜打爆竹封了门,就不许开了。

## 三

大年初一五更起。这一天是四时之首,天才蒙蒙亮,就开门打爆竹。这封爆竹,要分外长,格外响,有迎春接福的意思。

初一崽,初二郎,初四初五老姑丈。

首先要给家里的长辈拜年祝福。现在只是拱手作揖,以前要下跪。同样要用三牲、斋饭,祭祀天地。

然后,大家集中到祠堂,祭拜祖先,相互拜年。添了鸿丁的人家,要上谱。凡是有做了屋、娶了亲、升了官、发了财的人家,要带烟和糖果及"换财"(花生、瓜子、冻米糖之类的点心)散给大家吃。

民国《安义县志》记载:"元旦,夙兴开门,燃鞭炮,陈香烛,虔礼天地、祖宗。长幼以次展礼。捧宗谱,集家庙谒祖,散饼饴,谓之'丁饼'。各街市罢市三日。家家门首更易春联,贴门神、花钱。贺客至,则设果盒,奉欢喜团(即糯米汤圆),进元宝茶蛋等。给小孩钱,谓之'赏红'(在清同光间以红纸裹钱十枚以下,自光宣后,则用红纸裹百文、二百文小票)。不亲到贺年者,则递贺柬。自光复改用阳历后,其于旧历元旦积习难返,仍旧钟行庆贺。唯县区各机关、团体、学校,以元旦为中华民国开国纪念日,举行庆祝典礼后,即团拜贺年,并饬投分投贺柬。"

很多村盘,以一大家子为单位,给各家拜年。凡有细伢子上门,必给"换财"。

初二,一般是出阁的女儿回娘家,须携带礼品。丈母见郎,割奶余汤。女婿被称为娇客,凡家里好吃的东西,都要留给他吃。一进门就要煮汤,面里必有三个荷包蛋。这有古人参加科举考试,有连中三元的意思。中午,一家人要陪娇客喝酒。尤其是新女婿第一次拜年,要打爆竹迎接,要请村盘上有头有脸的人来作陪。新女婿如是开了杯,不喝可往衣领里倒,一醉方休。

初三叫赤狗日,是个不吉利的日子。赤狗,是熛怒之神。清顾禄《清嘉录·小年朝》:"初三日为小年朝,不扫地,不起火,不汲水,与岁朝同。"只许给亡故的亲友拜年，谓之拜大年。如给人拜年，不但没有饭吃，还被打出门。

初四，一般给母舅、姑娘、姨娘等长辈拜年。

初五则为迎财神的日子。天才光，要用三牲、糕点、水果、香烛，祭祀财神。清代蔡云在一首竹枝词里写道："五日财源五日求，一年心愿一时酬；提防别处迎神早，隔夜匆匆抱路头。"这一天，也是各商号开市的好日子。

初六是送穷神的日子，主妇要把家中的垃圾全部清扫出去。《岁时杂记》记载："人日前一日，扫聚粪帚，人未行时，以煎饼七枚覆其上，弃之通衢，以送穷。"

宋陈元靓《岁时广记》引《文宗备问》记载："颛顼高辛时，宫中生一子，不着完衣，宫中号称穷子。其后正月晦死，宫中葬之，相谓曰'今日送穷子'"。

姚合诗云："万户千门看，无人不送穷。"

大文豪韩愈就写过《送穷文》。

自古有初七大似年之说。初七为人日，女娲初创世，在造出了鸡狗猪羊牛马后，第七天造出了人，故名。《荆楚岁时记》记载，在两汉魏晋时江南一带，人们在正月初七这天，将七种菜合煮成羹汤，食之，可以祛病避邪。

这一天还作兴吃糊羹，就是用薯粉和鸡杂煮成一锅，加上大蒜、生姜、胡椒等，荤素搭配，香气浓郁。糊羹音福羹，有一年福气盈门的意味。

常言道：吃了上七羹，各自寻营生。拜年拜到十七八，坛坛罐罐光嗒嗒。拜年拜到二十边，只有鱼子冇油煎。

到了立春这一天，家家户户打爆竹，迎春接福。门上挂一片青菜，谓之一年清吉。

有《农事歌》唱道：

正月里陪陪客，二月里冇饭吃，三月里睏到饿，四月里有麦磨，五月里出新谷，六月里撑破肚，七月里打打牌，八月里斫晒柴，九月里修修笋，十月里割割禾，十一月里有戏看，十二月里好过年。

# 四

　　大人怕过年，细伢子盼过年。为什么呢？因为大人一年到头赚的钱，把年一过，就花完了，而细伢子呢，有的吃，有的玩，还有钱压岁。当然，还有一层意思。正如唐代诗人刘希夷《代悲白头翁》诗云："年年岁岁花相似，岁岁年年人不同。"是啊，过一年，大人老一岁，何乐之有？

　　然而，随着现代文明的进程，西风东渐，我们住的房子、家装、服饰、饮食，以至传统节日，也渐渐西化了。每到感恩节、万圣节、平安夜、圣诞节，很多国人莫名地激动着，狂欢着。我们的传统节日春节，年味倒是越来越淡了。

第三辑　乡间手艺

# 山中解板

在乡间过日子，兴旺之家，隔个一两年，准要请解匠，解一次板。做屋、打家具，都需要大量的木板，这项工作，便由解匠来完成。

解匠，其实就是木工的一种。解，在我乡读"盖"，是剖开的意思。西周生《醒世姻缘传》第三十三回："但凡人家有卖什么柳树枣树的，买了来，叫解匠锯成薄板，叫木匠合了棺材，卖与小户贫家，殡埋亡者。"

在我细伢子的时候，村里没有通马路，漫山遍野，古木参天。社员只要向生产队交纳一块钱，就可以在上山任意挑选一棵参天古树。这古树，大的有几抱粗，就是裁成一节节，也抬不起，于是就请来了解匠。

有一次，我们家请了解匠，天不亮，父亲、大哥同着他们，到村前一座叫插壁的高山上去了。

那天当昼，母亲叫我去送饭。

走过一处荒田，路边白的是檵木，红的是杜鹃，紫的是藤萝，姹紫嫣红一片。空气里，芬芳醉人。

此处叫文官棚。抗战时，父母亲在这里搭棚而居，因父亲小名叫文官而得名。

油茶林中，可摘到茶泡、茶耳。我边吃边走。

在一丛乱石丛中，看见一棵盛开的鹿角杜鹃上，有一个雀窝，里面有几只嗷嗷待哺的小鸟，见了我，都张开漏斗似的黄嘴，要吃的。我急了，摘几朵杜鹃花，揉成一团团，丢进它们嘴里，吞了下去。凭我的经验，杜鹃花是可以吃的。我做了一件好事，心中欢喜。

走过一段奇岩耸立的陡坡，来到竹林中。山中幽暗，不见天日。

嘎嘎——！林间飞出两只曳着长尾巴的蛇雀（红嘴蓝鹊），让我大吃一惊。

山中有豺狼虎豹，一有风吹草动，我的心就怦怦直跳。就说那豺狗吧，一群有二三十只，三两下，就能把一头壮实的水牛撂倒。

嗨，越想越害怕……

我为了给自己壮胆，高声喊了一声："爸爸！"

山谷回应着："爸——爸——！"

这一声喊，老虎听见，也是闻风丧胆吧。

我气喘吁吁，额头冒汗。隐隐约约，听见了解板的声音，心花怒放。

走过毛竹林，便是幽旷的松树林。那松树都有几抱粗，铺天盖地。嗨呀呀，这许多的松树，该是一百年也砍不完吧！山风吹来，松涛阵阵，窸窸窣窣，落下一些松毛来。

地下有一层厚厚的松毛，人躺上去，松软温和。但有些滑溜溜的，我步步小心，生怕把篮子里的饭给打掉了。

树蔸下，能捡到松香，看似疙疙瘩瘩的一块，掰开一看，却闪耀着玛瑙一样的光泽。

我很快找到了父亲他们。那两个解匠，一个五十多岁，一个三十左右，就凭他们的长相，怎么也像是坏人。我的经验是从电影中得来的。

吃饭的时候，找不到筷子，估计是摘茶泡的时候丢了。父亲到山谷里，砍了一棵箬竹，分成八节，权当筷子。

他们是叔侄俩，枫林村人，也姓龚。年长者竟然与我祖父是一辈。

年长者是个髇头，总是笑嘻嘻地和我开玩笑。他说："你听过老虎叫吗？老虎叫的声音，就像锯木头，吭哧、吭哧，你还好，没有跑到老虎窝里去呢。"

大哥对我说："那是前年，我同爸爸也是在这里砍倒一棵松树。那天锯下一截杪，抬到路上，正准备回家吃昼饭。猛见得，一只老虎，追赶一只麂子，呼啸而来。我同爸爸，用刀敲着竹子，大声吆喝壮胆。老虎呢，虎视眈眈，掉头而去。那只惊慌失措的麂子，满身血污，吓得躲在我胯下，瑟瑟发抖。它只晓得老虎恶，哪晓得，人比老虎还要恶一些。"

说完，大家笑了。

在山中开辟了一块场地，架起了两只木马。四个人把一节木料抬了上去，将顶钉、马钉，固定好位子。省得它摇摇晃晃，一头还吊一块石头。在横截面，用曲尺，测量好板的厚度、块数，画上记号，再用墨斗，弹上线，便用一把弓状的横锯，一个推来，一个送去，吭——咻、吭——咻，把松木解成一块一块的板子。

我曾想，学手艺没有比解匠更容易的了，只要三两天就学会了。但做这门手艺，实在是枯燥乏味，一站就是一整天，且要臂膀有力。随着锯屑飞溅，挥洒着汗水。

哼起号子，这个嗨一声，那个哟一声，开始还欢快而舒缓，慢慢变得粗重而短促。实在太累了，坐下来休息片刻，还要用三角锉，锉锯片，再用镊子，把锯齿一一校正。锯路太窄，拉起来更累。

这棵松树太大了，裁了十来节，一块半板，就可打一张八仙桌，且含油量高，密度大，花了七天，才解完。

父亲和大哥，像蚂蚁搬家一样，把板子一块块往家搬，路都被我家踩大了。

我呢，捡了很多松香、松树节，留得夜里照明用。

在我乡，松树叫枞树，松香叫枞香，松树节叫枞光油，松针叫枞毛。

先下手为强。很多人家，都愿意花一两元钱，砍一两棵大树，请解匠，解一堆板子。

不久，村子里通车、通电了，松林更是遭到大面积砍伐，源源不断，运往山外。

我家住的是有天井的老屋，三五之夜，经常在吃饭的时候，明月的清辉，洒在饭桌上，特别有情调。

我分明记得，月亮先是从山头那几棵松树的缝隙里，透出一点光辉，慢慢才全盘涌出。

突然有一天，我发现山头那几棵高大挺拔的松树不见了。

就这样，三年两载，很多经过数百年长成的参天大树，被解匠那把弓状的锯子，解成一块块板子了！

# 造 纸

造纸业，在我乡曾经有着辉煌的历史。明代，这里设置了官局造纸厂，产的是楮皮纸。

楮树，其实就是构树，也叫榖树。

邑人陈弘绪《寒夜录》说："国初贡纸岁造于吾郡西山，董以中贵，即翠岩寺遗址以为楮厂。其应圣宫皮库，盖旧以贮楮皮也。今改其署于信州（上饶），而厂与寺俱废。"

清同治《安义县志》记载："永乐中，江西西山置官局造纸。最厚大而好者，曰连七、曰观音纸。后改局信州，遂无复造者，止土棉纸及火纸。后复有棉纱者，薄而坚，可任账材。"

这种纸多是供宫廷御用，纤维交错，质地柔韧，洁白匀细，十分考究，叫白棉纸。据专家考证，皇皇巨著《永乐大典》，就是用这种纸写成。后由于当地楮树消耗殆尽，才改局于上饶铅山。直到今天，铅山还保留了这种古法造纸。

我乡多竹，好像很多村盘都造竹纸。

农历四月间，村民将刚成林的新竹，砍下山，斫成五尺许，去掉青，削去节，晒干备用。有的直接把竹麻放在水塘里沤，两个月后，捞起来，搁在楻桶里，还要撒石灰，挑满水，盖上盖子。楻桶高丈许，直径七尺。用大火煮三日三夜。待其冷却，在溪中漂洗。用碾槽碾得稀烂，也有的用水碓舂，再倒进槽桶中，捣成糊状。用纸帘往里面挽一下，便是一张宽六寸，长一尺二寸的纸，掀脱，放在竹栅上晒干，切边，扎成捆，美其名曰：西山火纸。也有的人家做成很大一张，则叫表宣纸。

竹纸小的切成一块块，大的叠成一刀刀，都是烧给亡灵做纸钱。

关于西山火纸，我乡有一个故事。

在早先，有一对姓张的夫妇，在南昌城开了一家西山火纸店。因这种纸，纸质粗糙，一不可用来临书，二不可用来包东西，只有老了人，才有人买一些送人。西山火纸店像西山落日一样，快要关门了。一日，张老板心生一计，要老板娘装死。张老板在灵堂前大哭大号的同时，死劲请人烧纸，可不过多久，老板娘哼哼唧唧，死而复生。问其缘故，是因为烧的纸钱多，贿赂了阎王和判官，让她还魂了。这事不胫而走。张老板的生意自然火爆起来。这个故事有些为富不仁之嫌。

我村始祖叫龚惟芝。他在明代弘治年间（1488—1505），从西山西北麓的安义桐岗，迁徙至此，取村名为桐源。据说，他早年从奉新山里、高安华林，学得造纸的技术，在桐源办起了造纸作坊，这种工艺，延续了数百年。

我的祖父远楠公，每年七月半前夕，要请很多人，把西山火纸从女岭挑到万埠，要从潦河水路，运到去吴城、德安、星子、湖口、九江兜售。祖父他们被称为"西山纸客"。

父亲听祖父说，在光绪年间，邻村几个纸客，合伙装一船西山火纸，去武汉，在长江遇一官船，运载满船军饷，是从武汉去南昌。官船漏水，眼看就要沉了，这几个纸客争相用自己的纸，帮堵漏。这事报奏给了江西省总督府，给予了该村每个十八岁以上男丁，半个月军饷待遇。

史料记载，东汉蔡伦当初就是用麻头、树皮、破布、鱼网等，发明了纸。这个行当祖师爷便是蔡伦。

明代奉新宋应星《天工开物·造竹纸》中，对造竹纸工序有详细的记载。

宋应星先生是奉新县北乡雅溪牌坊村人（今宋埠镇牌楼村），位于西山西北角的潦河之滨。清兵入关后，他积极参加反清复明活动。兵败后，曾隐居香城寺多年。

熊荣《西山竹枝词》，关于造纸的诗有三首：

新竹砍来堪作纸，镬中日煮烂如麻。
细帘揭出石槽里，玉版层层湿井花。


西山煮竹旧相传，不用临书只作钱。
一陌造成归火化，笑郎何事自欣然。

初成湿纸薄如肤，大半分劳乞小姑。

焚罢兰膏不了事，一层层揭费功夫。

父亲十六岁高小毕业，向祖父要求读初中，祖父摇了摇头，说："无力供给。"便在家里，起早摸黑，帮助祖父造纸。

父亲多次说，就因为造纸、卖纸，才改变了命运。

那是七月半前的一天，挑着一担西山火纸，一路挥洒着汗水，往安义县城走去。隐隐约约，传来隆隆炮声。其时，日寇已打到邻县永修张公渡，与国军对峙了三个多月。故国已处在风雨飘摇中。边走边歇，至城门口，看见一张省教育厅张贴的招生广告：江西省教育厅在安义县招收三十名学员，去武宁飞凤山"义教师资训练所"学习，学期一年，膳宿及书费尽由教育厅供给。父亲犹如见到了一根救命稻草，把纸寄放在亲戚家里，立马去县政府报了名，以全县第二名的好成绩被录取。

时至二十世纪五十年代初，政府不允许私人造纸，这个行当就消失多年。到改革开放，百废待兴，有的村子重操旧业，办起了造纸作坊。在这样的大工业时代，没有与时俱进，引进机械设备，支撑不久，就倒闭了。

# 刺　绣

在早先，大户人家的闺房，也称作绣楼。女子无才便是德，所为多是刺绣、纺织、缝纫、打鞋底之类，谓之女工。

辛弃疾《粉蝶儿·和赵晋臣敷文赋落花》云："昨日春如，十三女儿学绣。一枝枝、不教花瘦。"

汤显祖《牡丹亭·训女》中就有"长向花阴课女工"的唱词。

民歌《闺女吵嫁》就唱道："女在房中绣鸳鸯，从来不出闺阁房，两眼泪汪汪。"

《战国策·魏策》记载："昔者，三苗之居，左彭蠡之波，右洞庭之水，文山在其南，而衡山在其北。"可见，我乡古属三苗所在地，大凡建筑、家具，都深受影响，喜欢雕刻各种图腾，就连头饰、衣裳、鞋面都绣有花朵。

在我母亲那一辈的人，似乎个个会挑花绣朵。床单、被面、枕套、坐垫、鞋面、袜底，就连细伢子的虎头帽、围兜、抱裙等，都要绣上各种图案及祝福用语。

我乡刺绣针法有垫绣、平绣、掺针、影绣、锁针、打底针、钓针、编织针、游针等。宋应星《天工开物·结花本》记载："凡工匠结花本者，心计最精巧，画师先画何等花色于纸上，结本者以丝线随画量度，算计分寸秒忽而结成之。张悬花楼之上，即织者不知成何花色，穿综带经，随其尺寸度数提起衢脚，梭过之后，居然花现。盖绫绢以浮经而见花，纱罗以纠纬而见花。绫绢一梭一提，纱罗来梭提，往梭不提。天孙机杼，人巧备矣。"

在我小时候，听过一个"一幅壮锦"的故事。

很久以前，洗药湖脚下，有一个寡嫂，靠一手精湛的刺绣技艺，养大了三个儿子。一年快过年了，寡嫂同三个儿子去县城，经过一家字画店，看见一幅画轴：青山隐隐，绿水悠悠。苍松翠竹间，亭台楼阁，参差有致。庭院深深，环境清雅。主人神态飘逸，手握黄卷，正在轩中读书。池塘里，有一只白鹅在戏水。

寡嫂说:"我咯崽吔,我们如能在这样咯环境中,读书绣花,不枉来世上一场!"

三个儿子当即买下这幅画,作为家庭愿景。都说,以后要努力打拼,为娘置一处这样的宅院。

寡嫂有了这幅画,再也不给人做刺绣了,买了五颜六色的花线,编织起来。足足绣了三年,才把这幅壮锦绣好。

三个儿子急着把壮锦挂在堂前。寡嫂烧了三炷香,朝壮锦拜了三拜,说:"上天保佑我崽,今后能做这样一处宅院。"

突然,一股大风刮来,把这幅壮锦刮到天空,像蝴蝶一样,飘到云遮雾绕的洗药湖之巅。

寡嫂哭得死去活来,要老大去寻找。

老大攀爬到洗药湖顶的罗汉坛,有一个老道在打坐。老大说:"老神仙,你可看见一幅壮锦?是我娘花了三年心血绣咯,我一定要找到它。"

老道说:"看见。是天上七仙女借去做样了。如果你要去天上找,可骑七仙女留下咯天马去。不过,先要把你自己两个门牙敲脱,塞进马嘴里,才可以起飞。到了空中,风一阵,雨一阵,日头能把人烤得脱皮。如果一松手,就死无葬身之地。不过,我还是劝你不要去。七仙女留下了一盒金子,可保你一辈子吃穿。"

老大接过金子,欢天喜地,去南昌花天酒地去了。

过了几天,寡嫂见老大迟迟未归,又叫老二去寻。老二也在罗汉坛得了一盒金子,从吴城坐船去南京,买官做去了。

又过了几天,老三也来到罗汉坛,老道把要说的都说了。老三说:"只要能得到那幅壮锦,九死不悔。"

老三经过了狂风、暴雨、烈日多重洗礼,终于来到了天宫。七仙女热情地接待了他,再三说:"给你添麻烦了。我们姐妹七人,日夜加工,还有一只鹅眼没有绣完。这幅壮锦,巧夺天工,举世无双!"

过了一日,七仙女把壮锦还给他。

老三回到家中,当他母亲慢慢把这幅壮锦展开,倏忽,干打垒的泥屋不见了,自己已生活在画中。

我的母亲经常坐在老屋的天井里绣花,讲过一个"白果树开花"的故事给我听。

母亲娘家在太平村。村头有一棵一千五百多年的白果树。

清代，村中有一位貌若天仙、心灵手巧的村姑。她善长刺绣，绣尽了山中百花，无不栩栩如生。村姑多次想为白果树绣花，但只见它结果，不见它开花。听老人说，白果树子时开花子时谢，若谁见了，就会死的。村姑决心冒死为神品一般的白果树绣花，好让世人见识。

暮春三月，苍老的白果树绽出了醉人的新绿。村姑准备了上等的白绢，每晚静立树下，翘首等待。一个风清月朗的夜晚，月华映照得白果树叶，如轻云，似薄雾。蓦地，村姑觉得有异香扑鼻，定睛察看，只见树叶间，有花细碎如桂，洁白如玉，璀璨夺目。村姑欣喜万分，忘我地飞针走线，觉得整个身子轻飘飘的，如浮云雾中……

第二天，村里人发现村姑倒在树下，手里还拿着针线及那幅白果花刺绣图，脸上还凝聚着一丝若有若无的微笑。村姑为追求美，献出了如花的生命。

近些年来，随着工商业的迅猛发展，这种飞针走线的传统工艺，已不多见了。可对有些人来说，刺绣和琴棋书画一样，是一种艺术，一种雅玩，一种情操。它可以让一个人的生命质量得到升华。

　　我在湾里文化馆,见过江右贡绣传承人周建华、陶卫华的刺绣作品,无论是山水画轴,还是花鸟虫鱼,构图精巧,形象逼真,色彩飞扬,气韵生动。馆长熊凯鹰说:"我区申报的南昌市非物质文化遗产江右贡绣,在继承传统赣绣的基础上,巧妙地运用平、乱针相结合,一改传统平铺密接的做法,独创性采用了单双面绣,使其光与影更有立体感,有着摄影作品的逼真,又有油画般的质感。还多次参加过上海世博会、东盟'十加一'艺术精品巡展。"

　　陶卫华刺绣的《寻隐者不遇》,获中国工艺美术"百花奖"。只见得云山苍苍,白云悠悠,古松之下,一个意态萧疏的老者,访友不遇的怅惘之情,跃然纸上。那个憨态可掬的童子,背着一捆柴,一手指着白云深处。

　　我乡还有很多人会绣发绣。运用接针、滚针、切针、缠针等手法,针迹细密,色泽柔和,正与传统水墨画风格相吻合。

　　我的亲家母华慧兰曾花了两年时间,每天八小时,绣了一幅《清明上河图》,工序繁杂,精巧典雅,淡雅清隽,叹为观止。如果没有坚忍不拔的意志力,浓厚的兴趣爱好,谁能耐得住这个寂寞!

　　在我乡,刺绣这项传统工艺,还在不断求新求变,有着强劲的活力呢。

# 打米花

在我的童年，很少有零食可吃，只有打米花的来了，才有大把大把的米花塞进嘴里，大快朵颐。

那时，隔个把月，总有一个驼背老人，挑着沉甸甸的打米花的机子，挥洒着汗水，翻山越岭走来。

他边走边吆喝："打米花哦——！"

打米花，也叫爆米花，古已有之。

《吴郡志·风俗》记载："上元……爆糯谷于釜中，名孛娄，亦曰米花。每人自爆，以卜一年之休咎。"范成大《石湖集》中写道："炒糯谷以卜，谷名勃娄，北人号糯米花。"明李诩《戒庵老人漫笔·爆孛娄诗》："东入吴门十万家，家家爆谷卜年华。就锅排下黄金粟，转手翻成白玉花。红粉美人占喜事，白头老叟问生涯。晓来妆饰诸儿子，数片梅花插鬓斜。"

以前过年，我家做冻米糖，每年要用糯谷，爆一些米花，镶芝麻，做糕切糖。

爆米花时，先把锅烧红，抓一把糯谷，放进去，盖上一个篾做的罩子，紧接着，一阵噼里啪啦声，只要声音一停止，就赶快舀起来。动作稍慢，就烤焦了。

这种米花，我们也叫打爆谷。而如今，只是爆米花的工具更新了。

打米花的师傅，到一户屋舍比较宽敞的人家，搁下担子。才把器什摆好，就有人拿米来了。

这个时候，很多细伢子，都在家里吵着要打米花。打一锅米花，就一升米，一角钱，几块柴。一般，父母都会同意。

一会儿，我们各拿一只撮箕，里面装着米和柴，排起了队。

打米花的师傅，脸上、手上都乌漆麻黑，穿着一身打着补丁的粗布衣裳，帽子也被火星迸出许多个洞。个子本来不高，还驼着背，但总是笑容可掬，一副和气生财的样子。

他用一把刨花，点燃，放进几块柴，扯着风箱，一会儿火光熊熊。便把米倒进那个葫芦状的压力锅，挑点糖精，拧紧盖。一边扯风箱，一边缓缓地摇动压力锅。

打米花的师傅间或塞进一块柴。有的柴烧得噼啪作响，像打爆竹。

有时一等就是老半天。看炉火看久了，也无聊，有人唱起童谣：

鸡咯啼，大天光。哥哥起床做篾匠，姐姐起床打鞋底，老妈子起来舂糯米。你吃一碗，我吃一碗，摔掉老妈子一只莲花碗，老妈子要我赔，我跟老妈子话个媒。话在哪里，话在山里。山里有火炙，炙得老妈子屁股发坼。

有的唱：

苋菜梗，兜头红，爷娘惯我似条龙，借谷借米养大我，细吹细打嫁出门。大姐嫁，满厨满箱。细姐嫁，空厨空箱。大哥送我八里路，八里路边八朵花。

有的唱：

打竹板，乐开花。两个媒婆到我家，我家妹子十八岁，就能管住偌大个家。娘呀娘，莫担心。爷呀爷，莫着急。打开橱子有天光，生个外甥喜洋洋……

手柄处有一个气压表，时间一到，打米花的师傅急匆匆把压力锅移到一边，对准一只麻布口袋，用一只扳手，扳开压力锅盖，只听嘭的一声，雾气四散的同时，一股浓烈的米花香气，让人陶醉。

那时，打一锅米花，能让我美美地吃上半个月。

时至今日，很少看见打米花的人了。偶尔在我居住的小区门口，也能遇见，一般是在傍晚，城管下班后。很多小人都围着看热闹。打一锅要二十块，可谁也不会计较价钱，因它远不如电影院的爆米花好吃了。往往打个一两炮，就熄火了。

打米花，是烙印在我脑海中一种甜美的记忆。

# 高年猪

　　记得小时候，年关将近，如果谁家的猪，上了两三百斤，就要成为开刀对象，因为家家准备腌腊肉了。

　　我家杀年猪时，记得那天清早，母亲总把潲水煮得香喷喷，让猪吃。这是它最后的"晚餐"。在猪吃得津津有味时，村里的杀猪佬和几个彪形大汉，突然上去，拉尾巴的拉尾巴，捉脚的捉脚，抓耳朵的抓耳朵，把猪撂倒，再抬到杀猪的板凳上。猪知道死到临头，当然是嚎啕大叫。杀猪匠撸起了袖子，手拿一把两尺多长的尖刀，朝猪的咽喉，直插心脏部位。紧接着，血喷涌而出，装进一只和了盐水的大木盆里。猪挣扎一阵，哼了几声，就断气了。

　　因杀字煞气太重，一般叫"高年猪"。

　　死猪不怕开水烫。把猪放进一只椭圆形的木桶里，倒上几桶准备好了的开水，泡上几分钟，抬出来，架在木桶上，用刨刀噌噌噌地刮毛。然后，在后脚猪蹄处，割破一点，用一根两米多长的挺棍，捅了进去。第一棍捅到耳朵处，第二棍捅到前脚。翻过面来，又是两棍。到猪蹄处吹气，一会儿就吹得鼓鼓囊囊，扎紧。如此，可把毛煺得更干净。

　　蒲松龄在《聊斋志异·屠户吹狼》中写到，一只狼把脚伸进茅屋，就被屠夫吹得像水牛一样大。

　　——接下来，把猪挂在梯子上，开膛破肚。花花绿绿的肠肝肚肺，一目了然。有时候，还看见它的某一块肌肉在跳动呢。

　　杀猪匠在盘点猪内脏的时候，唯有尿泡，弃之如敝屣。细伢子如获至宝，拿回家，把一根芒秆插进去，扎紧，吹得像足球一样大。

　　紧接着，村里人纷纷来剁肉了。有的喜欢精，有的喜欢肥，但就是不要骨头。

　　在我乡，猪头叫"顶子"，猪耳朵叫"顺风"，猪舌头叫"招财"，猪骨头叫

"元宝"，猪血叫"旺子"。总而言之，都是讨口彩。

村里不管是谁家杀了猪，要把煮好了的旺子，各家送上一碗。

在缺衣少食的年代，村中只有杀猪佬，还红光满面、腆着个大肚子。在民歌《拣郎》中，可见一斑：

嵩呀！不要急来不要忙，我跟你拣个作田郎。哎呀哈！娘哎！
作田郎是泥手泥脚爬上床。

嵩呀！不要急来不要忙，我跟你拣个出门郎。哎呀哈！娘哎！
出门郎是一年要睏半年子拗头床。

嵩呀！不要急来不要忙，我跟你拣个裁缝郎。哎呀哈！娘哎！
裁缝郎是缝缝补补命不长。

嵩呀！不要急来不要忙，我跟你拣个读书郎。哎呀哈！娘哎！
读书郎是有手也难洗墨水衣裳。

嵩呀！不要急来不要忙，我跟你拣个屠户郎。哎呀哈！娘哎！不嫁秀才不嫁官，嫁个屠户心也宽，早上一碗槽头血，当昼一碗心肺汤。

穷养猪，富读书。那时，家家都穷，户户养猪。

我乡山多田少，粮食产量不多。猪吃的只是淘米、洗锅碗的潲水，加点糠而已。有的猪养了一年，也就狗那么大。当然，有的人家，菜种得好，多余的都用来喂猪。也有很多人家，很勤快，会讨野菜喂猪。

那时的猪是放养的，吃饱了，就懒洋洋满屋场散步，或晒日头，一副悠然自得的神态，还满地撒尿拉屎。它性子好，憨态可掬，不像狗一样惹是生非，好打架，耍流氓，也不像鸡一样，公鸡赶着母鸡跑。生产队每天要安排一户人家捡猪粪，一百斤可顶十分工。就我们村，一般一天可捡三百多斤猪粪。

庄稼一支花，全靠粪当家。

俗话说：猪有情，狗有义。猪看过去憨憨傻傻，可我家的猪，每次看见我扒粪，还会停下脚步，哼两声，报答几团热腾腾的粪便。

俗话说：六月天给猪婆打扇——看钱的分。我几乎三天两头要去田畈讨猪草。

那年头，一头猪最快要一年，甚至两年，才可出栏。可现在的猪，关在猪圈里，连阳光都没有见到过，四个月就被宰了。究竟是利用什么办法催长？我说不清。不好吃倒是小事，关键是会影响到人类的健康。这是个值得深思问题！

那时的乡下人，没有几个人没扒过粪。以前的人经常说，没有吃过肉，总看过猪走路。可现在的人，天天吃肉，却看不到猪走路。

# 磨豆腐

进入腊月，年关将近。有童谣唱道：二十四，扫房子。二十五，磨豆腐。

磨豆腐，犹如一幅民俗风情画，烙印在每个中国人心中。

时珍《本草》说，做豆腐之法，始于汉淮南王刘安。凡黑豆、黄豆及白豆、泥豆、豌豆、绿豆之类，皆可为之。做法：豆子用水浸，磨碎，滤去渣，煮滚，以盐卤汁，或山叶（山矾叶），或酸浆，就在锅里让它收收敛。也可放入缸内，放石膏末。大致上咸、苦、酸、辛之物，皆可起到收敛作用。其面上凝结者，揭取晾干，叫豆腐皮，入馔甚佳也。其味甘、咸、寒，有小毒。

刘安是汉高祖刘邦之孙，淮南厉王刘长之子，乃当时著名的思想家、文学家，著有《淮南子》。

刘安笃信道教，为求长生不老，招纳天下方士，多时达数千人。其中有苏非、李尚、田由等八人，常在楚山谈仙论道，炼丹著述，号称"八公"。因此，楚山便被称为"八公山"。据说，炼丹时要用黄豆汁培育丹苗，一次，豆汁偶与石膏相遇，很快凝固成块状，食之，软嫩细滑，清甜淡雅。豆腐从此而诞生。

豆腐与中国的茶叶、瓷器、丝绸一样，享誉世界。

元代郑允端《豆腐》诗："种豆南山下，霜风老荚鲜。磨砻流玉乳，蒸煮结清泉。色比土酥净，香逾石髓坚。味之有余美，五食勿与传。"

诗中描述了豆腐的制作过程，极力赞美豆腐的色香味之美。

可在我小时候，根本没有见过磨豆腐。那年头，兴无灭资，不可多种豆子，能在菜地边栽上几棵，尝个新，就算不错。

有一年，生产队长偷偷把田塍分到各家种豆。到了秋天，每家能收上百斤豆子。

有了豆子，家家可磨豆腐了。堂叔家，把尘封多年做豆腐的石磨等，清洗干净。

　　我家称上十斤豆子，淘洗干净，浸一夜。第二天，豆子粒粒饱满，都快涨破皮了。我和母亲把豆子和二三十斤柴，挑到堂叔家。

　　堂叔家新打一个很结实的木头架子，上面放着一只家传的老石磨。石磨有一个油光滑亮的把子，上面套着一支奁臂。母亲左手转动石磨，右手拿着勺子，一次只舀十来粒，还带点水，倒进石洞里。我两只手推奁臂，情形有些像以前奁谷。随着石磨那浑厚的隆隆声，乳白色的豆浆，源源不断，流进木桶里，散发着黄豆淡淡的清香。

　　有磨豆腐的谜语："木头架子石头墩，峨眉山上雪纷纷。有人猜得此谜中，一生长斋不开荤。"

　　大约磨了一个小时，累得我手臂酸痛，也就磨完了。

　　过滤。在屋梁上，放下一根粗壮的绳子，系在一个木制的十字架上，每一头，绑住滤布的一个角。

　　把豆浆舀进滤布里，不住地摇晃，挤压。

　　过滤后，把木桶里的豆浆，倒进一口大锅里，盖上。灶里烧大火，煮滚为止。

　　俗语说：卤水点豆腐，一物降一物。

　　用一块二三两重的石膏，放进灶里烧，取出来，敲碎，化成水，倒进过了滤的豆浆里，搅匀，待其凝固。这就叫点卤。一锅豆腐做得好坏，关键看这道工序。

　　过个刻把钟，用刀在桶里划一下，如豆花一分为二，便可舀进一只方形的槽板里，用纱布包好。将一块块两寸半宽的木板，压在上面。再用一根杠子，挂个沙袋，榨去水分。一会儿，豆腐就做成了。

　　按照木板的线条，切成一块块。母亲拿一块热气腾腾的豆腐，要我吃。我迟疑了一下，吃一口，开始觉得寡淡无味，但仔细一品，豆香浓郁，还有点甜。

　　做酒磨豆腐，不敢称师傅。因做豆腐是一项技术性很强的活，屋场上的人，排队等候，几乎日夜不停。

　　家家豆腐飘香。用豆腐打汤，放点青菜或葱，一清二白。把豆腐切成三角形，用油煎到两面金黄为止，再放大蒜、辣椒、豆豉，炒一会儿，倒点酱油、料酒，放点盐，起锅，这叫家乡豆腐。

　　母亲用油煤一些豆泡，留得过年待客。还要霉很多豆腐乳，把豆腐切成一小块，装在一只钵子里，让它发霉，甚至长白毛。十多天后，用辣椒粉拌上盐和紫曲，将霉豆腐放在里面转一下，装进坛子里，密封。几天后，就可以吃了，味道鲜美，醇香可口。有的用麻油浸，一年四季都吃。这叫霉豆饵。

那时的百姓人家，一碟豆饵，一碗腌菜，便是家常菜。

# 做冻米糖

记得那时，我家每年都要做冻米糖过年。

冻米糖，顾名思义，先要做冻米。在一个天寒地冻的夜晚，用甑蒸好糯米饭，放在天井里冻。温度一定要在零下几度才行。第二天，把冻米掰开，倒在竹晒垫上晒。

晒垫一般铺在红花田里。这个时候，我们坐在田边，拿一个"竹呱板"，时而朝天打几下，呱呱地响，间或吆喝几声，催赶雀子。

晒垫也可写作晒簟。

山野，被漠漠的寒雾笼罩着，田野、屋面上都覆着一层雪白的霜。由于大气的下压，山中烧木炭的青烟，呈"T"形向两边扩散伸展，像条彩色的飘带，系在山间。村后的枫树林里，不时传来几声乌鸦的啼叫，呱——！呱——！把清冷的山村，衬托得更加寂寥。

这样干坐着也太无聊了，便和几个伙计来到咿咿呀呀唱着古老歌谣的水车边，扳又粗又长的冰溜当剑使，相互攀比，相互飞舞，随着豁啷啷几声玉碎冰倾的声响，换来几声快意的嬉笑，便来到池塘边溜冰。

破冻结得有三寸多厚，决不会有裂冰的险象发生。冰层下，看得清青青的水草。我们快活地溜来梭去，纯真的笑语，响彻云霄。一面还唱着《九九歌》：

> 一九到二九，相逢不出手。
>
> 三九二十七，屋檐挂倒笔。
>
> 四九三十六，车子冻断轴。
>
> 五九四十五，黄狗冻得唔呀唔。
>
> 六九五十四，黄芽生嫩刺。

七九六十三，脱衣来凑担。

七九加一九，河边讨阳绿。

八九七十二，黄狗伸出舌。

九九八十一，种子满天飞。

等我们兴尽而回，只见晒垫里，有许多麻雀在吃冻米。我拿起"竹呱板"，打得山响，还喂嘀、喂嘀地叫着，连山谷都传来回音。

冻米晒上四五个日头，变得像铁子一样硬。

就在煎糖的那天，用一只锅炒米花。先将锅里的细沙子炒红，再抛下两把冻米，用锅铲不停地炒动，紧接着，一阵嘭嘭啪啪声，香气四溢的同时，米花炒成了。待筛去沙子，把米花放进口里品尝，香酥满口。

《板桥家书》中说："天寒地冻时暮，穷亲戚朋友到门，先泡一大碗炒米送到手中，佐以酱姜一小碟，最是暖老温贫之具。"这里所说的炒米，就是炒米花吧。

做冻米糖最重要的一道工序，便是煎糖了。

在我们江南农村，多是用谷芽煎糖。用糯谷装在一只饭甑里，一日淋三次水，待它发芽。在谷芽长得一寸多长时，便将它晒干，用碓臼春成粉末。煎糖时，把谷芽粉、糯米饭搅拌在一起，用文火同煮，煮得糯米饭都快化去了，便滤去糟，再把糖水倒进锅里煎。开始还清汤寡水的，像一锅潲水，可越煮越稠，渐渐，成了糊状，栗红色，到用筷子挑之不断线时，糖便煎成了。

每到这个时候，最快活的是我们这些孩子，边煎边吃，吃在嘴里，甜在心里。

做冻米糖时，几乎一家人都上阵。父亲舀上两瓢糖，按量配两升米花，再撒上两把芝麻，不住地搅拌，弄成一团，再填进一个四方形的木头架子里，用量米的竹筒，把它滚平，再用斧头擂紧。等它稍为冷却，先把它切成长条，再切成一块块。食之，香酥爽口。家境好时，还可做一些花生糖、芝麻糖。

冻米糖做好了，装在坛子里，要用米花养着，过年用来待客。有的年头做得多，一直吃到栽早禾。养冻米糖的米花，可用来泡米酒喝，还可用来蒸蛋吃。蒸蛋时，另外还加一点豆腐乳，别有风味。

如今，气候变暖，很难做成名副其实的冻米糖了。

# 烧木炭

有一年深秋，我同友人在邻县山里探幽。在深山密林中穿越，途中，见到一个"两鬓苍苍十指黑"的老农，在添柴烧窑，烟管里，一股青烟，扶摇直上。

我问友人："有何感想？"

他说："此情此景，就像见到失散多年的亲人一样，备感亲切。"

此话引起了我的共鸣。在我的记忆深处，总有一缕青烟，在心头萦绕，挥之不去，拂之还来。

那时，天气要比现在寒冷得多，好像每家每户，都要烧一窑木炭过冬。

冬天的早晨，一觉醒来，便见山间烧木炭的青烟，由于大气的下压，呈"T"形向两边无限伸展，就像一条条彩带，飘浮在山巅，或系在山腰。

我们这些孩子，在寒假时，也学着大人烧木炭。打了两孔脸盆般大小的窑洞，一边装柴，一边烧火。日复一日地烧着，烧得月起日落，烧得晚霞满天，可就是烧不出一根木炭来。但我们还是乐此不倦，有滋有味。

有的大人笑着对我们说："你们这些细伢子，每天双手而来，空手而归，简直是偷天卖日头。"

可人生的本质，何曾不是这样！

在草木摇落露为霜的深秋，我就同父亲上山烧木炭。来到人迹罕至的高山上，选了一个林深木秀的山谷，挖两孔窑洞。装柴的那孔窑，地势要高一些，好让烧柴那孔窑，火势往上攻。在窑的最底部，要挖一个烟管。

如是捡现成的窑，就要到好远去砍柴了。因为近处的柴，都砍光了。

烧一窑炭，需要五六天时间。一般要砍两千多斤柴，能烧出六百斤木炭。

在挖窑的地方，一定要有水。口渴了，就喝山泉水。有时还要埋锅造饭呢，总不能天天吃干粮吧。

　　窑挖成后，就在近处砍柴。最好是砍结木棍，如檀木、櫶木、槠木、栗木等。只要有刀把那么大，就一起砍下，削去枝丫。

　　山中，经常能摘到茅栗、油柿子、猕猴桃等野果。还有尖栗、苦槠、甜槠，可都在几抱粗的大树上。有时，我爬上树，把树丫斩下来。一根手臂那么粗的树丫，只要斩两三刀，就稀里哗啦往下掉。这样一举两得，一可得柴棍，二可收获果实。我把一些尖栗、苦槠、甜槠用火烤来吃，又香又甜。

　　在山中待久了，经常能遇见野猪，带一群小猪崽，一闪而过。我说："在山上几天，口里没味，要捉一只小猪，烤得吃就好。"

　　父亲笑了笑，说："俗话说，一猪二虎。我们又没有吃豹子胆，谁敢惹它哦。"

　　把柴捆到窑旁边，斩成窑身那么长一根，严严实实，装在窑里，再用石块、泥土将窑门封好。

　　点火了。用一把茅柴点燃后，捡一堆柴，一把一把往窑里塞。火光熊熊，呼呼——往火管里蹿。

　　烧三四个时辰，窑里的柴棍形成了"燎原"之势，烟管里浓烟滚滚，就停止烧火，灶门用泥石封好，只留一个碗口大的洞通气。过二十多个小时后，烟管里的烟由浓变淡，又由青变蓝，火候便到了，再将灶门及烟管封死。

　　父亲还打了一个木炭的谜语给我猜："生在深山叶蔼蔼，死在凡间土里埋。三魂七魄归天去，一身枯骨街上卖。"

　　火候很有讲究，如闭得太早，就有很多炭头；如闭晚了，就熔成灰烬。

　　几天后，待窑冷却了，就开窑见炭。木炭拿在手里，用手弹之，根根作金玉声。装在竹子编成的篓子里，一担一担挑下山。

　　时过境迁。我乡已被辟为国家级森林公园、国家级风景名胜区，封山育林、森林防火，已成为当务之急。

　　记忆深处的那一缕烧木炭的青烟，已成了一道远逝的风景线了。

# 沃火屎

记得小时候，为了过冬御寒，除了烧木炭，还要沃火屎，就是在柴草烧过后，让它"窒息"，形成的炭化物，虽类似木炭，但质地差得多，易燃易碎。

那时，到了初冬，我经常一个人，或两三个人，背上插着一把柴刀，用锹把驮着一捆禾秆，来到灌木茂密的高山上。挖一个长方形的土坑，大约有半人深，便开始在周边斫柴了。

其实也可捡前人现成的土坑，修理一下更省事。

此时的山中，除松、杉是青的，满目皆是枯的草，秃的灌木，显得有些荒凉。远眺山川大地，却风光如画，美不胜收。天空瓦蓝，经常有鹞鹰在盘旋。山风吹来，黄叶飘飞。不时，有赖瓜瓢飘飘若柳絮、似若蒲公英的种子，在空中随风飘荡。赖瓜瓢的果实，长约三寸，中间鼓，两头尖，似如玉簪。先是青色，等成熟了，成黄褐色。天干物燥，崩裂，跳跃而出。它的毛洁白，日光照之，闪闪发亮。它的种子黝黑，宛如降落伞下的空降兵。我跳起来追着，用嘴巴吹着，还唱着：

> 赖瓜瓢，赖瓜瓢，浑身长白毛；
>
> 飘呀飘，飘呀飘，飘上天，做神仙。

江西《草药手册》记载，它可治刀伤出血。我斫柴难免会伤到手脚，便采点赖瓜瓢的毛，按在伤口上，马上就能止血止痛，几天后，便能结痂。

我舞动着柴刀，不管是灌木，还是刺蓬，一齐斫倒。最好是能爬上一棵大树，一阵子就批下一大堆树丫。

当昼时分，屋场上炊烟袅袅。我去山窝里，斫上一节竹筒，戳破一点节，到山涧，把洗净的米，灌了进去，用木塞封好。捡些干柴，就在土坑里烧一堆篝火，把竹筒煨上个把钟头，饭便熟了。吃饭时，将竹筒一分为二。这种饭吃起来，竹香浓郁，别具风味。每次都带了一点萝卜干、腌菜下饭。更多的时候，煨一些芋头、红薯当饭。其实，经常在路上就挖到一些山药，正好煨来吃，更是妙不可言。

吃完了饭，用茅柴生火，便把柴拖来，放在土坑里烧。柴烧得噼啪作响，火光冲天。只要不断加柴，坑里的"明火"就不会烊掉。

直烧到日头落山，坑里的明火块填满了，就把禾秆打湿，铺在坑上，赶快把土填上，踩紧，要密不透风才行。

过个三四天，就挑着箩担，去装火屎。扒开土和秆，就是火屎了，余温尚存。一坑大约有二担。

沃火屎，还有一种方法，在上半年，不烤火的时候，煮完饭，把灶里的明火，用竹做的火铲，装进一只坛子里，盖上盖子。

因它易燃，风箱一扯就烈焰腾腾，打铁的人喜欢买它，称作"火煤"。

农民半年辛苦半年闲。寒冬腊月，大家就坐在家里烤火。有童谣唱道：

有吃冇吃，烧炉火炙。炙得面红耳赤，你晓得我吃了冇吃。

木炭一般放在炭盆里烧，一家子围着炙火。而火屎呢，把坐炉、脚炉、手炉里的灰舀掉，勺一些火屎，垫在下面，上面铲上明火，就可从早炙到晚。

如今封山育林，再也不可去野外沃火屎了。

# 柴　香

柴香，顾名思义，是用杂柴做成的香。

祭祀天地神灵、列祖列宗，都要上香。每个屋场都有土地庙，初一、十五，家家户户都要敬香。我乡乃佛道两教名山，据《西山志》记载，寺庙坛观有一百三四十处之多。尤其是每年西山万寿宫庙会，来自世界各地的香客，从农历七月三十到八月十五，更是人山人海。

据唐代裴铏《传奇·文箫》记载，钟陵（南昌）有西山，山有游帷观，即许真君拔宅飞升之地。每年中秋，是真君得道之日，吴、越、楚、蜀等地方之人，不远千里而携契名香、珍果、绘绣、金钱，设斋醮，求福佑。

唐道经《孝道吴许二真君传》云："从晋元康二年真君举家飞升之后，至唐元和十四年，约五百六十二年递代相承，四乡百姓聚会于观，设黄箓大斋。邀请道流，三日三夜，升坛进表，上达玄元，作礼焚香……每至升仙之日，朝拜及斋戒不阙。"

清同治《新建县志》记载："相传许旌阳以八月十五日拔宅上升，居民感德立祀，历元明迄今。自八月朔，四远朝拜不绝，至十五日而最盛，居民辐辏成市。中秋节为西江第一。"

故，我乡做香业十分盛行，很多屋场，家家都做香。

有《上香歌》唱道："高高山上有庙堂，姑嫂二人去上香。嫂嫂上香求贵子，姑姑上香求才郎。先生上香为功名，和尚上香为庙堂，农人上香为农忙。"

香还有别的用处。

可用于抽水烟或旱烟。那时的百姓人家，自给自足，自己种的烟叶，烤制后，将烟丝捏成一小团，装在水烟筒的烟斗上，点燃一根香，在烟丝上拨弄，便咕嘟咕嘟地抽起来。也有很多老人，用小竹蔸、胡颓子秆做烟筒，走路可做手杖。

走累了或遇到老伙计，坐下来点燃一根香，边抽烟，边聊家常。

凡有人家娶亲，媒人手里总是拿着一支拇指粗、三四尺长的长香，这有沿袭香火的意思。

夏夜，乡亲们在溪边、树下纳凉，点一支添加了辣蓼、蕲艾的长香，用来催赶蚊虫。

杂柴做香，以叫子柴、茅栗柴为主，因黏性好。

叫子柴，学名叫乌药，因它的叶很柔和，卷起来可当哨子吹，故名。常言道：江西乌药当柴烧。叫子柴，田野山间随处可见，高不过三米，粗才一握。叶片菱形，表面翠绿，背面灰白。夏日开黄绿色花序，结实如豆，慢慢由青转黑。

茅栗柴，属于落叶灌木或乔木，多丛生于海拔七八百米的高山上。树高四五尺，其叶大如小孩巴掌，长椭圆形，边缘有锯齿。但在土壤肥沃的山谷，树高也可达二丈，枝繁叶茂，树冠如云。

我们村为了斫茅栗柴，经常要走八九里路，去洗药湖、马口等高山。一般是斫好一些柴，铺在地上晒，到半干，才来挑。柴分两捆，用冲担挑着，哼哟哼哟，挥汗如雨地往家走。

挑回家，还要斩碎。有民谣唱道："有女莫嫁丁家山，日里斫柴夜里斩，一轮水碓夜夜舂，吃了头餐冇另餐。"

在二十世纪七八十年代，很多山里人家，有一轮水碓。他们每天早上，把斩碎的柴，倒在石臼里，傍晚时分，便来收获木粉。这种木粉，比我们常见的灰面、米粉，还要细腻得多，几乎都是从石臼里扬起的飘尘，落到地上。所以，碓房必须密封。取木粉时，要从地上把粉末扫起。

我曾多次去马口斫过茅栗柴，要经过水流湍急、乱石垒垒的北流港。在急水滩头，有一轮接一轮水碓，在吱吱呀呀唱着古老的歌谣。我分明记得，在这样古拙的碓房上，竟然开满了凌霄花，很吸引人。

北流港，因水往北流而名，《安义县志》称之为百里港。在山势最峭拔的那一段，叫涯港嶂，水碓最多。从马口到礼源角，沿港几乎家家都做香。

寒冬腊月，或起风落雨的日子，很多人在家里砍"香骨"。把竹子锯成一尺一寸长，砍成一根根比筷子还小的香骨。

我的族叔龚兆椿，在《农耕生活之砍篾骨，做柴香》中写道："做香要经过七道程序。先用簸箕装进杂木粉，十指捏着一大把香骨的一头，将另一头放进水桶，浸湿三分之二，然后拿出来，洒上香粉，反复旋转搓动，使香粉牢牢沾在香骨上。在做第七遍时，香粉上添上洋红。"

香做好，就放在竹栅上晒，一行行铺开，屋前屋后，红艳艳一片。晒干后，扎成五十根一把，待价而沽。

有一个装香的谜语："内方外圆，莫猜铜钱，红衣盖顶，烟雾冲天。"

如今进入大工业时代，这种手工作坊，几乎看不到了。

# 做　酒

有童谣唱道："砻谷，窸窣，做酒，请阿婆。阿婆不吃甜甜酒，要吃红萝卜下烧酒。烧酒烧，阿婆欢。甜酒甜，阿婆嫌。多做烧酒好过年。"

我最早看见家里做烧酒，还真是用砻里，砻出来的糙米。

砻里是早先一种去谷壳的工具，形状乍看有些像磨。砻斗用篾和黄泥、石灰做成，下面砻身是木头。里面安装一些用火炙过的栎木片，或是在锅里煮过的老毛竹片，叫作砻牙。用砻臂转动砻斗，砻牙与谷子相摩擦，谷壳就被剥脱，就是糙米。

童谣曰："泥土筑个土屋墙，中间坐个唢呐王。有人走我身边过，捉到就要剥衣裳。"

谜语云："远望一根绳，近看一口盆，盆里一匹马，马上一个人。"

我的好友祝祖文比我小一岁，就砻过谷。我家拖步（堂屋及房间后的闲屋）里，长年放着一个砻里，可惜，没有上过手。

民谣云："快砻缓碾，蠢子乱磨。"脱了壳的糙米，再放到碾槽中碾，用风车扇过，才是白米。

后来有了电动碾米机，只要是做烧酒用的米，只机一遍，脱壳便可。

我乡做烧酒，多选在十月小阳春天气。把糙糯米洗净，浸两三个小时。一只大甑，可蒸五十斤米。用一双三四尺长的竹筷子，打许多气孔。

用大火蒸上两三个小时，饭熟了，揭开盖，一股浓郁的香气，让人垂涎欲滴。我们便抓起一把，捏成一团，慢慢地吃。这种饭很硬，叫酿饭，吃多了不好消化。

要等酿饭冷却，或用水淋，沥干后，在稍有余温时，便可下酒药。大致二斤米，用一个酒药。酒药比鸽子蛋大一点，粉碎化成水，渗透在酿饭里。

酒药很关键。我乡把不会办事的人，叫败缸的酒药。

我家的酒药，是桃花庄姑姑家做的。

我多次送益母草去姑姑家，还参与过做酒药。把益母草、马鞭草、辣马蓼晒干，用碓舂碎，再筛一遍，和在谷芽粉里，加石膏，让它发酵，做成酒药。放在筛子里晒干，酒药就做成了。这是家传工艺，传男不传女。我在姑姑家是人客，更不好细问，也只是晓得一个大概罢了。照例，我要带一些酒药回家。我家常年都有酒药卖，那时才两分钱一个，给人行方便罢了。

有一次，做酒的时候，父亲对我说："你知道酒字的结构吗？酉字，加三点水。杜康在一日酉时，蒸好了酿饭，看见一个儒雅的诗人，摇风打扇走来，借一滴汗水。过了一阵子，有一个武夫，飞马扬鞭而来，又借了一滴汗水。日头快要落山了，来了一个叫花子，一会儿哭爹喊娘，一会儿笑逐颜开，也借了一滴汗水。这三点汗水，就是饮者三种境界。"

做酒的甏，一定要清洗干净，最好要用开水泡一遍，不可以有半点杂质、气味。把拌好酒药的酿饭，装在里面，淋点温水，在中间挖一个凼。最好是把甏放到灶门口，用禾秆包好。

只要过了两天，准能闻见酒香。如有意外，就要加一些酒药，或去别人家，讨半碗酒娘子，倒在里面，再过一天，酒就做成了。

把酒放上七八天，让它老化，以一比一的比例兑井水，使劲搅拌。等酒糟下沉，把酒酿倒进酿甄，下面加温；上面有天锅，不一会儿要换上冷水。酒酿加热，变成水蒸气，一遇天锅，就结成水珠，落在中间一块荷叶形的漏斗上。漏斗的一头，有一个孔，源源不断流出蒸馏酒。

因蒸馏酒很容易挥发掉，每个接口都要密封。

做蒸馏酒，最好烧乌桕树丫，这种火，不温不火，出酒率最高。如烧樟树，还会化解酒。五十斤米，要蒸三个小时，大约出四十斤酒。

我乡的蒸馏酒，也叫熬酒、吊酒，以酒质清洌、香醇绵和而著称。

李时珍《本草纲目·谷四·烧酒》载："烧酒非古法也，自元时始创，其法用浓酒和糟入甑，蒸令气上，用器承取滴露，凡酸败之酒皆可蒸烧。近时惟以糯米或黍或秫或大麦蒸熟，和曲酿瓮中十日，以甑蒸好，其清如水，味极浓烈，盖酒露也。"

做蒸馏酒，不但要设备齐全，还要有很高的技术含量。更多人家只是做发酵酒。在清明日，把酿饭蒸好，四斤米饭配一个酒药。过四天，把酒装进坛子里，用泥巴和禾秆，封好口子，两年后，颜色暗红，酒香醇厚，甘甜可口。这就叫清明酒。如再用白酒调制，存放时间越久越好。

在我乡，逢年过节、红白喜事、人来客往，各家都会拿出自己家做的陈年美酒，以飨人客。

篡改摩诘居士的诗：江南好风日，留醉与山翁。

# 民间乐器

我乡的民间乐器，有笛子、胡琴、唢呐、锣鼓等，虽不登大雅之堂，但声声不息，代代相传。

笛子。翻开我国古籍，还是在远古的时候，笛声与我们的礼乐文化，相伴相守。司马迁《史记》说："黄帝使伶伦伐竹于昆溪，斩而作笛，吹作凤鸣。"

我细伢子的时候，在湿湿的雨天，或月朗风清的夜晚，不经意间，总有悠扬嘹亮的笛声飘来。至于今日，听到笛声，还会想起已故的父母双亲和许多故园往事。

雷震《村晚》："草满池塘水满陂，山衔落日浸寒漪。牧童归去横牛背，短笛无腔信口吹。"熊荣《西山竹枝词》："鱼云片片淡无痕，一树秋风叶满门。牛背阿哥端坐稳，数声羌笛过前村。"其实这是一种很司空见惯的乡村景象，我也曾生活在这样的诗情画意里。

那时，去山上放牛或砍柴，喜欢摘一片"叫子柴"树叶，卷成喇叭状，吹得嘟嘟地响，恰似深山鸟语，啁啁啾啾。所谓叫子柴，其实就是乌药树。因它的叶很柔软，卷起来可当哨子吹，故名。

有人觉得不过瘾，砍了一根小山竹，斩一节，长三四寸，一头削尖，砍开一点点，塞进半片竹叶，吹起来，更是清脆悦耳，如泣如诉。

一不做二不休。我们在山谷中，选一棵三年以上、修长的黄竹、苦竹或水竹，斫回家，裁成长长一节，烘烤干，借人家的笛子做样，去掉节，钻上十来个孔，上塞，打磨光滑，同样用一层竹膜，贴在顶头一个孔上，撮嘴一吹，用手指按孔，一起一伏，果然音节多变，有如龙吟凤鸣声，大为欢喜。

放牛的时候，任牛吃草。躺在草坪里，沐浴着阳光，望着蓝天舒卷自如的浮云，听着悦耳的鸟鸣，嗅着扑鼻的花香，物我两忘，便拿着笛子吹了起来，模仿流水声、鸟语声。有人吹着笛子，有人唱着小调《牧童歌》：

> 牧童哥，牧童哥，天天放牛在山坡。
> 暑天烈日当头晒，风霜雨雪坟下梭。
> 每日三餐流泪饭，油盐哪有一钱多。
> 生来莫作陪牛客，帮人放牛怎奈何。
> 只要勤劳时运转，平平生活总能过。

民谚有云：千日胡琴百日笛，半升荞麦吹唢呐。我曾经向屋场上窑匠师傅学过吹笛，不得要领。窑匠师傅吹奏的《鹧鸪飞》，曲调悠扬委婉，细腻圆润，连树荫里栖息的鹧鸪，听得都满天飞舞起来。

窑匠师傅身材修长，性情沉静随和。因成分不好，只读过小学，却酷爱看书。他在农闲的时候，喜欢说三国，讲水浒，我是他最忠实听者。他说我有文心，把仅有的十几本藏书，都借给我看了。他是我第一个书友。

东汉应劭《风俗通》说："笛，涤也，所以涤邪秽，纳之雅正也。"

窑匠师傅说："人生苦多乐少，是读书吹笛，让我乐而忘忧。我来到天地间，没有任何建树，唯一留下的，就是这孔窑。"

窑匠师傅过世后，好像村中再也没有听到过笛声了。我一直后悔，当年为什么不用心跟他学吹笛子呢？

胡琴。一听这种叫法，就晓得是北方游牧民族流传过来的乐器。你看拉胡琴的琴弓，就是马尾做的。

宋代陈旸《乐书》就说："胡琴本胡乐也，出于弦鼗而形亦类焉，奚部所好之乐也。盖其制，两弦间以竹片轧之，至今民间用焉。"

欧阳修《试院闻胡琴作》诗云："胡琴本出胡人乐，奚奴弹之双泪落。"

胡琴，已成为江南丝竹中不可或缺的一个重要组成部分。丰子恺《山中避雨》写道："这种乐器在我国民间很流行，剃头店里有之，裁缝店里有之，江北船上有之，三家村里有之。"

胡琴两根弦，全靠手里变。胡琴音阶很难把捏，很多人对它敬而远之。我友黄正龙，会吹唢呐，买了一把胡琴，拉了很久，不得上手，气得往地上一砸，散了一地。

我乡有个现象，凡是盲人，都很会拉胡琴。

我有一个堂兄，自幼聪明过人。算命先生说，此人如不瞎眼睛，就性命难保。果然，在八岁时，眼睛瞎了，后来也成了算命先生。他记忆力好，能把屋场上很多人的年庚八字，记得清清楚楚。他经常坐在家里门槛上，将琴筒搁在左腿上，左手持琴，用食指、中指、无名指和小指第一关节弯曲处按弦，忽上忽下。右手握弓，在两弦间拉奏。有时，他边抽烟，边拉胡琴，忘情的时候，不记得弹烟灰，衣裳上烧了许多洞，总让我觉得好笑。他能拉六七十首民间小调。他能一字不差，唱全一本《方卿戏姑》。

大堂兄隔一段时间，要背着胡琴，出去跟人家算命，这是他的营生。他到了一个屋场，坐下来，拉起了胡琴，唱起曲来。慢慢听的人多了，就有人请他算命。人家报了八字，用指头一掐，就像说书一样，抑扬顿挫，平平仄仄，把这个人从生到死，说上一通。听的人，一惊一悸，忽喜忽悲，甚至大汗淋漓。

有时候，几个盲人来到堂兄家，坐在一块儿，用锣鼓伴奏，丝竹和之，有板有眼，唱起了采茶戏来。他们还能唱民间流传的叙事长诗《陆英姐》《泡郎记》。

《泡郎记》是丈母娘谋财害命，用开水泡死姑丈的故事，我记得其中唱词："斩了一百零八块，块块放在酒坛中。三尺白布扎坛口，埋在牛栏内中存。"听得让人心惊肉跳。

《陆英姐》开头唱道："自从盘古分天地，三皇五帝定乾坤。别样闲言都不唱，单说湖南姓张人。张家有个陆英姐，年方二九十八春。上身穿件大红袄，下系八幅紫罗裙。红绫袜子丝绸带，三寸金莲脚下蹬。脸上胭脂雪花粉，八字眉毛二边分……"

每次都有人起哄，要他们唱《十八摸》，曲调更是古朴清新，活泼欢快，小伙子听得情思绵绵，大姑娘听得羞羞答答。

大堂兄已去世多年。不知我乡还有人能唱《陆英姐》《泡郎记》否？好在湾里区原文化馆长钟丰彩先生，做过记录，功德无量。

说起胡琴，我总想起阿炳。我觉得胡琴的弦外之音，透着悲凉。

唢呐。不鸣则已，一鸣惊人。据说在公元三世纪，由波斯、阿拉伯一带传入我国，已扎根在民族灵魂深处了。

婚丧嫁娶，节日庆典，都离不了它。它音质或高亢嘹亮，或低回婉转，最能渲染人生的喜怒哀乐。

唢呐杆用结实的木头做成，内空，开八孔，管的上端，装有细铜管，顶端套有苇哨，下端有一铜质的碗状扩音器，看过去，像个宝塔形。

明王圻编《三才图会》就说："唢呐，其制如喇叭，七孔；首尾以铜为之，管则用木。不知起于何代，当军中之乐也。今民间多用之。"

明代王磐《朝天子·咏喇叭》，是吹唢呐的绝唱："喇叭，唢呐，曲儿小，腔儿大。官船来往乱如麻，全仗你抬身价。军听了军愁，民听了民怕，哪里去辨什么真共假？眼见得吹翻了这家，吹伤了那家，只吹得水尽鹅飞罢。"

我乡每个屋场都有几个吹鼓手。如是娶亲，要吹《小桃红》《丹凤朝阳》《八板头》《闹扬州》《小汉》《进城三观》《九连环》《鸳鸯戏水》等，都是那样欢快喜庆，悦耳动听。

其中，《小桃红》最为欢快明亮，动人心弦。

闹丧则吹《孟姜女》《哭皇天》《望江台》等哀伤的歌曲。边吹，还有人用哭腔唱道："正月里来是新春，家家户户点红灯，别家丈夫团团圆，孟姜女丈夫造长城。二月里来暖洋洋，双双燕子到南阳，新窝做得端端正，对对成双在华梁……"听了令人荡气回肠，潸然泪下。

锣鼓。在乡村用得最为广泛了，庙会唱戏、祭祀迎神、娶亲嫁女、做屋上梁、春社秋社、上灯挂纸，都离不开它。它以音响热烈、节奏鲜明而著称。尤其是唱戏、舞蹈、把戏，它能恰如其分地表现人物情绪，渲染戏情色彩，烘托舞台气氛。

高腔锣鼓，古朴雄浑，深沉高亢。初听似乎索然无味，渐入高潮时，委婉动人，欢快明亮，鼓点好像敲打在心扉上，让人心花怒放。

花抄锣鼓，由鼓、板鼓、长鼓、大锣、小锣、钹、梆子、夹板等组成，当咯咯当，哐咚咚哐，一嗒一咚，哐咚咚哐，哐哐咚哐咚咚哐，疏密有致，柔刚相济，此起彼伏，节奏欢愉。

锣鼓十八番，通常以板鼓、堂鼓、大锣、小锣、大钹、小钹、云锣七件为一套。曲调有喜笑颜开、细雨点花、九连环、蜻蜓点水、金雀报喜、凤还巢等十八支，俗称十八番。其特点是曲牌众多，打法多样，气氛热烈，形式多样。

其实，以上乐器，很多场合，都是连台演出。

《礼记·乐记》说："乐者，天地之和也；礼者，天地之序也。和故百物皆化，序故群物皆别。"

孔子说，兴于诗，立于礼，成于乐。

礼云礼云，玉帛云乎哉？乐云乐云，钟鼓云乎哉？

礼乐文化，是人类有别于禽兽的重要标志。它能使社会安宁，上下有序，是老祖宗留下的宝贵精神财富。它陶冶了士大夫的襟怀，也影响了民众趣味。在我们这个古老的国度，每一个角落，都有属于自己特有的礼乐文化。我们一代又一代先人，在这样的鼓乐声中生，在这样的鼓乐声中走进婚姻的殿堂，又在这样的鼓乐声中告别人世。

在一些邻国，把古礼古乐表演，当作一张亮丽的文化名片。而我们这些年来，随着城市文明的发展，经济的高速发展，急功近利，却把它弃如敝屣。

移风易俗，莫善于乐。我们需要礼乐文化，奏响民族复兴的强音。

# 乡里戏班

"四四方方一只洲，大锣大鼓闹啾啾。结发夫妻不共床，同胞兄弟不同娘。"这是我细伢子时，猜过的唱戏谜语。

早先，我乡很多屋场不但有戏台，甚至还有戏班子。如，从梅岭店前街，沿吴源港而下，东庄、杨梅岭、港下、邓家、袁家、申家、下泽……几乎村村有戏班子。湾里田莆村，有一句老话说："田莆田，挨港沿，三年不唱戏，瘟病烂病全。"有的从正月初一，一直演到十五，但多是从初十开戏，所到之处，都是锣鼓锵锵，笛韵悠扬，歌声响彻云霄。置身其间，真不知人生如戏，还是戏如人生。

明代郭子章《豫章书》说："洪崖先生者，得道居西山洪崖，或曰即黄帝之臣伶伦也。"

追本溯源——远在黄帝时，伶伦先生来到洪崖丹井，断竹而吹之，创造了我国最早的乐谱，被尊为华夏音乐鼻祖。

唐杜光庭《仙传拾遗》载："萧史不知得道年代，貌如二十许人，善吹箫作鸾凤之响，而琼姿炜烁，风神超迈，真天人也。混迹于世，时莫能知之。秦穆公有女弄玉，善吹箫，公以弄玉妻之。遂教弄玉作凤鸣。居十数年，吹箫似凤声，凤凰来止其屋。公为作凤台。夫妇止其上，不饮不食，不下数年。一旦，弄玉乘凤，萧史乘龙，升天而去。秦为作凤女祠，时闻箫声。今洪州西山绝顶，有萧史仙坛石室，及岩屋真像存焉。莫知年代。"

春秋时期，萧史弄玉，在萧峰吹响了鸾凤和鸣的乐章。

唐代文萧，客寓南昌，夜游西山游帏观，亲临了当地"踏歌"的盛况。《宣和书谱》："南方风俗，中秋月夜，妇人相持踏歌婆娑月影中，最为盛集。"

明宁王朱权，历时十二载，在西山南麓，著作《臞仙神奇秘谱》，是为我国现存刊印最早的琴谱。他还创作《瑶天笙鹤》《白日飞升》《独步大罗》等杂剧十二种。

新建人魏良辅，客居江苏太仓，在南曲、北曲的基础上，吸收了海盐腔、余姚腔，以及江南民歌小调的特点，创造了一种舒缓婉转的昆腔，后人称为曲圣。

我乡地处吴头楚尾，古属三苗所在地，以信巫鬼、重淫祀、崇歌舞而著称。

清代欧阳桂在《西山志自序》中写道："西山据洪都之胜，发脉自筠阳虬岭，先辈所云'岩岫四出，千峰北来'是也。"周边有赣江、锦江、潦河，鄱阳湖相环绕，气候温和，空气湿润，雨量充沛，云雾飘绕。

五代蜀毛文锡《茶谱》载："洪州西山白露鹤岭茶，号绝品。"曾屡获贡茶殊荣。

采茶戏就在这样的人文地理中，应运而生。

艺术源于劳动。山民在青山绿水间，一边采茶，一边唱着山歌，既消除了疲劳，也抒发了感情。后来，这些采茶歌与民间舞蹈相结合，衍生出各种花灯：茶灯、马灯、蚌壳灯、彩龙船、卖花线、十二月采茶等，在元宵灯节，连台演出，这便是采茶戏的雏形。这些唱腔原始质朴，犹如闺女哭嫁，老妇哭夫。当地人比喻为老牛哞崽。

如《卖花线》，有男有女，舞步翩跹。唱道：

男：担子挑上肩，走个团团圆，来到屋场上，忙把鼓来摇。卖花线啰！

女：我在绣房绣花朵，听得屋前摇鼓声，来到堂前放眼看，货郎是个少年郎。哿里要买花线，货郎哎！货郎把鼓摇，我也把手招。

男：担子放下地，恭喜又贺喜，多谢大姐照看我生意，大姐哎！

女：货郎贺喜我，一礼还一礼，恭喜货郎好生意，货郎哎！椅子拖几拖，货郎你请坐。一杯香茶解你渴，货郎哎！

男：香茶才吃起，大姐接过杯，请把货色看仔细，大姐哎！箱子来打开，大姐请过来，一色咯苏州货，大姐爱不爱，大姐哎！

女：一买绣花针，二买绣花线，三买胭脂点嘴边，货郎哎！四买红绿布，五买五色线，六买香包吊胸前，货郎哎！七买七香粉，八买八仙飘，九买拢头篦子，十买一面镜，货郎哎！

魏良辅晚年回到故乡，根据当地民歌的唱腔，糅合北曲的长处，同样融进了弋阳腔、海盐腔，进行创新，培育出一种委婉动听的地方戏种，运用了戏曲的台步，用方言土语演唱，配以鼓板、锣、镲及管弦，渐渐形成以小生、小旦、小丑为班底的"三脚班"。

清道光《新建县志》记载："上元张灯，家设酒茗，竞丝竹管弦，极永夜之乐，明末为最盛。"

下河调《彦龙回朝》，小旦王桂英就是用哭板唱亲人过世时戴孝的情景，唱腔悲怆，催人泪下：

头上珠花哎，忙呀取下来唉，忙哎取下来哎。两耳哎，排环取下哎来，哎，取哎下来哎……

清同治九年，何元炳《下河调》诗云："拣得新茶倚绿窗，下河调子赛无双，为何不唱江南曲，都作黄梅县里腔。"可见，安徽黄梅戏对当地戏种影响较大。

到清道光年间，民间的采茶班艺人，在各地游走传唱，并在原角色定位的同时，逐渐增加了老生、花脸、老旦等行当，一直沿用至今。

要说采茶戏初具规模，有三四百年历史，只是开初叫赣剧、茶戏、灯戏，到二十世纪中叶，才正式定名为采茶戏。

采茶戏表演风格，依然保持了茶歌灯舞，载歌载舞的特点，清新明快，活泼优美，滑稽夸张，幽默风趣。每个角色，都有固定的表演动作和基本功。旦角的台步是碎步，但有快慢粗细之分。小生、小丑的台步有高步和矮步，道具有扇子、手帕、雨伞等。还有耍花伞、耍板凳、耍棍子、耍花鼓等功夫。乐器主要有锣、鼓、钹、木鱼、唢呐、笛子、胡琴等。唱腔有四十八调，分本调、凡字调、杂调三类。服装以明代衣冠为主。

清代翟金生《豫章景物竹枝词》云："二月街头唱采茶，村童扮作髻双丫。土音方语无腔调，笑煞吴姬与楚娃。"

《方卿戏姑》是南昌采茶戏中的代表作。家道中落的方卿，投亲被羞辱，后方通过科举考试，考取状元，传达了通过读书，改变命运的价值取向，谴责了嫌贫爱富的社会现象。

方卿唱道：

叹秦琼，大隋朝，家贫穷，年纪小，当差捕捉心思巧。英雄冤屈为强盗，官长严刑实难熬，内堂且喜姑娘好，到后来凌烟高阁，画图容，汗马功劳。

叹方卿，大明朝，家计贫，年纪小，多才入泮游庠早，赃官冒逼坟粮事，亲戚远投路途遥，园中偏遇姑娘刁，到后来扬眉吐气，方知晓是势利的功劳，势利的功劳。

《南瓜记》《鸣冤记》《辜家记》《花轿记》，是根据当地发生的事，改写的采茶戏，合称"南昌四大记"

溪霞泽下村，有个叫李志福的师傅，经常在我乡教唱戏。他不但能演各种角色，还能一字不差背出十几个戏本。他教戏，边唱边演示。演员要把自己的台词一一记录。台上一分钟，台下十年功。到了夜晚，或风雨天，排练的锣鼓声、演唱声，不绝于耳。

这些演员，都是地地道道的农民，他们走上了舞台，或出将入相，或封侯拜印，甚至可以当一夜皇帝。

　　李志福艺名福宝子，与梅生子、腊婆子、猴子等人，不但唱戏、教戏，甚至还编戏，为地方戏发展，起到了推波助澜的作用。

　　唱戏是疯子，看戏是傻子。有的人为看一场好戏，打着火把，不惜走十多里山路。台上唱戏台下和，一人唱戏众人和。老公唱戏老婆和，骚妹子唱戏撩过河。这便是当年的盛况。

　　乡亲们过年过节、婚丧嫁娶、春社秋社、赶庙会、庆寿辰，必请戏班。

　　戏里乾坤大，曲中日月长。家乡的采茶戏，虽不登大雅之堂，却担负着文以载道的家国情怀，构筑了诗情画意的生存空间。很多目不识丁的农民，就从这里认知了真善美，辨别了假丑恶，由此也丰盈了他们的精神生活。

　　可到了破四旧时期，很多乡村戏班子，改演"样板戏"。有的村子，戏袍、道具及乐器都被烧毁。

　　随着时代的变化，现在的年轻人不但不愿演戏，就连看戏的兴趣也没有。只是经常看到很多老人，会用投影机在祠堂或家里，反复播放采茶戏光碟，重温旧梦。

　　乡里戏班，也就渐渐消失在乡间舞台。

# 烧 窑

说到烧窑，要从我家做屋说起。

早先，交通不发达，运输不方便，每个村庄都有砖瓦窑。

在村子东面，距离我家屋基地三四百米远，住着一户人家。他家屋后，就有一孔窑。可村子里没有一个会烧窑的，于是，父亲去安义，请来了一个姓万的窑匠师傅。我们恭恭敬敬地叫他：万老座。

窑匠师傅是我村亲戚，五十多岁，五短身材，皮肤黝黑，孑然一身，却天天乐呵呵的。正应了一句老话：烧窑打榨，不要老婆也罢。也许是因为做这些行当太脏了吧，没有人愿意嫁给他。

窑匠师傅安顿好住处，就开始挖土。就在窑附近，挖新鲜黄土，堆成了小山，用水浇透，牵一头牛，蒙住眼睛，反复踩踏，还要不断用锹翻转。

在晒场边上，搭了一个简陋的凉棚。把泥切成方块，堆放在棚子里。窑匠师傅头戴一顶窄边的草帽，腰上系着一条围布，就开始制砖瓦。

做砖坯很简单，在一块板子上，放上一个打湿了的砖模子，撒一把细沙子，用泥弓，切一块泥，甩进去，四个角用力按一按，就实了，再用泥弓削去多余的泥，把它提到晒场上，反手一扣，一块四四方方的砖坯，就做成了。

做瓦坯，就复杂多了。泥巴要上好的，不能有沙子。制作瓦坯的工具，是一只瓦模，用脚一踩，会滴溜溜地转动。用泥弓，切下一层薄薄的泥片，覆盖在瓦桶的湿布上，用一个弧形的抹泥板，迅速将它拍匀称，划去多余的部分，就成为一个精制的瓦桶。将瓦桶提到晒场，放在地上，轻轻从内取出瓦模，揭去布，一个瓦坯桶就完成了。晒干后，轻轻地一拍，瓦坯桶就按原有的印痕，一分为四。

对砖瓦制作，宋应星先生《天工开物·陶埏》有详细的记载。

烧窑，可要我家保证窑柴。我和父兄每日上山砍柴，在炎炎烈日下，砍了一山又一山，衣裳湿了一身又一身。等柴晒干，几天后，把柴挑到窑边，慢慢地，柴都堆成山了。

有一次砍窑柴，二哥的手被一条狗婆蛇咬了一口。二哥跑到山下水沟里，捡了一块瓷器瓦片，在伤口上刮，再用口吸出毒液，回到家，挖来蛇药，和酒捣烂，敷在伤口上。二哥的手掌肿得像佛手瓜，痛得豆大的汗滴往下滚。

砖瓦坯晒得半干，斜着码起来，每块之间要留缝隙，好让它风吹日晒。上面要盖雨棚，脚下还要挖排水沟。

过了半个月，砖瓦坯完全干了，便装进窑里，同样要疏密有间，留有火道。封好窑门，便开始点火了。

先用微火，烧上半天，排除湿气。这也叫打冷火，堆几个柴莞，让它慢慢烧。烟管出来的烟，是水汽氤氲的。

接下来，就得用猛火。一把接一把的干柴，烧得噼啪作响，熊熊烈火，直往火管里窜。这也叫打紧火。

每一窑砖瓦，要烧三日三夜。窑匠师傅困了，就要父亲顶上。父亲按照窑匠师傅的要求，一丝不苟，认真烧好每把火。

窑匠师观察火候，还经常提着一只酒葫芦，喝上几口，不时，还要吼几句戏文，好像是《方卿戏姑》里的唱段。他还会点武功，有时赤着膀子，打几路拳，或用拨火棍，玩上几招。

他用采茶调，唱《十月单身》，曲调虽是凄婉，他却嬉皮笑脸：

一月单身是新年，穿身新衣去拜年。别人拜年有酒吃，单身拜年手撮烟。
二月单身是花朝，走出门来心忧愁。别人都有丈母叫，叫我单身走哪头？
三月单身是清明，深山树木未成荫。各色种子落土中，只有单身泪茫茫。
四月单身是立夏，家家户户响春耕。禾长田里低了头，叫我单身做哪头？
五月单身是端阳，龙船锣鼓响叮当。人家打扮走亲戚，单身打扮拜龙船。
六月单身热难当，人人奔走各自忙。别人口干有茶喝，单身口渴喝烧汤。
七月单身七月七，白天走出茅草屋。夜里睏上拗头床，叫我单身睏哪头？
八月单身苦又苦，衣裳破了冇人补。左向大嫂讨根线，右向细嫂借根针。

九月单身逢了时，好心邻居去话媒。人家有钱找小姐，我家无钱找丫鬟。

十月单身做了爷，左邻右舍来恭贺。先吃烟来后吃茶，结拜邻居做干爷。

有时他唱："单身汉，活神仙，一块豆腐两面煎，病了啃床沿。"

那时，烧的都是青砖、青瓦。可砖瓦本是红壤土做的，要经过水与火的锻炼，才会变青。

烟管里的滚滚浓烟，渐渐变成淡蓝色，窑里的砖瓦烧红了，从窑门口，一眼可以看到窑后壁。窑匠师父说：火候到了。父亲和哥哥挑水到窑顶，从一个凹形天窗，浇下去，一担接一担，大约要挑一百五十担，浇透了，才可封窑。四五天过后，砖瓦就可以出窑了。

出窑后，我们一家人，用土箕装好，一担接一担往屋基地上挑。先挑砖，后挑瓦，因泥工已经在砌墙。肩膀磨破了皮，你还得坚持。

父亲每天在中午冒着炎炎烈日，挑上两担；傍晚踩着露水，挑两担。每当此时，我总跟在父亲后头走，渐渐，我总觉得，父亲为做这栋房子，背越来越驼了，步履越来越蹒跚了，头发也花白了。我的心里，真是百感交集。

烧一窑砖，只有一万块，做一栋屋，要三万块砖。那时，我家总共烧三窑砖。

时过境迁，三十多年过去了，这栋我和父兄抛洒汗水做的砖瓦房，已经很破旧了，可我们对它的感情，仍保持着窑火一样的热度。

这种古法烧制砖瓦，随着科技发展，以后再也不会有了！

# 博　士

博士，是我乡对木匠的尊称。这犹如，把医生称作郎中，剃头匠称作待诏，有钱的地主、商人称作员外。这或许是古代官府流传下来的称呼。

旧时对手艺人，皆可称作司务。

据说九佬十八匠，木匠最难学。其他手艺，一两年就可以满师，而学木工，至少也得三年，有的学个五六年，未必能满师。师父选徒，一要看人品，二要聪慧，三要耐得住寂寞。在这几年里，不拿一分钱，每天要给师父家砍柴、烧火、挑水、浇菜、斟酒、盛饭、扫地、洗碗，还要送一年三节。

木匠的祖师爷，是鲁班先师，据说斧头、曲尺、墨斗、锯子，都是他发明的。

江湖规矩，木匠的尺是五尺，篾匠的尺是三尺，裁缝的尺是一尺。

这五尺，也叫鲁班尺，不但是用来测量，更是一件法器。大凡做屋上梁、砍伐古树等重要活动，都要用五尺来镇邪。

其实，鲁班的弟子如石匠、瓦匠等，皆可用五尺。听我父亲说，一次他砍了一棵参天古树，往左推不倒，往右拉也不倒。解匠师父亮出五尺来，大喝一声，古树轰然倒下。

凡做事都有个规矩，《鲁班经》云："凳不离三、门不离五、床不离七、棺不离八、桌不离九。"

木匠活做得好，也是一门艺术，其乐无穷。

明代朱由校先生就觉得君临天下，远没有做木匠活有趣，陶醉其中，不能自拔，夜以继日，做出各种精美绝伦的具器来。

木匠活做到极致，便能雕梁画栋，笔走龙蛇。

齐白石先生早年学木匠，由于身体瘦弱，逐出师门。后来扬长避短，做细木，学雕花，从临摹《芥子园画谱》入手，悉心观察大自然中的瓜果菜蔬、花鸟虫鱼,加上丰富的想象力,超人的创造力,雕刻出来的作品,细腻传神。歪打正着,后来竟然成为画坛一代宗师。

我村原有个木匠,号称:风车农具一把抓,大木小木带雕花。他擅长雕刻梅兰菊竹。他喜欢看戏,只要听说附近唱采茶戏,便去看,后来,他雕刻的戏文人物也活灵活现。

记得那时,谁家要做屋、打家具,就请木匠上门。吱呀吱呀,挑着满担的家伙,足有个六七十斤,你看,光是锯子、刨子、凿子,哪样不是七八把。

房子在快要封顶前,要上梁。整个村盘的人,都来围观,犹如一个盛大的节日。上梁喝彩,第一声要喊:伏以。这是什么缘故呢?

民间有个传说,鲁班第一个徒弟,叫伏以,长得玉树临风,聪明伶俐。他学艺,经师父一点拨,一通百通。

师父做的木马,不但日行千里,还能腾云驾雾。他请教师父,师父说:"这全靠自己的道行,一言难尽。不过到时候,我自然会点拨。"

一天,伏以挑水回来,问师娘:"师父做的木马不但会走,还会飞。师娘,那你晓得有什么诀窍?"

师娘很爱惜聪明伶俐的伏以,就说:"这样吧,今夜你就在我们楼上睏觉,我来问你师父,你可要听清楚。"

那天夜里,鲁班刚刚上床,夫人就问:"夫君,你做的木马不但能走,还会飞,是何诀窍?"

鲁班说:"说破了一文不值,只要在木马的每个关节处,用斧头敲三下就行了。"

到第三天,伏以的木马果然腾空而起。鲁班想,这秘诀只跟夫人说过,难道他俩……

疑心生暗鬼。师徒二人正在给人家做屋。一天,伏以刚爬到屋顶,正在架一根横梁,鲁班念着咒语,用五尺一指,伏以跌了下来,当场毙命。

伏以死得不明不白,冤魂不散,吵得鲁班不得安宁。鲁班非得用五尺架在门上,才能入睡。

鲁班晓得自己错怪了伏以,后悔不已。从此,鲁班做屋上梁喝彩时,总要先喊一声"伏以",以示悼念。这个规矩,一直传到今天。

我十五六岁时，父母从山外请来木匠，给我打家具。那个木工师傅一进门就叫我"糠"。我觉得莫名其妙。原来，在我两三岁时，还是站在企桶里，他在我家做工，父母教我叫他叔，我说话不清，叫成"谷"，他便叫我"糠"。

他开玩笑说："才一眨眼工夫，糠也大了，打好家具，就可以找老婆了。"

其时，我虽十五六岁，还是个懵懂少年。

那一次，父母给我打了一张梁床，一把书案，一顶座橱，一个书架，还有一些小物件。这些家具的风格，还是父母亲结婚时一个款式。

到我二十出头，正值改革开放时期，家具风格大变。父母要我找老婆，我说："把这套土里土气家具，换了再说。"

父母只好起工驾马，又为我另打了一套时尚的家具。

时至今日，我已是奔六的人了。随着岁月的打磨和历练，我越来越喜欢传统的建筑和家具。它们不但耐看结实，含蓄深沉，还蕴含着致中和的人生哲学。你看古典园林里的亭台楼榭，山水自然里的寺庙坛观，做到人与天地相感应。

中国的木匠，还真不愧有博士的称号。

# 篾　匠

我乡多竹，盛产篾匠。

童谣唱道："鸡咯啼，大天光，哥哥起来做篾匠……"

很多村盘都有自己的传统工艺。如，邓家做斗笠，石门、港下做土箕，西庄做花篮，东庄做竹床，枫林砍香骨，大小沙田、高徐观上则以做筲箕为主。

熊荣《西山竹枝词》有云："绕庐四面是高丘，不用锱基不买牛。郎制笭箸侬织箅，一家生计在刀头。笭箸，渔具也。箅，甑箅也，所以蔽甑底。"

注脚写道："山中无田可耕，无桑可蚕，居人制一切筐筥箕帚之属，货卖以自给。男妇操作，昼夜不停。"

每年的农闲季节，就有一伙坪下篾匠，来为生产队打箩筐、土箕、晒垫、谷筛等。另外，他们还要做许多篾货，卖给山外的供销社。一直做到过年，才回家。

因我家的老屋有天井，宽敞敞亮，不但好住人，破篾也好伸展，他们就喜欢在我家落脚。

篾匠师傅把毛竹裁成八尺或一丈，用砍刀从上端居中劈开，放在地下，踩到一半，用力一扳，啪——！一分为二，再分成指头大一小片，削去节，就开始破篾。一片毛竹，一般要破八层。

一个篾匠一天，能打二十只土箕，或一担箩筐，或一床晒垫。动作慢，还真没法混，那薄如纸的篾片，像舞蹈一样，窸窸窣窣，在手上跳动。

常言道：千匠万匠，不学篾匠，蹲在地上，像只狗样。有民谣唱道："我咯爷吧，我咯娘，有女莫话篾匠郎，篾匠郎子我不要，爬在地下累断肠。"

七八个篾匠，坐在一间屋里，很是热闹。有人边干活，边打山歌：

我到瑞州学篾匠，打个筛子姐筛米，打个簸箕姐簸糠，上下篾在姐咯小肚上。

山歌不打自会丢，快刀不磨会生锈。坐立不正会驼背，大路不走草成窝。

我听过他们讲过一个"寡妇请篾匠"的故事：

有一个寡嫂，请了一个篾匠做活。篾匠进门，寡嫂问："师傅贵姓？"

篾匠很是幽默，说："北风头上第一家——姓寒。"

寡嫂自报家门："我是急水滩头撑一竿——姓流。流水的流。"

篾匠问："你要打一些什哩东西呢？"

这寡嫂三十五六岁，风韵犹存，出身于书香门第，自幼喜欢与父兄一起玩文字游戏。见这个篾匠很是风雅，来了劲，便道："寒来暑往夜夜要，三朝两日跟人走。我要用时肚上跳，千根篾子不插头。假如还有时间多，砍个喔呵喂喔呵——你猜。"

篾匠一听，头都大了。只说内急了，要去一下茅厕。躲在茅厕里，想了老半天，不知所云——我要用时肚上跳，莫非……篾匠正想入非非，这时，寡嫂在门口晒衣裳。邻居问她："刚才看见你请篾匠，要打什哩东西？"

寡嫂说："一床竹簟子，一只菜篮子，一个簸箕子，一只锅刷子，有时间的话，再砍一个赶鸡的闹夹帚子。"

篾匠听得真真切切。走了出来，胸有成竹地说："表嫂，打起锣鼓要戏唱，赶快拿毛竹来呀。"

——那时，我家的空气里，总弥漫着甜甜的竹子清香。

我二哥读完小学，就跟他们去做篾匠了。

我呢，捡他们不要的篾，会编制笱笼。于是，傍晚时分，总喜欢捎着笱笼，去港里装鱼。

篾匠每天在我家煮饭吃，菜却是从家里带来的。一罐腌菜，几块咸鱼，要吃十多天。

他们每餐一大碗饭，满满的，像一座山。他们还不嫌多，吃的时候，急得流汗，因先吃完，可去锅里多捞点粥里的米糁。

可村盘里请的木匠、泥匠、漆匠，每餐有酒有肉。

篾匠还经常遭到其他工匠的讽喻，甚至称他们为"篾骨子"。还说："吃竹子，扁篓蓬。"

一天，他们讲了一个"篾匠也请吃饭"的故事给我们听：

在太平天国时，我乡有一寺庙，被长毛捣毁。几年后，当家的老和尚托钵化缘，有了一些积蓄，大兴土木，请了各种工匠，进行修葺。

俗话说：任凭三代做官，不可轻师慢匠。

一天中午，小和尚来请吃饭，说："木匠师傅、石匠师傅、铁匠师傅、雕匠师傅、漆匠师傅请吃饭。"

过了一会儿，又说："篾匠也请吃饭。"

篾匠师傅听了很不是滋味。一个徒弟火冒三丈，说："狗眼看人低。"当时，就要去找老和尚理论。

篾匠师傅说："试玉要烧三日满，生气不如争气。"

吃饭的时候，篾匠师傅对当家的老和尚说："难得禅师看得起，请我上山，想给禅师打一床竹簟子，意下如何？"

老和尚双手合十，说："善哉，善哉，那你费心了。"

　　篾匠师傅花了六十天,破了三千六百匹细如丝的青篾,抽之刮之,匹匹匀称,光滑细腻。每夜睡觉,要把一匹篾,卷成一团,含在嘴里。第二天,就编这一匹篾。整整三年,才完工,篾匠师傅两眼一闭,气绝身亡。

　　老和尚打开床簟子一看,只见得,霞光一闪,天上的飞禽,地上的走兽,应有尽有,栩栩如生,还透着一股森森凉意。

　　老和尚晓得,老篾匠是把自己的精气神,编进了自己的作品里。

　　这床竹簟子,竟成了镇寺之宝。

　　篾匠虽是普通,却有着自己的传奇!

# 打 铁

每年农忙前，很多人家急需要锻造一些农具备耕，便盼望着铁匠的到来。

《诗经·大雅·公刘》："涉渭为乱，取厉取锻。"《说文》："锻，小冶也。"

铁匠祖师爷是老子。太上老君的炼丹炉点燃那天起，华夏大地的炉火，就一直没有熄灭过。

我喜欢听《广陵散》，从那时而幽怨，时而激昂的琴声中，似乎隐约传来叮叮当当的打铁声。

向秀《思旧赋》："余与嵇康、吕安居止接近，其人并有不羁之才。然嵇志远而疏，吕心旷而放，其后各以事见法。嵇博综技艺，于丝竹特妙，临当就命，顾视日影，索琴而弹之。"

玉树临风的嵇康在洛阳城郊的大柳树下，随着或明或暗的炉火，敲打出了知识分子的铮铮铁骨。

我乡有《打铁调》唱道："张打铁，李打铁，打把剪刀送姐姐，姐姐要我歇，我不歇，我一心要打铁。打铁三四年，赚了一堆破铜钱。爷话打酒吃，崽话留得娶老婆。"

《奸雀嘚》唱道："奸雀嘚，捡块铁。捡块铁做什哩？打刀子。打刀子做什哩？做花篮子。做花篮子做什哩？嫁姐姐。姐姐嫁在哪里？嫁到梅岭头上……"

一个春风拂柳的日子，铁匠师徒如期而至。借人家一间闲屋，用砖块搭起一个火炉，架起了风箱。烧的燃料是火屎、木炭或焦炭。

老铁匠师傅姓李，身材修长，头发像炭一样黑，脸色像铁一样发青，眼睛像炉火一样光亮，双手像铁钳一样有力。徒弟刚刚出道，还细皮嫩肉的，两人形成鲜明对比。风箱一拉，呼哧呼哧地响。炉膛内，火苗直蹿，发出绿莹莹的光。一块烧得通红的铁，散发出耀眼的光芒。师父用火钳，把它夹到大铁墩上，趁热打铁，师父一小锤，徒弟一大锤，叮叮当当，敲打起来。每锤下去，铁花四溅。这烧红了的铁块，竟然像一团泥巴，才一阵子工夫，打成一个物件的雏形。放进凉水桶里，嗞的一声，冒起一股白烟，似一声叹息。

打一样东西，口子上都要加钢。把铁烧红，夹到大铁墩上，用钢錾开一卡口，中间卡上一块钢片，再放到炉火里烧，因钢片太硬，要反复多次回炉、捶打。

蘸火这道工序，直接影响到铁器的利钝。

铁匠师傅就像魔幻师，你只要给他一朵乌云，他就给你带来甘露。

打铁须熟铁。明宋应星《天工开物·五金》："凡铁分生、熟，出炉未炒则生，既炒则熟……凡造生铁为冶铸用者，就此流成长条、圆块、范内取用。"

在我乡，流传着一个用砂锅煮铁的故事。

那是二十世纪五十年代初，有一个地主的儿子，寻了几块生铁来找铁匠，想打一把柴刀。

地主的儿子大学刚毕业不久，原本满脑子教育救国，因成分不好，回乡劳动。

铁匠拿两块生铁，敲了一下，声音暗哑，说："这是生铁，要熟铁才行哩。"

地主的儿子把几块生铁，放在砂锅里，用大火煮了一夜。第二天清早，把冒着热气的生铁，又来找铁匠。

铁匠还是摇头。

地主的儿子以为铁匠作弄他，很生气，说："我煮了足足一夜，难道还没熟？"

那个姓李的老铁匠师傅，就是当年那个曾经用砂锅煮铁的书呆子。因老是被人嘲笑，加上成分不好，一气之下，就学了铁匠。渐渐地，他成了名闻西山的铁匠。

俗话说：养儿打铁，祖宗作孽。

有民谣《工匠苦》唱道："千匠，万匠，不拿崽学铁匠，站得在火炉前，像炕烧饼一样。"

一个饱学之士的际遇，倒也许可以折射一个时代的兴衰。

近年来，姓李的老铁匠师傅，因年事已高，炉火也熄灭了。

世上三大苦，打铁、撑船、磨豆腐。船还是有人撑，豆腐还是有人磨，可打铁是难得一见了。

# 上门裁缝

童谣唱道："穿新衣，戴新帽，过新年，放鞭炮。"

百姓人家，再穷也要做一身新衣裳过年，一到腊月，都纷纷请裁缝上门。

我最早见到的裁缝，背着一只布包，里面装着一把大剪刀、一只熨斗、一管尺、一个粉线袋，还有针线等。

裁缝的大剪刀，手柄一边长，一边短。据说这是张飞发明的，因其睡觉时喜欢一只脚伸着，另一只脚缩着。只怪他与剪刀有缘，结果被裁缝给杀了。

其时，在我们穷乡僻壤，还没有缝纫机。

裁缝进了门，量体裁衣，得一针一针地缝。缝好，喷一口水，用熨斗烫过，衣裳就做成了。

在我最早的记忆中，布料多为黑卡其、蓝竹布、府绸。再好点的有灯芯绒、纺绸、涤纶。

男人衣裳款式，冬天多穿长袍、马褂、完腰裤。春秋穿对襟衣，即从前胸正中开襟，两边缀以布扣，自上而下共五副，左右两上腹部各缀一大荷包，两侧开摆。

女人衣裳款式，则多是穿大襟。也就是纽扣偏在一侧的中式上衣，通常从左侧到右侧，盖住底衣襟。

我乡习俗，喜欢用戴孝的白布，给刚出生的毛伢子做衣裳，说是宝宝穿了能健康成长。

那时毛伢子的衣裳，都是和尚领、右衽用带子绑的。老人的寿衣，也是这种款式。父亲说，这还是保留了明代风格。在清代，汉人寿终正寝，去见列祖列宗，必须穿明代的衣裳，解散辫子。这里有"生为大明人，死为大明鬼"的寓意。

民国《安义县志》，记载了我乡衣着布料的流变：

清咸、同后，光绪中叶前，民间衣料多用土布。安义为产棉之区，虽无大宗输出，尚足敷本地之用。比户纺织，每当清夜，环听机声轧轧。

适光绪二十年，外货侵入，有洋纱，而纺织者甚少，有洋大布，而织布者甚少。

土民服饰，在昔束发裹中，峨冠博带。自满清入主中夏，变异汉族发辫，胡服垂二百余年。民国纪元始，将发辫剪除，惟国家对服装礼制迄未规定，以致中装、西装，光怪陆离，殊欠雅观。

至于妇女服装，在清时上衣下裤而围以裙。殆民国十六年后，渐去髻截发，冬季改御长袍。夏季则短衫窄袖露肘，短裤腰裙露腿，奇装异服，恬不为怪。然乡间妇女服饰仍多朴素，天足，截发之风大开，亦妇女解放之一端耳。

从我记事起，母亲总是穿蓝竹布大襟，神态安详地坐在天井里抽水烟。她左手拿着烟筒，右手捏着一根香，不住地在烟斗的烟丝上拨弄着，嘴唇紧闭，

稍稍一吸，随着一阵咕噜咕噜声，马上吐出一口烟雾来，渐渐地，淡淡的青烟，在天井上空消散了。

母亲衣裳蔫（皱）了，用饮汤（米汤）浆一下，晾干，就笔挺。母亲每回去做人客，都会浆一次衣裳。

母亲从未学过裁缝，但我们一家子穿的衣裳，几乎都是她缝制的。母亲还经常给我伯伯、叔叔一大家的人做衣裳，都是免费的，我总是跟去蹭饭吃。

母亲给我做的衣裳，不是黑的，就是灰的，且质地粗糙，要不然，还是哥哥穿剩衣裳改的，我很不喜欢。一天，我重重地敲着一筒毛竹，说："我就要做这样颜色的衣裳。"

母亲笑着说："等你赚到了钱再做吧。"

人们常说：是萝卜会长布，是裁缝会落布。

母亲讲过一个"裁缝落布"的故事给我听，很有趣。

有一个财主，请了三个裁缝，给三个成年儿子做学生装。财主听说裁缝会落布，于是给三个儿子扯一样的布，做一样的衣裳。若是谁落了布，一看就分明。

张裁缝拿了一匹布，量了量，重重地干咳一声，说："啊，这天好冷哦。"

李裁缝慎重其事地说："看样子嘛，是要落雪。"

王裁缝道："不落就不落，要落就落三尺。"

于是，心照不宣，各落了三尺布。

七十年代末，家境好点的人家，有了"三转一响"：自行车、缝纫机、手表、收音机。

记得有一年，快过年了，破天荒，有裁缝师傅挑着一架沉甸甸的缝纫机，来到我家。裁缝用一把大剪刀，咔嚓、咔嚓，将布裁好，坐在缝纫机前，把两片布放在针脚下，脚一踩踏板，整个机身都哒哒哒哒，运转起来，针线在牙床里穿梭。我愣愣地看着，一会儿，一件衣服就做成了。

从此，母亲的手艺就被淘汰了。

计划经济时代，没有成衣可买，布料需要布票才买得到。那时的布料，很作兴的确良、的确卡。对了，不管男女，都很流行穿黄的确良军装。老成一点的人，喜欢穿中山装。到改革开放后，流行穿西装，不管是贩夫走卒，还是机关白领，皆是如此，真有些莫名其妙。

《礼记》有云："礼义之始，在于正容体，齐颜色，顺辞令。"

《论语·尧曰》孔子就说："君子正其衣冠，尊其瞻视，俨然人望而畏之，斯不亦威而不猛乎？"

中国古代有衣冠南渡之说。这里所说的衣冠，泛指缙绅、士大夫。

民歌《拣郎》唱道："崀呀！不要急来不要忙，我跟你拣个裁缝郎。哎呀哈！娘呀！裁缝郎是缝缝补补命不长。"

其实，在那时的手艺人，只有裁缝，风不吹，日不晒，还细皮白肉，衣着光鲜。

# 斗 笠

青箬笠，绿蓑衣，斜风细雨不须归。

这司空见惯的乡村旧物，经大诗人一点染，宛如一幅烟雨朦胧的江南山水画轴。

在二十世纪，自从油纸伞从戴望舒悠长寂寥的雨巷迷失后，张志和笔下的青箬笠，也被雨打风吹去。任你走遍大江南北，再也看不见"一蓑烟雨"的景象。

我记得小时候，村盘上每家屋树上，都挂着一两袭蓑衣、斗笠。尤其是十五六岁时，胼手胝足，与社员一起，参加生产队劳动。每当风雨骤至，大家纷纷上田，戴上斗笠，穿上蓑衣。如是小雨，敲打在斗笠上，滴滴嗒嗒，声音清脆，情趣盎然。如是大雨，噼里啪啦，震得头皮都有些发麻。蓑衣裹在身上，沉甸甸的，闷热难当。

有谚语说：立夏晴，蓑衣斗笠拿不赢；立夏雨，蓑衣斗笠高挂起。

"三头六臂，七脚落地，太公钓鱼，咒天骂地。"这是一个谜语，也是一幅春耕图：一个人穿蓑衣，戴斗笠，左手扶犁，右手拿竹枝，在吆喝着水牛。

那时，每年要搞小秋收。我经常去山上摘箬竹叶，卖给人家做斗笠。箬竹，其竿细细，叶片硕大。山风吹来，叶叶相撞，沙沙作响。摘箬竹叶，用拇指和食指夹住叶片，中指一顶叶柄，啪的一声脱落。右手摘，左手握，多了就往腋下一挟。到了一斤多，就扯根藤绑好，放在一处。我们像风卷残云一般，一会儿就把一片绿油油的箬竹林摘得光秃秃的。饿了，就吃几个家里带的红薯；渴了，就喝上几口山泉。日暮时分，把箬竹叶捆成一团，驮着回家。一般一天就能摘到二三十斤，或卖给供销社，或等人来收购。

在我乡，有骆家、邓家两个村子做斗笠，隔三岔五，会有人来收购箬竹叶。

我高中毕业后，已经包产到户，经常一个人，来到离家二里多路的黄泥地，拄着一根棍子耘禾。黄泥地下，是一汪盈盈的湖水，绿得叫人陶醉，清得看得见水底的游鱼。每当风雨交加，披蓑戴笠，真有一种遗世独立的孤独感。我的前程未卜，听父亲说，每个人生下来，都有一颗属于自己的露水珠。后来，我终于找到了那颗属于自己的露水珠。世事真如一场大梦，转眼间，我是奔六的人了。

丁酉初夏，有朋友托我买两个斗笠，点缀茶室，便一同开车来到邓家村。进村口，古木参天，遮天蔽日。只见得高低错落，住着四五十户人家，多是粉墙黛瓦。村前气宇轩昂的石牌坊上，写着：瀛泗邓家。石凳上坐着几个老人在吃早饭。

我和其中一个老人认得，便聊了起来。他说，他们的祖先，在明朝初年，从罗亭上坂道院迁居于此，一直以做斗笠为营生。几百年来，家家都做斗笠。以前就是走家，手里一把篾刀，还在不停地破篾。瀛泗邓家的斗笠，远近闻名。经常有永修人来收购，挑下山，从潦河水路，经过吴城，运往汉口。我们自己也翻过梅岭头，挑到省城去卖。从二十世纪九十年代起，人们习惯用雨衣，轻如羽翼，方便耐用。这个行业，就渐渐走向式微。如今村中有人口四五百人，年轻人都出外打工去了，细伢子进城读书去了，就三四十个老人留守。

　　我问谁还会做斗笠。他说，谁都会做，只是丢开好多年，工具都找不到了。村里还有一个叫邓万蛟的经常做几个，卖给游客。他住在村子最上头，港边那家。

　　我们踏着石板路，沿港而上，来到邓万蛟家。其实我们早就认得。说明来意，老人十分高兴。斗笠只要二十块一个。

　　他有已经破好了的篾，坐在交椅上编织起来。黄篾打里子，青篾做面子。编完，修好边。放在一个特制的木桶上，衬上箬竹叶，再用竹麻篾锁边，斗笠便做成了。他起身，去房间拿出毛笔来，蘸点红漆，很工整地写上：瀛泗邓家。这时，老人家脸上露出了灿烂的笑容。

　　《诗经·小雅·无羊》："尔牧来思，何蓑何笠。"上下五千年，斗笠为我们的祖先遮风避雨，可它已经完成了历史使命，走出人们的视野。可惜的是，我们再也见不到"荷笠带斜阳，青山独归远""孤舟蓑笠翁，独钓寒江雪"的意境了。

# 做大木

人生就几十年光景。以前的人，到了四五十岁，就把棺材做好了，可谓英雄气短。

《易》曰："古之葬者，衣之以薪，藏之中野，后世圣人易之以棺椁。棺椁之造，自黄帝始。"

宋王巩《随手杂录》记载："先是十年前，有富人治寿材。"

棺材，习惯称寿材，又因取义死者为大之意，也叫大木。

做棺材，要讨口彩，叫作长生或千年屋。不管是十五六岁的徒弟，还是六七十岁的老师傅，都要叫大木师傅，不可叫棺材师傅。

常言道：崽问爷要屋住，爷问崽要棺材。木料一般由崽操办，以杉木为主，数量大致六、八、十二根。达官显贵，也可用柏木、楠木、紫檀、桐木等。

出阁的女儿，要送茶。这茶，其实包括茶叶、烟酒、糕点，还要包利市。利市是给大木师傅的红包，有大吉大利的意思。

焦赣《易林·观之离》就写到："福过我里，入门笑喜，与我利市。"

起手，时间选闰年闰月，还要择良辰吉日。民间有闰年闰月一百岁之说。打爆竹，必须响亮，如果熄了火，视为不吉利。大木师傅把木马架好，选中一根又大又直的木料，放上去。第一斧头，必须生猛有力，木屑要迸得远，说明主人能健康长寿。

这时大木师傅放下斧头说："恭喜恭喜，一百二十岁！"

《鲁班经》说："床不离七，棺不离八。"因八和发谐音，棺和官同音，蕴含升官发财之意。

棺材板多为三寸厚，结构只可用榫卯，不可用钉子。大头顶端书福字，小头写寿字。

一般的棺材，师徒二人，要三天圆工，可柏木则要八天。只可说圆工，不可说做完了。

棺材做好，搁在阁楼上，上好油漆，不许挪动。讲究的人家，每年都要上一遍桐油。里面要留点刨花，要放几块木炭，一小袋谷子，还有女儿买的七斤四两纸。

听说，以前有的大户人家嫁女，陪"全副銮驾"，请了几百个人，吹吹打打，搬运嫁妆。两口子一生所需的一切家什用具，还有猫狗鸡鸭等六畜，应有尽有。匪夷所思的是，抬两口漆得锃亮的柏木棺材，走在花轿的前头，有升官发财、长命百岁的寓意。

我父亲讲过一个"秀才与棺材"的故事。

有一个秀才，看见一个村姑，提着一只篮子，去菜园。大篮子里，装着小篮。因村姑姿色动人，就逗挑人家："大篮也是篮，小篮也是篮，小篮装在大篮里，只见大篮，不见小篮。"

村姑答道："秀才也是才，棺材也是材，秀才装在棺材里，只见棺材，不见秀才。"

在我乡，有一个大财主，刚过知天命之年，就为自己筑生坟，做千年屋。

财主请来了大木师傅，问："用什哩木头好呢？"

大木师傅说："最名贵的，无外乎金丝楠木、紫檀、柏木。"

财主说："还有呢？"

大木师傅说："听我师父说，用一个个老杉树节，采用榫卯衔接，要做到天衣无缝，滴水不漏，可千万年不朽。技术我师父是传授过，可惜没有做过——不过代价太高，需要一山的杉树，十年才能圆工。"

财主说："这千年屋，是人生最后的归宿，只要好就行。"

经过细雕慢刻，这口棺材做出来了，龙飞凤舞，油光锃亮，透着一股浓郁的油脂清香，让人叹为观止。按照规定，裁下多余的木材，尽归大木师傅。

以前，每个村盘子都有一两个大木师傅，可近年来殡葬改革，这个行当已不见了！

# 漆 匠

你还真有两把刷子！

我总觉得这句话，是来自对漆匠的夸奖。

漆匠就靠一把刷子，能走遍天下，能让屋子增光彩。

据我所知，早先的漆匠，都是自己配制油漆，原料主要有桐油、生漆。颜料则从矿石、植物里提取。

桐油自采自榨。每年霜降，山里人摘完茶籽，又挑着箩担，去摘桐子。这种树高大，木质很脆，枝丫稀疏，不可上树，只用竹竿敲打，更多的时候，是让它自行落下来。桐子大如拳头，落在地上，扑通一声，很有质感。

桐子摘回家，如是晒干，就是用铁锤子头也敲不开，只有倒在阴暗的角落，让它沤上个把月，才能剥出桐籽来。一个桐子，有六七粒黑黝黝、状如橘瓣的籽，等晒上七八个日头，就挑到榨厦去榨油了。

一般六担桐子，可剥得一担籽，打一下榨，出油率很高，有三十斤桐油。

在早先，桐油是山里人不可或缺的一种天然油漆料。乡亲们用来油漆房子、家具、木船、凉亭及寿材等。就连以前的油纸伞、油纸扇，都是桐油透的。桐油具有干燥快、比重轻、光泽度好、附着力强等优点，且有耐热、耐酸、耐碱、防腐、耐磨、防锈等特性。

有人误吃桐油，会呕吐，但不伤及性命。用来点灯，和茶油、菜籽油一样，都叫清油。

据我所知，漆树高可三丈，粗且壮。割取它的液体，便是天然树脂漆，也叫生漆、土漆。

我国在远古时代，就有使用这种漆的记载。《尚书·禹贡》曰："兖州厥贡漆丝。"《山海经·北山经》中说："虢山，其木多漆棕。英鞮之山，上多漆木。"

哲人庄子就当过漆园小吏。

生漆富有光泽，历经数百年不脱漆、不掉色。古人有诗赞曰："生漆净如油，宝光照人头；摇起虎斑色，提起钓鱼钩；入木三分厚，光泽永长留。"

我见过海昏侯墓中出土的漆器，一千多年过去了，依然光鲜亮丽。

我乡有一种树，我们叫它漆柴，高不到一丈，粗不过手臂。它的叶子很像香椿，为羽状复叶；花序圆锥型，黄中带绿。果实肾形，略扁。砍柴时，不小心会碰到，有的人会皮肤过敏，生漆疮，又红又肿，又痛又痒，严重时还流水流脓。这种情况，需要寻找"捌柴"叶，捣烂，敷在疮上，或用它的皮煎水洗，一两天便好。

捌柴，学名叫鬼箭羽，有破血通经、解毒消肿之功效。《本草纲目》有记载："鬼箭生山石间，小株成丛，春长嫩条，条上四面有羽如箭羽，视之若三羽尔。"

好在一物自有一物治，要不然，这痒身病可折磨人了。

后来我才认清，漆柴的学名叫木蜡树，是漆树科、漆属乔木。

我见过熬漆。在室外烧一炉火，上面放一只钢精锅，配料有桐油、生漆，各占一半，还要放适量的陀参。切记，如对生漆过敏的人，一定要远离它。

在我村，有一个人马上要做新郎官了，心中欢喜，漆家具时，不听漆匠劝告，硬要帮着熬漆，结果呢，当晚就头肿面肿，天旋地转，在医院住了二十天才康复。

我很小的时候，就有过学一门手艺的想法。学木工太累，学泥匠太脏，学做棺材太不雅……觉得学漆匠不错，一把刷子走遍天下。

我十一岁时，我二哥结婚打家具，我用心观察了漆家具的全过程。漆匠师傅姓刘，是个拐子，邻村人。我几乎把漆一套家具的程序，记得一清二楚。

漆好一套家具，大致有几道工序：刮灰、打底漆、上色、绘画、抛光，先后还要用砂纸打磨若干遍。

刘师傅一上门，说好漆哪种颜色，就开始工作了。

打砂纸。用粗砂纸，在家具上反复摩擦，把不平处磨平，也让光滑处起细纹，这样能让油漆更光洁，或更有黏性。

刮灰。用牛皮熬出的膏，调熟石膏粉，也可用桐油拌石膏粉，用刮刀将缝隙及凹处刮平。等泥灰干燥，再用细砂纸反复磨打，做到浑然一体。

熬膏要用小火，慢慢熬。平常说偷奸躲懒的人，就说：你在这里熬膏啊！

底漆。一般用赭色，也叫猪肝色。刷完，看过去，木头纹理依稀可见。

上色。等干透后，根据颜色搭配，漆上各种颜色。运刷要均匀，浓淡相宜。梁床、坐橱、书案、低柜等，颜色各异。

绘画。多是画梅兰菊竹及戏文人物，还要用颜料写上双喜、龙凤呈祥、百年好合等字样。

抛光。用清漆，把家具漆上最后一遍。这时，满室流光溢彩，光亮可鉴。

我读初中时，家里打了一把小方桌，自告奋勇，给它上漆。刮了灰，就用墨汁涂桌面，上面盖上两遍桐油，居然也光亮照人。其他部位，则用黄栀子放在桐油里染色。后来，家里在堂前打了一顶神橱，我不但给它上漆，还画上了两只花瓶，插着鲜艳的花朵。

时至今日，在这样的大工业时代，百姓人家再没有人打家具，漆匠这个行当也就消失了。

# 钉　秤

秤，衡器也，家家有之。或放在门角头，或挂在墙壁上。

童年猜谜语："门角头一根棍，拿出来花进进。"还有："满身花纹影如蛇，空闲日子墙上爬，千斤万斤肩上过，一五一十不虚夸。"

那时，老盼望钉秤匠的到来，因砍柴的时候，经常会砍到一些笔直的麻栎棍子，放在家里晾干，好卖给他们做秤杆。他们只要合用，可出两三角钱一根，童叟无欺。

那时候我酷爱图书，几乎一根麻栎棍，可顶得上一本很厚的图书。

钉秤匠来了，在屋场中间一块平坦的地方，卸下担子，吆喝几声，声音响亮，整个屋场都听见。接下来，就开始工作了。

我们把麻栎棍抱来，由他挑选。他走村串户，也正好在山里补充一些秤杆。麻栎木质坚硬，纹理细腻，不易发裂。

这麻栎棍到了他手里，很快变成秤杆坯子。用尺量过，裁好，反复刨制，不时用眼睛瞄一瞄。就是稍有点弯曲，用火炙一下，一扳就直了。

不过多久，就有人来钉秤。说好斤两，讲好价钱，选好一根秤坯，刨得一头大，一头小，用砂纸反复打磨，涂上桐油，头尾套铜套，测准定盘星，划好刻度，就钉秤花。

定盘星，要确保无误，毫厘不爽。

朱熹《水调歌头·雪月雨相映》写道："记取渊冰语，莫错定盘星。"

光是钉秤花星，就够烦琐了。用绣花针大小的钻头，在秤杆上钻洞眼，均匀细密，把铜丝插入秤星孔，用刀将铜丝割断，将木锤子敲打两下。一杆大点的秤，要钉上四五百个星。

安上两根提绳，配上秤砣，装上秤钩，就算完工了。

中国自古有半斤八两之说。

释惟白《建中靖国续灯录》曰："踏着秤锤硬似铁，八两原来是半斤。"

钉秤匠的祖师爷，也是鲁班。据说，他根据天上的北斗七星，南斗六星，再加上福、禄、寿三星，正好是十六星。于是就把十六两定为一斤。其寓意是：人在做，神在看，做买卖不可缺斤少两。

在早先，我乡有个姓赵的奸商，一生用空心秤，坑害顾客，过上了富足的生活。

赵老板六十大寿，喝得醉醺醺，对三个儿子说："我白手起家，好不容易挣下了这份家当。早年，凭一杆空心秤，里面灌了水银，先是害得一个卖棉花的客商跳水，后来又使得一个卖药材的商贩上吊。近年来呀，我老做噩梦，有厉鬼，向我讨命。从今以后，我要改恶行善，把这杆秤砸了，让良心安稳下来。"

三个儿子都惊得目瞪口呆。

从此，赵老板像换了一个人似的，一味地乐善好施。

可一年后，老赵三个儿子相继病亡。大儿媳、二儿媳改嫁了，还有三儿媳因有身孕在家。

一日，赵老板的三儿媳妇临盆难产，生死一线间，一个云游道人经过，用了一个药方，很快生下一个男孩。

赵老板感激不尽，设宴款待道人。

赵老板一杯接一杯地喝着酒，说："道长，我有一事不明，请指教。我早年贫贱，就凭一杆空心秤起家，日子过得风生水起。可近年来，把秤砸了，矢志行善，想不到丧事接二连三。我积德行善，反遭恶报，天理何在？"

道士说："自古道：恶有恶报，善有善报，不是不报，时候未到。你做了一辈子生意，难道就不晓得，这秤为什么十六两为一斤吗？你少给别人一两损福，少二两损禄，少三两损寿。你一杆空心秤，坑害了多少人，造了多少孽？说穿了，你三个崽，来到世间，就是向你讨债的——你若想善老善终，家运不衰，但行好事，莫问前程。"

赵老板听完了，惊出了一身冷汗，叹息一声说："早知今日，何必当初。受教了！"

《易经》有云："积善之家，必有余庆；积不善之家，必有余殃。"人们常用权衡得失、权衡利弊、权衡轻重，来告诫自己，凡事要三思而行。为人处世，心中始终要有一杆秤，切不可出卖自己的良心。

到了二十世纪五十年代，为了便于结算，才推广十进位制。

时至今日，手工秤多被台秤、托盘秤、电子秤替代，钉秤匠已多时不见了！

# 线 鸡

线鸡，也就是阉鸡。

线鸡这种说法，自古有之。宋戴复古《访许介之途中即景》诗："区别邻家鸭，群分各线鸡。"元汤式《庆东原·田家乐》曲之一："线鸡长膘，绵羊下羔，丝茧成缲。"

《康熙字典》引《正字通》："鐹音线。今俗雄鸡去势谓之'鐹'，与宦牛、阉猪、骟马义同。"

我乡民歌《十二讨》唱道：

> 十一月与姐雪花飞，我么与姐讨线鸡。
> 哥要线鸡我家有，乌骨白毛身子肥，
> 亲哥来了捉去归。

每年初夏，小公鸡毛还没有长全，就开始学打鸣了，声音生涩暗哑。当小公鸡正在提着脖颈，瞪着眼睛，滋生事端的时候，线鸡师傅如期而至。

线鸡师傅是我们村的姑丈，很多人见了他，都亲切地叫声："姑爷来了！"

他身材瘦长，皮肤黝黑，背着一个黄色的挎包，一手挂着一杆竹烟筒，一手摇着一串铃铛。边走边喊："线鸡，线鸡喽！"

嗨，小公鸡的厄运到了！

这个时候，母亲抓了一把谷，抛在堂前，便"咕——"呼了一声，鸡连跑带飞赶来。我把门一关，把几只小公鸡逮住——通常要留一只做种、打啼。

呼鸡古为：喌。万光明先生《豫章方言溯源》记载：

《说文》卷二《叩部》"喌，呼鸡重言之，读若祝。"又《齐民要术》卷六引《风俗通义》："呼鸡曰朱朱。俗说鸡本朱氏翁化而为之，今呼鸡皆朱朱也。"

线鸡师傅坐在竹交椅上，系着一个长围裙，直通膝盖。把一块垫子铺在脚下，将包里的小刀、小钳、小剪、镊子等工具摆放好。另放着一碗清水。

他接过小公鸡，把脚绑上，放在膝盖上。在鸡肋上拔掉一撮毛，用小刀划开一道半寸长的口子。拿一个弓子，两端的金属钩，将刀口张开，分明看见鸡肚内脏在搏动。用一个小勺子，在里面寻找鸡卵子，用一根线，先后把两个鸡卵子套上，牵扯出来，用刀割下，放在碗里。再揪点绒毛，粘在创口上。只往地上一放，它一拐一瘸地跑了。

我们笑着对它唱道："官帽小了，声音哑了，两个儿子跑了，咽一辈子完了。"

小鸡如是听得懂，应该是愿死不愿活。

据说呀，每次动刀之前，线鸡师傅要默默念几句咒语，鸡便微微闭上眼睛，任人摆布。

阉,《说文解字》说:"竖也。宫中奄阍闭门者。从门奄声。"

鸡被阉,则与世无争,鸡冠不长了,毛色平淡了,性情温和了,再也不惹是生非赶骚,还一个劲长肉,且肉质格外鲜美细嫩。

人被阉,则阴阳怪气,三分像人,七分像鬼,病态的身躯,多半会酝酿病态的人格,一有机会,便会祸乱天下,纵观历代很多阉党、阉官,或指鹿为马,或狼狈为奸,或狗尾续貂。

若人的思想被阉,则像行尸走肉,或人云亦云,或认贼作父,像走狗,像绵羊,沦为人类愚民团的正牌会员。

线鸡师傅手法娴熟,轻描淡写,就把活给做完了。稍有空闲,揩去手上的血迹,拿着一杆老长的竹烟筒,撮了一点黄烟,按在烟斗上,用一根香点着,吧嗒吧嗒,志得意满地抽起来。

据说,线鸡的、结猪的、阉牛的,都有一杆这样的烟筒,如有人冒犯自己的地盘,就用竹烟筒说话。这是江湖规矩。

鸡卵子,小的如豆角籽,大的有一只蝉蛹那么大。

我们拿回家,撒点盐,用菜叶包上,放在灶里煨上片刻。取出来食之,香糯可口。

# 阉　牛

阉牛，我乡也叫打牛蛋。

说到阉牛，真有些惊心动魄。每次要叫上八个壮劳力，先用麻绳把牛前脚套上，溜上几圈，猛然拉紧麻绳，牛跌倒在地，大家一涌而上，再用麻绳，绑住前、后脚腕，将一根竹杠从胯下穿过，牢牢按住。这时，阉牛佬撸起袖子，左手将牛卵子捏紧，右手握刀，分别在牛卵袋下面开两刀，老半天，才挤出两个血淋淋的卵子来。如果出血过多，还要用棉线将血管扎住，敷上自制的止血消炎药。这时，牛痛得浑身颤抖，拼命挣扎，哀鸣不已。

——在二十世纪八十年代，我家畜了一头水牯，高大健壮，毛色发亮，耕起田来，有排山倒海之势。可它有个毛病，遇见水牯，就与之挑衅，相反，看见年轻的母牛，便柔情似水，眼睛放光。

初夏的一天，我牵着水牯在港边吃草，看着一本《唐诗一百首》，不时吟诵几句。

在港对岸，邻村有一个男孩，也牵着一头半大的母牛，在埋头吃草。水牯呆呆地看了许久，等我一不注意，溜过港去，要和母牛亲热。男孩子骂了一声："流氓！"就跨上牛背，吹着横笛走了。水牯跟了几脚，好像是嗅到了母牛的尿味，咧着嘴，仰望苍天，如痴如醉。此后，水牯耕起田来，总是离"犁"万里，等一不注意，就去邻村寻找"梦中情人"了。

父亲骂它："该死咯瘟牛，不阉掉你，就不会老实。"

有一天，终于等来了阉牛佬。父亲把水牯牵到村前一块场地上，叫了七八个人，准备了竹杠、绳索，正要动手。这时一个长髯飘飘的云游道人，身背布包，挂着一根竹杖走来，说："你们真是杀鸡用牛刀！阉一头牛，一个人就可以摆平。"

阉牛佬年近六十，黄瘦面皮，坐在一块平整的石头上，耷拉着眼皮，正吧嗒吧嗒地抽着一杆竹烟筒，似在养精蓄锐。他瞟了道人一眼，冷冷地说了一声："这是阉牛，不是吹牛。"

道人哈哈大笑，对阉牛佬说："你能让我试一试吗？"

阉牛佬说："反正吹牛不犯法。——我倒是很想见识一下，你有多大本领。"

道人要了一碗水，在牛的腰部喷了一口，牛打了一个激灵。

道人口里衔了那把月字形的刀，用左手顺着牛毛，轻轻地抚摸，慢慢地，摸到牛屁股眼下面，牛舒服得扬起了尾巴，脚也慢慢张开，等摸到牛卵袋，稍一用力，牛痛得往前跑。这时，道人右手用刀子，重重地在牛卵袋上划了一下，只见得两个白里透红的牛卵子，稳稳地落在手里。

在场的人无不为之喝彩称奇。

道人虽年过七十，依然身材伟岸，恍若神人。说是从五台山来，一路步行，去西山万寿宫朝拜许真君。

道人很谦和拱了拱手说："这是我年轻时，跟家父学咯手艺，已有五十年没有上过手。今日牛刀小试，并非炫耀，只是想不让这项绝活，在中华大地失传。见笑了！"说完，拄杖而去。

云游道人的阉牛技艺，堪与庖丁解牛媲美。

# 结　猪

在早先，不管是线鸡、阉牛、结猪的人，都有一杆四尺多长、油光滑亮的竹篾烟筒，两头都包了铜。虽说是烟筒，其实可做手杖，可挑东西，还用来自卫。

结猪佬长年走村串户，风餐露宿，都是一身黑粗布衣裳，黝黑的脸庞。只要走进屋场上，就摇响了那一串铃铛，边走边喊："结猪喽，结猪喽——"

干这一行，可有面子了，大明天子朱元璋还为当时南京一户结猪的人家，写了一副对子："双手劈开生死路，一刀割断是非根。"

民谚就有云：一结猪，二打铁，再不赚钱就打劫。据说这个行当，都是父传子，还有自己的地盘，如有人越界，就拿着烟筒，往他面前一站，按江湖规矩，先丢纲口：

> 朋友，你从水上来，还是从岸上来？
> 水上也来，岸上也走。
> 岸上经过几多湾，水上经过几多滩？
> 大雾茫茫不见湾，大浪滔滔不见滩。水漫金山！

说到这里，两杆烟筒，早噼噼啪啪打到一起。如招架不住，丢下家伙，拱手求饶，要不然，不是打断胳膊，就打折腿。

抢人家的地盘，要有一身武艺。做活的时候，要背靠墙根，眼观六路，耳听八方，怕人偷袭。

说到结猪，要从我家养猪婆说起。

二十世纪七十年代初，我家非常穷。母亲日思夜想，在桃花庄姑姑家做客，赊来一头小母猪，说是畜来做猪婆。

常言道：六月里给猪婆打扇——看钱的分。每天，家里用饮汤煮的锅巴粥，几乎都归它吃。我隔三岔五要去田畈讨猪草，都是为了它。

小母猪品质优良，修长的身子，尖长的嘴巴，两耳高高竖起。讨潲的时候，母亲只要呼一声"啰啰"——它就飞奔而来。

半年后，一个春光荡漾的日子，小母猪一反常态，潲也不吃了，哼哼地叫着，到处乱跑，这叫"起走"（发情）。再过一个月，出现了类似的情况，等它成熟一些，才可让它配种。

一天，猪牯（种猪）牵来了。它高大健壮，鬃毛根根竖起，长着两根四寸多长的獠牙，屁股下面两个大卵子，走起路来，还一晃一晃，十分夸张。

这样的时候，母亲总把我支开。

听过这样一个故事。两个淫棍，经常在一起吃喝嫖赌，一同被雷公打死，后来又一同投胎。一个呢，一淫到底，成了猪牯；一个呢，关进寺庙，成为打啼的公鸡——一辈子都见不到母鸡。一天猪牯从寺庙门口过，公鸡看见猪牯，很是羡慕，高声说："你倒是好——哦！"猪牯刚爬过一座高山，累得嘴角流涎，有气无力，只哼了两声。

屋场上有一头猪婆"起走"，主人没有理睬，竟然蹿到山上去了。几个月后，下出一番黄褐色的花猪仔来，有十六只，一下地，毛才干，就满地乱跑，看见人，乜斜着眼睛，十分警醒。这分明是野猪崽！几天工夫，全跑到山上，无踪无影。

母猪每年下两番崽。受孕后四个月，只要看见它衔窝——衔一些茅草到猪槽来。这个时候，父亲就准备好手电，坐在猪槽外守候。

第一次母猪产下十一二只猪崽。我数了一下奶头，正好。它们落地就会走路，开口就会吃奶，各占据一只奶头，拼命吮着，很是可爱。

猪崽养到个把月，有六七斤，结猪佬来了。

结猪佬坐下，抽着烟。母亲用一盆香喷喷的潲水，把猪婆引出猪槽。

结猪佬收起了烟筒，用铁勺在灶里锅底刮了一些锅烟子，走进猪槽，随手抓住一头小母猪，左脚踩住它的两只后腿，右脚踩住它的头部，在它的胯下，上对八字骨，下对二乳缝中，用一根扁针，一针刺下去，挤出一些鱼籽似的东西。撮了一点锅烟子，按在伤口上。锅烟子叫百草霜，可止血消炎。阉割的母猪，叫草猪。

　　阉小公猪，需要一个人捉住它的后脚，割一刀，挤出两个卵子来，一样涂点锅烟子。

　　猪牯、猪婆在生育能力下降的时候，也要阉割。这个时候，需要五六个人才捉得住。阉割了，养一段时间，再杀来吃。猪牯肉颇为粗糙，很腥，但带凉。猪婆肉，有点酸，还带发，有暗疾的人，千万不要吃。它们的价格，比一般猪肉要便宜一半。

　　可在当下，结猪这一行，已被一种叫安宫黄体酮的避孕药所替代。据说一针下去，公猪的睾丸、母猪的子宫都会萎缩。这样好像一劳永逸，可对"肉食者"的生育，是否存在危害？我说不清。而且，百姓人家也不养猪了。

# 弹棉絮

　　当当——嗵，当当——嗵。我很喜欢听弹棉絮的声音。

　　在我的记忆深处，有一对棉花匠父子，似乎一样的身高，一样的大眼睛，一样的佝偻身材。不过父亲头发，像棉花一样雪白。

　　他们的行头有一张弹弓、一个磨盘、一只筛子、一柄弹花槌等。身上或多或少，总挂着一些棉花。

　　他们只要一走到村口，就用沙哑的嗓子，吆喝起来："弹棉絮啰——！"

　　他们姓李，我们习惯称之为"老棉花""小棉花"。我觉得他们的身段，真的像一张弹弓，好像是专门为做这一行量身定做的。

　　谁家要弹棉絮，卸几块门板，架在凳上，把六到十斤不等的棉花，铺上。父子两人，各站一边，都戴着帽子、口罩，腰间扎一根带子，后插一木棍，顶端用绳子系着弹弓，左手握弓，右手拿弹花槌，不停地敲打，忽左忽右，忽高忽低，把棉花弹得飞舞起来。弓弦是牛筋做的，敲打起来，时而低沉，时而高亢，声调原始而质朴，宛如上古之音，听得人陶醉。

　　弹棉絮，不可"乱弹琴"，如果弹得不均匀，棉絮容易结块或断层。

　　棉花父子，兢兢业业，待他们眉毛雪白，一床棉絮也就弹得差不多了。

　　再根据棉絮的尺寸，用一只竹蔑制的筛子，轻轻磨碾，整出四边，中间略厚，边上稍薄。

　　还要根据主人的用处，用红绿棉线，设置各种图案、文字。如结婚用，一定要绣上"双喜"，或写"百年好合"。阿婆送外孙的满月被，写"平安快乐"。女儿送父母"压精神"的寿被，写"鹤鹿同春"等。一般还要写上年月日。

　　地球有经纬，棉絮亦如是。怪不得梦里别有乾坤。棉絮两面，先经后纬，纵横交错，要布下上千根纱。牵纱线时，父子各站一边。父亲左手持棉纱锭子，右手拿竹竿,往来如梭,将纱线传递给儿子。在儿子接线的同时,在棉絮上定位。

最后一道工序,是用磨盘把棉絮的两面压均匀。

我乡棉花匠,都选老乌桕树,用来制作压棉花的磨盘。锯下一截,埋在淤泥里发酵数月,取出来打磨,看似光洁发亮,实际上凸凹不平。压棉花时,先压边角,再压中间。有时,双脚踏上磨盘,手之舞之,足之蹈之。这样可把拉好的纱粘牢。

我国最早对弹棉絮的记载,好像是元代王祯在《农书·农器·纩絮门》中提到:"当时弹棉用木棉弹弓,用竹制成,四尺左右长;两头拿绳弦绷紧,用悬弓来弹皮棉。"

棉花的原产地在印度和阿拉伯等国家,到宋代才传入我国。

那我们的先人以前床上盖什么呢?

《诗经·召南·小星》曰:"肃肃宵征,抱衾与裯。"

唐岑参《白雪歌送武判官归京》诗云:"散入珠帘湿罗幕,狐裘不暖锦衾薄。"

唐后主李煜《浪淘沙·帘外雨潺潺》词云:"罗衾不耐五更寒。"

——那是去年初夏的一个傍晚,我独自一个人在城中村散步听见弹棉絮的

声音，很是亲切，走进去一看，棉花匠竟然是我记忆中的"小棉花"。可他头发花白，也成"老棉花"了。他说，他父亲过世后，独自一个人，在此开棉絮店，已经十八年了。

我说："你家传的手艺，怎么就没有传给儿子？"

他说："他嫌这个活又脏又累，钱又赚得少，一直在外打工。且说，弹棉絮也在逐步实行机械化。我想，天底下再不会有年轻人，学这门手艺啦。我也六十好几，做一年是一年！"

说完，轻轻地弹了一下手里的弹弓，似一声叹息。

# 手工米粉

我乡饮食，似乎对米粉情有独钟。

过年过节、婚丧嫁娶、人来客往、祭祖敬神，凡有宴席，必炒一盘米粉。就是清早的早餐店、夜里的夜宵摊，哪样离得了米粉？很多人得了风寒感冒，也是用米粉煮一碗辣椒汤，加上一些大蒜、生姜、大葱，趁热喝下，蒙上被子，出一身汗，打几个喷嚏，便浑身舒坦。

在早先，只要有屋场，就有人做米粉。有的屋场，竟以此为产业，日夜磨声隆隆，屋前屋后，都晒满了米粉。这是我乡一大景观。

我乡气候温和，雨量充沛，米粒坚实丰满，白润如玉。只有好米，才可做成好米粉。

做米粉用的是粳米。如是天气好，按照一家人的工作量，一天可做两百斤米。把米量好，浸一夜，来到溪中淘洗。以前都是牛拉石碾脱粒，禾场都是泥巴地，难免米里有沙子。如不淘干净，米粉里夹杂沙子，败坏自己的名誉，砸了自己的招牌。

我村是吴源港的发源地，水质清冽。淘米时，有糠麸浮出，仔细一看，有许多浅水石斑鱼在抢着吃。

米淘洗好，用大约二十摄氏度的水浸，天气冷，或晒点日头，两三天后，米发酵了，不住地冒出泡泡。等水面浑浊如浉，拿起一粒米，在手指上用力一捏，便粉碎。把米舀到谷箩，又到港里清洗，再晾干。

磨浆须两人进行。一人左手转动石磨驱动柄，右手拿着勺子，不住地加米。另外一人，两只手推动一支长可三四尺的奢臂。随着石磨那浑厚的隆隆声，白色的米浆，源源不断，流进浆桶里。

"石头层层不见山，大路条条不见湾。雷声隆隆不下雨，雪花飘飘不觉寒"。

说的就是磨米浆。

两百斤米要磨七八个小时。推磨看似有趣，其实枯燥乏味，推着推着，就大汗淋漓，中途要换人。

磨完，把米浆倒进布袋里，滤去水分。可用石头压在上面，会干得更快一些。要过四五个小时，才可以滤干。把米粉做成柚子大一团，放在锅里煮，待七分熟，三分生，捞起来。切开冷却，放在碓臼里春。因黏性大，要两人踩碓，一人在碓臼里拨动。待其柔韧有弹性，取出，放在案板上，揉搓成一团团。

米粉机，其实就是一条宽大的板凳，蛮横地架在灶上。灶里烧着火，一口斗大的锅，蒸腾着热气。榨筒是一个铁做的容器，高五十公分，直径三十公分，固定在一个木架上，下面有许多均匀的细孔。把米粉团放在容器里，上面盖上木头盖子，采用杠杆原理，进行挤压。米粉源源不断落到锅里，熟透，马上浮起。捞起来，装进木盆里，稍微冷却，用加长的筷子捞起，长一尺二寸，宽七寸一列，放在竹栅上晒。

竹栅一块块，斜着躺在一根竹竿上，把米粉一列列摆好。天气好，两三天就晒干了。

这种米粉四四方方，晶莹透亮，条索柔韧，可煮可炒。

我家隔壁就有做米粉的，每当他们家米粉榨下锅，我们就买一些回家，用麻油、酱油、生姜、蒜末、葱花等凉拌着吃，口感细腻，筋道滑爽，风味独特，百吃不厌。

米粉用来炒牛肉、猪肉、狗肉，味道最佳，也可用萝卜丝、瓠子丝、黄芽白、芹菜梗、豆芽等蔬菜炒着吃。

随着大工业时代来临，手工米粉便渐渐被机制米粉所替代。据说，就一个家庭式的作坊，机制米粉一天可做一千斤米，且轻松省力。

过去的手工米粉，吃起来更筋道，更有乡愁的滋味！

# 关公灯

上坂关公灯，其实是板凳龙的一种。

上坂曹家，乃曹操的后裔。因先祖在赤壁之战败走华容道，感谢关羽不杀之恩，曹氏家族，扎灯酬谢，故名为关公灯。此灯被列入第三批国家级非物质文化遗产名录。

上坂曹家，面对西山大岭。周边丘陵起伏，村口有一座古牌坊，上书有：西山萃秀。笔力俊秀，格调高古。由曹氏宗亲，著名的文学家、书法家，乾隆年间光禄大夫、礼部尚书、《四库全书》馆总裁曹秀先手书。

村盘东面，有一座石板古桥，长有十三米，宽只有四尺余，横跨溪上，有四个船型石墩支撑。桥两侧，各有一株古樟树，掩映其上。桥，叫柘流石桥，始建于宋代。上书有：大明天启甲子（1624）重修。溪，叫环溪，源自安曹水库。

祠堂前，有一个古老的八字门头。联曰：上坂逢春早，环溪岁月长。大门口有一鉴池塘，徘徊着天光云影、日月星辰。

沿一条笔直的石板路，行几十米，便是曹家祠堂，供有曹家列祖列宗牌位。

祠堂左侧有祠，上书有：退密轩。对联云：读世间经史子集著文章，立千古风霜雨雪谱春秋。供奉的正是武圣关羽。

也有的村民说，在早先，一年大旱，禾田干得发裂，族人在此求雨，天降甘霖，五谷丰登。元宵节便扎灯还愿，故名关公灯。

每年正月初七，村中能工巧匠集在一起，破竹制作灯头、灯尾。主要有扎、糊、刻、绘等工序。

灯身，则由各家自行完成。约定俗成，只要是分灶吃饭的人家，便要出一节灯。灯，谐音丁。玩灯，本有人丁兴旺之意。

灯头用一根五米长毛竹为主心骨，在二至三米处，做一个鱼肚状的空腹，可点蜡烛。至三至四米处，相隔十五公分，横着绑着毛竹片十余根，上挂四十八盏梭形纸灯。梭形纸灯用细软的小竹片扎成，用红、绿、白三种颜色的纸糊裱，上面贴有用金箔纸剪的"办"形图案，还有吉祥词语，灯底吊有状如偃月刀形彩带。竹竿顶部，吊挂着一盏圆筒形大灯，直径五十公分，高六十公分，外面颜色红、绿相间。四周也悬挂着梭形纸灯，分别为红、黄、蓝、绿、紫几种颜色，名曰五子登科灯。圆灯底部吊一个牌楼，牌楼上的对联，上联：月朗；下联：星明；横批：万象更新。灯头远远看去，像个"丰"字。

灯身大约由一百五十条板凳灯组成。每条板凳灯长四尺有五，宽四寸半，上插三盏圆筒形或梭形纸灯，圆筒形纸灯高尺许，用细软竹篾扎成，灯架内有二根对称细小竹棍，用于插入板凳中，外用彩纸糊裱，书有：五谷丰登、六畜兴旺。每条板凳两头处，有一个四公分直径的洞眼，连接时洞眼上下对齐，用一根一米左右的木棍插入洞内，再用木栓系住。

灯尾高三米五左右，大致如灯头，从二至三米五处之间绑七至九根竹片，上挂二十四盏梭形纸灯。

正月十五起灯。

是日，曹氏祖堂大门，大红灯笼高高挂。祖堂正中设有香案，香案两侧点燃两支大红烛。边上还插若干支小蜡烛，如林如戟。头灯、尾灯扎好，都放在祖堂。

撑灯的人，在当天要沐浴、斋戒，一律扎红头巾，穿上绣有龙的大红对襟短袍，下穿绿布裤子，脚着麻布鞋。

向晚时分，族长面向村神二圣公、七圣宫，焚香祭拜，问答祈福。仪式毕，鼓乐齐鸣。

在祠堂前，各就各位，一字排开，连缀成一条流光溢彩、气势如虹的火龙。

紧接着，三声铳响。在爆竹声、锣鼓声、欢呼声中，起灯了。灯笼走前，上书"曹"字，或"谯国上坂"。《三国志》记载："太祖武皇帝，沛国谯人也，姓曹，讳操，字孟德，汉相国参之后。"

关公灯走中间。节数不限，长有二三百米。

灯头、灯尾，必须由长老或名望高的人撑。将竹竿插在一条板凳前半洞中，撑灯者将竹竿扛于肩上，板凳上绑有宽厚的布带，布带套搭在肩上，板凳平放在腰部，双手握住竹竿。须多人护灯。

　　中间撑灯者，右手在上，左手在下，握住插入板凳连接处的木棍，板凳扛于右肩。

　　锣鼓走最后。铛咯咯铛，哐咚咚哐，一嗒一咚，哐咚咚哐，哐哐咚哐咚咚哐——这里的花镲锣鼓远近闻名，竟然是市级非物质文化遗产。有鼓、板鼓、大锣、小锣、钹、梆子、夹板等，疏密有致，柔刚相济，此起彼伏，节奏欢快。该村的锣鼓每年去西山万寿宫赶庙会，别的锣鼓全会停下来，欢呼说"上坂的花镲锣鼓来了"！

　　关公灯先走在池塘边转两圈，光影倒映在水里，一分为二，天上人间。彩排毕，便大踏步，浩浩荡荡，去别的村盘拜年。

　　所到村盘，家家篝火，户户爆竹，烟花满天飞舞。观者，更是摩肩接踵，人山人海。

　　上坂关公灯，把欢乐、喜庆、吉祥，带给了千家万户。

# 水　碓

在我乡，水碓已是寥寥无几。

以前，随便走进哪个山的角落里，只要有流水潺湲，就有水碓的轰鸣声。

谁也说不清，方圆三百里的西山，以往有多少水碓。据铜源港水碓制作技艺、南昌市非物质文化遗产传承人胡进苟说，二十世纪九十年代，光是铜源港，就有水碓一百八十多轮，到本世纪初还有一百一十多轮。铜源港水碓之多，分布之密，在全国也是独一无二的。这倒成为梅岭旅游区一道独特的风景线，一幅浑然天成的风情画。

铜源港，两山对峙，高插云端。山崖陡峭，峥嵘而崔嵬。水流湍急，喷薄于丛石间，形成大小不一的瀑布链数十多处，时而，淙淙铮铮，如歌如诉；时而，金戈铁马，吼若雷鸣。

根据水势，村民在急水滩头垒石为堰，作水为圳，设有水碓。一律是泥石、土砖黏合成的土屋，茅草、树皮盖就的屋顶。水轮带动着碓杵，与石臼相撞击，不分日夜，不知疲倦，咿咿呀呀，轰轰隆隆，似闷雷，如战鼓，声声不息。飞溅的水沫与飞扬的尘埃相交融，烟气氤氲，如梦如幻。水碓错落有致，或孤零零一轮，或串联成一大片。置身其中，如入远古洪荒。

水碓，起初只是一种古老的舂米工具。熊荣《西山竹枝词》："山厨那得有青精，细剪新蔬瓦缶盛。更喜沿溪安水碓，无劳纤手捣香粳。"

有注脚云："山人缚茅屋溪傍，装碓其间，叠石作坝，堵水以舂，不假人力，昼夜旋转，以之熟米，精凿非常。"

旧志对水碓的构造曾有具体的介绍，说水碓有浇轮，有顺水轮，浇轮安轮于碓尾，顺水轮安轮于碓旁，皆相水势缓急高下之所宜。轮中间贯以长轴，轴上木齿参差，溪水激流，轮随水转，转则齿触碓尾而碓起，齿离碓尾而碓落，倏起倏落，总无停机。

徐世溥有诗云："曲曲悬流石作门，层层茅屋上如村。暗笼响雾锁香骨，误拟飞冰踏米痕。"

当地村民用木屑、竹片放在石臼中，舂成细嫩的杂木粉，可用来做上等的蚊香、檀香及胶木制品。他们每天早上挑一担料，倒在石臼里，傍晚时分，便来收获木粉。这种木粉，比我们常见的面粉、米粉还要细腻得多，几乎都是从石臼里扬起的飘尘，落到地上。所以，碓房必须密封。取木粉时，要从地上把粉末扫起，还要筛上一遍。

二十世纪九十年代初，时任湾里区副区长的龚晓新，在深秋的一天，同中央电视台陈铎等人，还有两个英国女记者，来这里采风。在一间泥屋前，听见里面有人在劳作，敲了一通门，走出一个赤身裸体、浑身雪白的人来，只看见两只黑洞一样的眼睛，在一眨一眨。大家被眼前的景象惊呆了。英国女记者端起摄像机正要拍，那个人哧溜一声，钻进水碓旁的深潭里去了。

那时一轮水碓一天能舂出上百斤木粉。一年下来，可赚两万余元，收入尚可。水碓充满了原始动力，无休无止地运转，亘古的劳作，一直是附近的村民维持生计的重要手段，人们幽默地戏称它为"哑巴崽"。

水碓在我国有一千七百多年的历史。明徐光启《农政全书》说："杜预作连机碓。"

杜预是西晋大将军，又是大学者。所谓的连机碓，就是以水为动力的水碓，用来给谷物脱壳。

王隐《晋书》记载："今人造作水轮，轮轴长可数尺，列贯横木，相交如滚抢之制。水激轮转，则轴间横木，间打所排碓梢。一起一落，舂之，即连机碓也。"

宋应星《天工开物·粹精》记载："凡水碓，山国之人居河滨者之所为也。攻稻之法省人力十倍，人乐为之。引水成功，即筒车灌田同一制度也。设臼多寡不一。值流水少而地窄者，或两三臼。流水洪而地室宽者，即并列十臼无忧也。"

可近年来，水碓渐渐停息，水碓房也在坍塌。为此，我来到洗药湖脚下的田尾村，采访了胡进苟。

胡进苟说，他的先祖，明末为躲避战乱，迁居于此，看中了香城寺的香火，就斫茅栗柴，舂成粉末，做成香，靠此营生，已是第八代。

胡进苟六十三岁，可是远近闻名的水碓工匠，足迹踏遍了西山大岭的每条港。

做水碓，要选通身无疤痕的黄心樟木、含油量高的松木，以及红心杉木，确保木质密度高，有韧性。把裁好的木料，放到用砖砌好的干燥柜上，用秕谷或锯末，做燃料，暗火烘烤，直到木材色面发黄为止。这样可保木料永远不会裂缝。为防蛀虫，又把木材放到石灰水中浸泡一天。水轮车部件做好，用石膏粉、桐油及矿石中提取的朱漆，反复刷漆，形成保护层，达到防腐的目的。

碓房用乱石、黄泥砌成，须密不透风，上面盖茅草。

胡进苟还长年经营两轮水碓。

胡进苟说，在旁观者人来看，守候水碓是件很有诗意的事，其实是苦不堪言。早上一担木屑去，晚上一担木粉归。每次要爬山越涧，累得气喘吁吁，汗流浃背。劳作完毕，总是灰头土脸。天热还好办，钻进溪水中，抹几把就干净了。起风落雪的日子，也得天天洗澡。且说，当地封山育林，木屑也得从外地运来。一天的收入，还是和三十年前一个样，只合五六十元，也就有钱人一包烟钱。年

轻人哪里吃得了这个苦，都外出打工去了。随着年长一辈的人渐渐老去，水碓自然没有人管了。

是哦，人家经营水碓，其目的也就是养家糊口。如果没有了经济效益，谁还会傻乎乎地坚守？

"虚窗熟睡谁惊觉，野碓无人夜自舂"，这是陆游写水碓的诗。在我小时候，午夜醒来，夜深人静，这种轰隆轰隆的水碓声，不绝于耳。这声音，像母亲捣衣声一样，沉稳温馨。这是一种抹不去的童年记忆，这是一种不可泯灭的乡土情结。

水碓，只能在人们记忆深处回响！

# 微　雕

　　王士成先生的湾里微雕艺术，是南昌非物质遗产中的一朵奇葩。他能在一根头发丝上刻字，在一粒米上雕大象，在一根象牙毛笔上镌下整部《唐诗三百首》。

　　我与王士成先生同居湾里一隅，有过一些交往。他七十有余，至情至性，儒雅中透着一股豪气。

　　王士成祖籍丰城。其地尚武，还盛产雕匠。他便出生在一个雕刻世家。

　　从王士成记事起，就见祖父、父亲在院子里，挥斧运凿，锯之刨之，雕之镂之，几天时间，就把一堆树根雕刻成醉酒的李白，独钓寒江的柳宗元，奔腾的野马，展翅的雄鹰。

　　在王士成眼里，父亲的作品是活的：观音会拈花微笑，关公会耍大刀。

　　王士成的父亲，开始只喜欢雕刻各类菩萨及福禄寿三星、花鸟虫鱼。后来年纪稍长，沉湎于看戏，就把戏文人物镌刻在窗棂梁柱、斗拱飞檐上，无不栩栩如生，出神入化。

　　王士成初中还没有毕业，一次对父亲说：“老爷子，我想跟你学雕刻。”

　　父亲哈哈大笑，说：“子承父业，天经地义。人生关键要找准自己的位子，什么虫蛀什么木，什么神仙归什么位。唐后主寄情诗词，弄得国破家亡；宋徽宗寄情书画，沦为阶下之囚。我看得出，你还真是做这事的料。可你现在手腕无力，还要等一些时日。但你要记住，书没有读好，哪怕你天分再高，只能停留在匠人层面，达不到艺术的境界。还有一点特别要提醒你，干我们这个行当，一定要练一手好字，否则就迈不开第一步。”

　　王士成经父亲这么一说，立竿见影，字写得工整起来。找出名家名帖，一有空闲，认真临摹。就是睡到床上，也要把学过的帖子，在脑子里过一遍，一只手还在空中画着。有时走火入魔，做梦都在写字，手舞足蹈，把被子踢得飞起来。母亲有个习惯，一上床就把他的双脚牢牢抱住。

他不但字好，画也画得好，学校的黑板报，都由他排版抄写。

到了十五六岁，便以刀代笔，开始学篆刻、微雕，就是在毛笔杆上刻《兰亭序》，起码刻了一千多支。

三十刚出头，在全国微雕界崭露头角，因而借调上海友谊商店，从事微雕艺术，得到过许多名师点拨。

王士成的书法，笔力雄健，大气磅礴，且刚柔相济。无论是拿起如椽大笔，还是蝇头小楷，都得心应手，独成一家。性嗜酒，狂饮后，字迹更是飘逸奔放。

精诚所至，金石为开。他常说，真正的艺术，就是道家所说的化境。能达到庄子所说的物我两忘，书写出来的作品，才会情真意切，看似天真稚拙，实际上趣味满纸。

有一次，我让他看一幅书法作品，他就能说出这个人的性别、年龄、学养，甚至人生经历，让我叹服。

他说："临摹书法，其实就是神交古人。当年孔夫子师从师襄子学琴，弹着弹着，不但知道曲子的思想境界，还能知道曲子的作者和曲名。"

板凳一坐十年冷。王士成的成名作是微雕《红楼梦》。

当年，曹雪芹创作《红楼梦》，在西山悼红轩中，批阅十载，删改五次。王士成雕刻《红楼梦》，足足花了五年半时间，把这一百二十回小说，一百多万字，刻在六十片火柴盒大小的象牙薄片上，让人叹为观止。

他能在两个指头长宽的牛角薄片上刻下十三篇、六千一百字的《孙子兵法》；在一把重八十一克的微型纯金扇上，刻下古诗一百八十二首、八千四百字。南昌绳金塔重建，他在纯金扇上雕刻的《南昌绳金塔重修记》，被收藏入地宫，作为历史的见证。1996 年 9 月，他被联合国教科文组织授予"民间工艺美术家"称号。

王士成的主要微雕技法，有圆雕、浮雕、镂空雕。

圆雕，就是按照圆柱大小，在显微镜下，选择相契合的图案，参照瓷雕技艺，以大见小，在方寸间刻出一方天地。浮雕，将所雕物象，浓缩在一个细小的平面上。阴阳结合，深浅相宜。这样雕出来的作品形神兼备，能给人一种文雅恬淡的印象。镂空雕的雕刻手法可使画面前后呼应，层次分明，错落有致，有立体感。从花鸟鱼虫，到云山雾海，从亭台楼阁，到英雄仕女，无不活灵活现。

王士成的雕微风格，刀法稳健，线条流畅，毫厘千钧，一气呵成。做到了书法和刀法完美统一。

王士成每有空闲，总要去西湖山水、苏州园林逗留一些时间，心想，能够诗意地活在这样的空间，才不愧于人生一世。于是，他有一个宏愿，打造一处属于自己的山水园林。

二十世纪末，王士成在湾里洪崖丹井侧边，看中一块荒地，仿滕王阁飞阁流丹、雕梁画栋的建筑风格，结合自己兴趣爱好，融诗画、书法、雕刻于一体，做到山水相依，天人合一，打造出一处王士成精微艺术馆。

王士成精微艺术馆，是他的微雕创作基地，更是一件镶嵌在梅岭山间的微雕作品。

# 剪 纸

在最近这段时间，我采写了一些乡间传统手艺人。这，犹如面对落日黄昏的景象，不由得让我一声叹息。然而，我在太平镇心街，遇见豫章剪纸——南昌市非物质文化遗产传承人沈哲，眼睛为之一亮。他年纪不到三十岁，却能艺术性地、创造性地将传统工艺发扬光大。

说到剪纸，很多人都会剪喜字。把红纸折叠好，按照一个模板，拿起剪刀就会。嫁女剪单喜，娶亲剪双喜。当然，也有心灵手巧的人，在过年的时候，会剪龙凤呈祥、百鸟朝凤、五福临门、喜上梅梢等窗花，贴在窗户上，用来迎春接福，衬托节日气氛。

时间再往前推，我母亲那一辈的人，剪纸内容丰富多了，剪出各种花草，贴在鞋面、枕头、床单上，再把它绣出来。

说到剪纸，在二十世纪八十年代，湾里区文化馆馆长钟丰彩先生，采写了一篇《鄢挨世剪纸》，故事情节堪与《神笔马良》媲美。

西山南麓的皇园村，有个叫鄢挨世的秀才，无意功名，热心剪纸，把方圆三百里西山的山水田园、花鸟虫鱼，剪了一个遍。一天，他在天宝洞口，看见一棵老枝虬然的枸杞，结满了红如樱桃、艳如玛瑙的果实。鄢挨世从清早剪到黄昏，不顾蚊虫的叮咬，也忘记了饥饿。

这时，洞中走出一个神态飘逸的老人来，对他说："后生家，情之所钟，感天动地。我送你一把剪刀。但只可剪太平年景，不可剪水火刀兵，否则，你会化成岩石。好自为之，切记，切记！"说完飘然而去。

鄢挨世接过剪刀，剪了一只画眉，才剪完眼睛，竟然飞到树上，歌喉婉转。他有点孤独，想起了家里的大花狗，照样剪了一只，还会向他摇尾巴。他有点饿，剪了一壶酒，三碟小菜，吃得醉醺醺，才下山。

他到了家，以为自己做了一个梦，可神剪分明在手，试着又剪了一只公鸡，竟然会咯咯地叫，满地乱跑。

皇园村的人本是为城里的大财主看守祖坟，住在山的角落，水的源头。种树没有好土，栽禾没有好田。住的房屋壁头透缝，人更是一个个饿得皮打折。

鄢挨世根据每家的愿望，剪了一栋房子。村盘四周，清溪环绕，荷叶田田，点缀了亭台楼榭，供村人燕游。田野里，稻谷金黄，瓜果飘香。

城里的王爷晓得这件事，骑马赶来一看，对村里人说："谷子尖尖，马蹄圆圆。马蹄所到，尽是皇家田园。"

王爷把此处房屋田产都霸占了，另外划了一处鸟不拉屎的荒山，给他们安身。

鄢挨世很生气，更是把此处剪成一处山石荦确，流水潺湲，佳木葱茏，飞阁流丹的人间仙境。

王爷听说，坐着八人大轿，带着老鹰而来。王爷说："土丘圆圆，鹰翅尖尖，鹰翅所到，尽是皇家庄园。"

此处又被霸占了。村里人很是生气，就对鄢挨世说："鄢秀才，我们以后就住茅棚，吃树皮草根好了。你就画十万天兵天将，我们也跟着造反，杀了这个丧尽天良的王爷。"

鄢挨世怒不可遏，就关起门来，花了三年时间，剪了十万天兵天将，放在十个箱子里。

一天，鄢挨世进城买颜料去了，他十岁的妹子打开箱子，把十万天兵天将的眼睛剪上，一下子全活了。可惜没有剪耳朵，听不见使唤，跑得西山满岭都是。鄢挨世从城里回来，只见得乌云翻滚，杀声震天，慌了神，干脆剪了两团"怒火"，把王爷两处宅院烧了。又跑到西山之巅，把买来的颜料，往天兵天将泼去，化成了满山红杜鹃。鄢挨世浩叹一声，在西山罗汉岭化作了一块巨大的岩石。

江山代有人才出。

沈哲为豫章剪纸第六代传承人，自幼就跟父亲沈玉谋学剪纸。二十二岁时从云南大学艺术设计系毕业。他剪出来的作品，结合了素描、版画等手法，兼容了国画、油画等诸多元素，这样，立体感突出，更具有视觉冲击力。

沈哲创作时，先将一张上好的照片或图片作为参照，用一张大红纸为剪纸的原材料。在纸上，先用铅笔勾画出图案的基本轮廓，以剪为主，以刻为辅。

剪的手法有对折剪、抠挖剪、沿边剪等。再根据图案明暗、凹凸、远近，细致刻画，一丝不苟，毫发不爽，才能与原图保持一致。剪好后，平铺在一张底纸上，用玻璃压一压，让其平整一些，待表面平整后，再进行装裱。

沈哲贴近生活，经常走村串户。他剪了一组《太平镇百岁老人系列》，人物生动传神，惟肖惟妙。那一张张沟壑纵横的脸，蕴含了人生的苍凉，岁月的无情。《猛虎》表现的是百兽之王，发威时的表情，怒目圆睁，龇牙咧嘴，给人一种强烈的视觉震撼。《忧郁的狮子》，狮子表情忧郁，目光迷离，仰望着浩瀚的星空，似乎表露着一种不可言说的郁闷。这些作品，线条清晰，构图精巧，朴实厚重，主题突出。

说到当下的传统手工业者，文化水平普遍偏低，年龄偏大。他们所为，都是简单的复制，只是日久见功夫而已。当然，一个国家和民族，很需要沉稳执着的工匠精神。而豫章剪纸，不断求新求变，既有浓郁的地域特色，又洋溢着现代气息，还蕴含着《鄢挨世剪纸》一样的古典浪漫色彩，是当地一张亮丽的文化名片。

# 剃头佬

在故乡的岁月，只要过上个把子月，剃头佬会踏准时间，上门为你服务。一般都选在起风落雨的日子，算定了你在屋里。

剃头佬姓周，邻村人，五十出头，黑瘦身材，长脸，慈眉善目，喜欢穿一袭长衫。他的行头只有一只小木头箱子，工具就几样：剪子、刀子、梳子、篦子、手巾、扑粉、围裙等。他打开箱子，把一块长条形的鐾刀布挂在屋树上，马上拿出一块乌漆麻黑的围裙来，抖了抖，就围在你的胸前。

先洗头。从灶下鼎罐舀来半盆热水，放在脸盆架上。原来的灶，两锅中间靠烟管都安了鼎罐，储存热水。

周师傅左手按着头，右手撩水，头发湿透了，开始剃头。先用推剪，咯吱咯吱地把头发剪短，再用梳子和剪刀，把头发剪平。

剃完头，再洗一下，就开始修脸。周师傅拿出剃刀，在鐾刀布上啪啪啪，鐾了几下，刮刀便呲呲呲地在额头、脸颊、鼻梁、耳廓、脖颈上，慢慢游走，不重不轻，不痛不痒。刮过后，用热手巾擦一遍。刮胡子，则先用热手巾敷上分把钟，再用一个圆刷子，涂上肥皂沫，又风卷残云地刮了起来。

周师傅喜欢说话，边剃头，边与人闲聊。

他读过四年私塾，家里穷，帮人家放了几年牛。到十六岁学手艺。拜师，第一要拜祖师爷吕洞宾，二要拜师父、师母。在师父家吃住，挑水砍柴，挑尿桶都在他身上。一年三节要送礼。称呼师父为老座。足足要学了三年，才能满师。那时剃头，挑着担子，有炉子、锅子、瓢子、镜子、杌子、脸盆架子等，走村串户，一路吆喝。师父很迷信，早上听见乌鸦叫或看见孕妇，都不出门。剃头都有自己的地盘，如有人跳过篱笆吃麦，先丢纲口，如一言不合，就大打出手。

他师父姓罗，是远近闻名的打师。他有一手绝活，剃头刀一出手，就能把空中飞舞的苍蝇劈成两半。有一个武林高手,不相信有这样神奇的事,就买了两斤猪肉,在日头下晒得臭烘烘,惹来了一大群绿头苍蝇,就用秆绳提着,来到罗师父家,说要剃头。武林高手把肉挂在门栓上,坐好,罗师父把围裙围上,正要洗头,嫌苍蝇太多,拿起剃头刀,嚓嚓嚓,一会儿砍了一地苍蝇。等洗完头,师父拿起推剪,发现来人的头发根根竖起,怎么也剪不动。师父晓得,来者不善,是找碴儿的,就与之理论。两人经过一番切磋,竟然成了好朋友。

以前剃头工序可多了,还要剪鼻毛、掏耳屎、按摩。按摩从眉心开始,接下来是太阳穴、双耳、百会穴、风池穴、脖颈,还要捶背,让人感到麻酥酥,浑身舒坦。

剃头有很多禁忌。正月不可以剃头,说是会死母舅。父母过世不可以剃头,因发须受之父母,以示孝敬之心,思念之情。剃头最好的日子,是二月初二龙抬头。人生第一次剃头,是做满月,毛伢子头皮嫩,要小心翼翼,不可剃破。头顶囟门上,要留一撮胎毛。不谈价钱,得一个红包,一块糕或两个红蛋。人生煞末一次剃头,就是入殓前,孝子贤孙要披麻戴孝,跪在跟前,直到剃完,才可以站起。

古代有一副对子这样写道:"做天下头等事业,用世间顶上功夫。"

现在剃头,干也剃,湿也剃,以前必须是湿剃。周师傅讲过一个"干剃头"的故事。

从前有个财主,生性刻薄,喜欢占人家的便宜。屋场上来了一个外乡剃头佬,手艺精湛。财主居心不良,想让他长期为自己一家人还有二十多个长工剃头,也成为长工。一天,财主请剃头佬剃头,说:"都说你手艺好,那你能干剃头吗?就是头发不打湿,还要让我觉得舒服。如能的话,我有重赏。"说完,去屋里端出一盒黄灿灿的金条来。接着又说:"有言在先,如果剃得我头皮痛,就罚你给我当一辈子长工,只管吃住,不付工钱。"剃头佬一听,晓得这个为富不仁的财主要算计自己。剃头佬可是个老江湖,心生一计,说:"此话当真?"财主说:"可写下凭证。"写完,剃头佬端起那盒金条就跑,财主起身紧追,从屋场上追到田畈,一会儿又跑回来了。正是三伏天,加上财主本来大腹便便,累得上气不接下气,浑身湿透。财主坐下,埋怨道:"哎呀,平白无故,你这是开什么玩笑嘛。"这时剃头佬给他围上了围裙,还没有等他汗干,三下两下就把头剃好了。剃头佬说:"舒服吗?"财主还在喘着粗气,说:"舒……舒服。蛮舒服!"剃头佬说:"那好,这盒金条就归我了。"说完就走。

周师傅还讲了一个"抚台丈人与剃头女婿"的故事。剃头佬不但娶到抚台千金，还挂了帅印。可见，每个行业，都为自己增添神秘色彩。嗨，就是强盗下了山，也会说自己光明伟大。

在中国古代，认为身体发肤，受之父母，不可损伤。男子在八岁之前，头发自然下垂，称为"垂髫"。陶渊明《桃花源记》就记有"黄发垂髫，并怡然自乐"。八岁了，到了上学的年纪，扎成一个结，称为"总角"。如曹雪芹《红楼梦》第三回写道："这院门上也有四五个才总角的小厮，都垂手侍立。"到了二十岁，挽发为髻，由父亲在宗庙里主持冠礼。要挑选吉日，还要祭告天地、祖先。《礼记·曲礼》载有："二十曰弱冠。"我国古代很讲究礼仪，凡事都有规矩，是为衣冠上国，礼仪之邦。

古代有种髡刑，就是剃光犯人的头发和胡须，作为人格的羞辱。

剃头这个词，到了清代才有。满人入主中原，下令男子一律剃头梳辫——留发不留头，留头不留发。朝廷竟然专门派人挑着一副剃头担子，挂着一把大刀，

如不剃头，就剁头。为此，剁了不少头。至今，乡下有的大人骂不听话的细伢子，还习惯说："你这个剁头鬼！"

民国初年，西风东渐，临时政府就明令剪辫，剃成短发或光头。

时至如今，剃头称作理发，虽很多传统技艺已经失传，可它还是一门不可或缺的生活艺术。

# 第四辑　衣食住行

# 做　屋

## 一

在我乡，作为一个男人，一生中必须做的两件大事是：娶一个老婆，做一栋房子。

一个人有了老婆，就有了儿孙。俗话说：树大分丫，崽大分家。没有房子怎么行？

房子是一个人一生财富的重要组成部分，也是一个人的脸面。它还能充分彰显主人的兴趣爱好和品位修行。中国古代的达官贵人、文人墨客、富商巨贾，经过一番打拼，不知要经历多少漫漫长夜，风霜雨雪，待到事业有成，风光正好之时，不知不觉，已是鬓已染霜，步入老境了。浮生若梦，为欢几何？便寻思着，打造一处温馨的庭院，来安顿自己疲惫的灵魂，来抚慰岁月留下的创伤。

《黄帝宅经》云：“人因宅而立，宅因人而存，人宅相通，感应天地。”

《阳宅十书·宅外形第一》记：“凡宅左有流水，谓之青龙；右有长道，谓之白虎；前有河池，谓之朱雀；后有丘陵，谓之玄武，为最贵地。”

德国哲学家海德格尔说：“人应该诗意地栖居。”

然而，对于一个升斗小民来说，要做到诗意地栖居在这个星球上，是多么艰难的一件事哦！

以往的小康标准是：头牛担种一百谷，坐北朝南一栋屋。

我乡房屋结构，一般为一栋三间为主，中间是堂屋，两边为厢房，后面有“拖步”。拖步是闲屋，一般用来做灶下、仓库或放杂物。

俗话说：吃饭量家当。做房子更是展示主人实力的事情。赤贫者，用土砖或干打垒筑墙，竹篱笆做壁，杉树皮或茅草盖顶。小康人家，做的是砖瓦楼房了。

但只有地主、乡绅之类的人物，才可以"封土屋"。

土屋，在我乡也叫土库。一律用斗砖，砌成封闭性庭院，墙中灌土，中置天井，黛瓦盖顶，左右两边，马头墙高耸，还有飞檐翘角。这种房子外看像个城堡，里面却别有洞天。安义罗田的一栋古屋，就占地四千多平方米，分三进，四堂，四十八天井。不仅如此，在梁枋、斗拱、门楣、窗棂上一律刻满了花鸟虫鱼、戏文人物。

民国《安义县志》记载："安邑高楼大厦，望之材木则大杉，墙垣则砖石。雕梁画栋者，乃乾嘉时之栋宇也。……近年虽间创西式楼房，然为数无几。"

俗话说：做屋造船，日夜不眠。我小时候，经历了与父兄做屋上梁的那一段艰苦却也温馨的岁月。

## 二

在新中国成立之初，父亲已从两家贫下中农手里，买得一栋土屋。在我还没有长大的时候，两个哥哥相继结婚了。我以后成家住哪里？这是父母亲不得不考虑的一件事。好在我比两个哥哥要小十六七岁。

我们家住这种有天井的老屋，有诸多好处，夏天可以在天井里纳凉，冬天可以在天井里晒日头。可到了寒冬腊月、凄风苦雨的日子，既不遮风，也不挡雨。特别是下雪天，雪花可以飘到饭桌上。每当这个时候，母亲总是喋喋不休地埋怨父亲，说："嫁给你，算是倒了一辈子霉，真是活受罪哦！"

俗话说：家无三年粮，莫跟屋商量。在我十五六岁时，我们家摆脱了"阶级成分"的干扰。经过一家人的艰苦努力，省吃俭用，家里慢慢有了一点积蓄。于是，父母便着手做屋了。

屋基地就选在我家菜园里。好在那时批屋基地不像现在一样难，父亲只散了几根"大前门"香烟，就搞定了。

其实在这之前，大哥已经单独盖了一栋房子。这次做房子，算是我同二哥的。

万丈高楼平地起。先请了四个福建石匠，在村前山脚下，打下墙脚的石头。随着叮叮当当声，十天半月，就劈下一大堆石头。采石场，距离我家屋基地有半里路，还有几处上下坡，好在修了机耕道。那时，还是改革开放前夕，全乡也请不到一辆汽车。其时，大家都很能吃苦，肩能挑，手能提，根本也没有请车的习惯。我们家便买来了一辆大板车拖石头。这与原来用肩膀抬，又是进一大步了。

父亲年届六十，经过了多年的劳动改造和批斗，背也驼了，步履也蹒跚了。人生易老，这是很无奈的事。自然规律谁也不可抗拒。父亲拖了几车石头，就累得上气不接下气。

人活着本来不容易，偏偏还有人要算计你，折磨你。

父亲生于1921年，读过师范，当过老师，做过民国乡政府的小吏。新中国成立后，由于成分不好，就只有种田。种田就种田吧，作田为大业！父亲总是这样说的。新中国成立初期，父亲连犁都不会扶，由于成分不好，同人家一样出勤，却硬要比人家少挣二分工。为养家糊口，揽下这桩人家不愿干的活，才扯平了工分。但村里人都叫他老先生。村里人娶亲时，便请他主持婚事、写对联。村里人闺女出阁，也要请他抱上轿，都说要沾他的福气，可见政治压迫不会摧垮一个人的人格魅力。

在这里顺便插一下，在我乡以前一个男人要达到三拜、三公，便是鸿天老人。拜堂、拜寿、拜梁，谓之三拜。公公、舅公、外公，谓之三公。

北周庾信《道士步虚词》之三："停鸾宴瑶水，归路上鸿天。"鸿天，有时借指仙界。

刚好那一年，当工人的二哥被停职一年。父亲说："这也好，争取这一年，把房子做起来吧。我老了，力不从心啊！"

二哥放下了车刀，捡起了篾刀。因二哥小时候学过篾匠。他每天除了做一些副业，补贴家用外，一有时间，就和我拖石头。二哥长得骨骼粗壮，把石头搬上车，将绳子扣在肩膀上，抓住板车的扶手，迈开大步就走。我只是在后面帮着推。

那段时间，正好我暑假在家。我记得，一有空闲就钻到幽深的树林里，抓知了给侄子、侄女玩。

做屋，没有木头不行。做屋树要木料，做墙壁要木料，做门窗要木料，做椽子要木料。可满山的森林，都是人民公社的。父亲多次去公社批木料，总是无功而返。

此后，我和哥哥便在晚上，去山上砍了两棵做屋树的杉树。这实在是不得已而为之。

三

一切筹备工作做好了，第一步便叫"起手"。在定好的吉时，拿猪头、鱼、饭，敬天地神灵，装香，点蜡烛，放爆竹，再请地仙用罗盘定方位。

房子最好是要坐北朝南，要通风向阳。山管人丁，水管财。山向不可太硬，也不可太软，更不可冲撞"太岁"。依照"左青龙，右白虎；前朱雀，后玄武。宁可青龙高万丈，不可白虎抬头望；宁可后高一丈，不可前高一寸"的古训。门口不可以对着人家的烟筒、墙角、巷口，还不可有枣树、桑树等。

根据房子的大小，定好磉，拉好墙脚线。要在墙角下面，用红纸包点烟丝，叫开烟发户。

这一天，要办酒席，还要给参与人员发利市（红包）。

诸亲六眷、屋场上的人，先后都会来帮工。

古语云：笑脸天走下，刚强寸步难。三代为官，不可轻师慢匠。招待手艺人，要吃得饱，住得好。

整个工序忙而不乱。泥工砌外墙，木工做两列屋树，齐头并进。一般是四列屋树，三十二根。房子在快要封顶前，就要上梁。

明代《鲁班经匠家镜》对"立木上梁仪式"进行了阐述："凡造作立木上梁，候吉日良辰，可立一香案于中亭，设安普庵仙师香火，备列五色钱、香花、灯烛、三牲、果酒供养之仪，匠师拜请三界地主、五方宅神、鲁班三郎、十极高真，其匠人秤丈竿、墨斗、曲尺，系放香桌米桶上，并巡官罗金安顿，照官符、三煞凶神，打退神杀，居住者永远吉昌也。"

明徐师曾《文体明辨序说》对"上梁文"有如此解说："按上梁文者，工师上梁之致语也。世俗营构宫室，必择吉上梁，亲宾裹面（今呼馒头）杂他物称庆，而因以犒匠人，于是匠人之长，以面抛梁而诵此文以祝之。其文首尾皆用俪语，而中陈六诗。诗各三句，以按四方上下，盖俗体也。"

上梁是整个工程的一项大典，要根据年份和主人的生辰八字选黄道吉日，要宴请诸亲六眷。在堂前八仙桌上摆好猪头、鸡、鱼三牲等祭品；放好五尺、墨斗、曲尺等器具；点燃七星灯一盏，红烛一对，上香三炷，放置酒杯三盅。

上方写着：天地阴阳，百无禁忌。正屋树上写着对联：竖柱喜逢黄道日，上梁正遇紫微星。门口写着：户对青山摇钱树，门迎绿水聚宝盆。张灯结彩，一派喜庆祥和的气象。

梁，一般选笔直而且粗壮的椿树，杉树次之。

斫椿树，叫发梁。在旭日东升的时候，父亲和木工来到椿芽树下。砍树有讲究，要往地势高的地方倒。树一倒下，削去树枝，用一块一丈八尺长的红绸布披在中间。木工还要喝彩：

伏以！

天地开张，日吉时良。

我问此梁生长何处？

生在昆仑山上，长在卧龙山冈。

大树长了数千年一对，小树长了数百年一双。

八洞神仙从此过，眼观此木粗又长。

特请东家采来做主梁，有请鲁班先生下天堂。

此梁此梁，不同寻常。

栋梁上屋，稳稳当当。

吉星高照，金碧辉煌。

合家吉庆，人丁兴旺。

老者长寿，寿比南山。

少者添喜，兰桂芳香。

仕者升迁，鹏鸟高翔。

学者荣发，青云直上。

万事如意，大吉大昌。

喝彩毕，要打爆竹。把梁抬回家，放在木马上出梁，锯掉头，去掉尾，削去树皮，做好榫头。中间画太极图，左画龙，右画凤。还要写上"五世其昌"及"×

年 × 月建"。

在这里补充一下，在我乡，还有偷梁的习俗。如有的人家做屋，没有椿芽树，便跟人家买梁。说好了价钱，把梁砍下，在树蔸下放下烟酒和钱，也不喝彩，待快要把梁抬回家，后面有人打着铜锣大喊大叫："捉贼啊！捉贼啊！"

这边把梁放下，迎了上去，说："呵呵，请坐，请到屋里坐。"便设宴款待。

上梁的时候，要图个吉利，切不可胡言乱语。

时辰到了，锣鼓、唢呐、鞭炮齐鸣。木工开场白："鲁班先师，东家××，江西省南昌市湾里区太平乡桐源村，×月×日上正梁，造大厦。拜请：三江师父，四方土地，十方尊神，满天星斗，诸神到东家屋里。"

第一步是拜梁。

两个年长的木工站在梁的两头，两个年轻的木工坐在屋树上。我的父母亲拜过梁后，木工师傅把斧头放在梁上，便喝起彩来：

> 伏以！
> 今日是个吉祥日，正是鲁班上梁时。
> 上梁上梁，日夜造房。
> 斧子过，响叮当。
> 刨刀过，放豪光。
> 自从今日喝彩后，荣华富贵万年长。

伏以，相传是鲁班的弟子。木工每喝一句，有锣声响应一下。喝完一段，紧锣密鼓地响一阵，还放鞭炮。木工边说，还边演示。

第二步是浇梁。

父亲递给木工师傅两壶米酒。木工师傅喝彩道：

> 伏以！
> 手提东家一对瓶，千两黄金巧打成。
> 上打金狮来盖顶，下打莲花座酒瓶。
> 酒是何人所造？酒是杜康所造。

杜康，杜康，寅时做酒卯时香。

杜康造酒，喜庆交友。

酒祭东，孔明借东风。

酒祭西，孔明借西风。

自从今日喝彩后，大富大贵大吉祥。

第三步是祭梁。

紧接着，父亲又递给木工师傅一只公鸡。割破鸡冠，先用鸡血祭梁。木工师傅喝彩道：

伏以！

手提金鸡似凤凰，生得头高尾又长。

头戴金冠并绿耳，身穿五色紫云衣。

此鸡不是凡间鸟，王母跟前来报晓。

一更不乱啼，二更不乱叫，

三更四更，报上梁时，

开鸡冠，借宝血。祭了五尺祭曲尺。

祭了梁头，代代封侯。

祭了梁尾，富贵到底。

祭了梁肚，开烟发户。

祭了中央太极图，太极图上出彭祖。

自从今日喝彩后，大富大贵大吉祥。

第四步是缠梁。

给梁披红挂彩。木工一边用红布缠梁，一边喝彩道：

伏以！

手提绫罗无数长，绫罗出在苏州行。

苏州女子多乖巧，梳妆打扮进机房。

足踏缟机叮当响，手抱梭子响叮当。

织成绫罗长街卖，东家买来缠栋梁。

左边三缠生贵子，右边三缠状元郎。

自从今日喝彩后，荣华富贵万年长。

第五步是升梁。

在鞭炮声中，鼓乐声中，大家的欢呼声中，梁徐徐上升，直到梁落榫才停。这时，木工师傅喝彩道：

伏以！

一对狮子暖圆圆，拉起房梁上半天。

今日房梁来登位，全靠鲁班着了累。

家有主梁，福寿安康。

家有主梁，粮食满仓，

家有主梁，钱存银行。

上梁大计，万事如意。

自从今日喝彩后，大富大贵大吉祥。

伏以！

贺了东来又贺西，贺得东家笑嘻嘻。

紫微高照临华堂，东家接我来赞梁。

今日修起状元府，来日又修金银仓。

梁头嵌起鸳鸯鸟，中间画起凤朝阳。

玉带如棉花添锦，不紧不松缠梁上。

自从今日喝彩后，大富大贵大吉祥。

伏以！

贺了一只又一双，贺得东家喜欢欢。

华堂本是鲁班造，先造屋树后造梁。

东边造出摇钱树，西边造出聚宝盆。

自从今日喝彩后，一年四季大吉祥。

这时，木工师傅从梁上抛下许多粳米馒头、糖果及硬币来。同时，还吊下两只红袋子，由我的父母亲跪在正屋树的两边接住。木工师傅又喝彩道：

伏以！

龙站东来凤站西，掀开蓝衫装宝贝。

别人装得无用处，东家装得好上梁。

坐梁头来观四方，定下风水好屋向。

木马一对好成双，曲尺墨斗似鸳鸯。

自从今日喝彩后，大富大贵大吉祥。

这时，上梁进入尾声，灯阑人散。

以前堂前多用杉木板做壁，东西各四面。据说这种壁在早先要完税，便叫税壁。很多人听成"水壁"。

有一个《补壁》的绕口令："拆东壁，补西壁，拆南壁，补北壁，拆壁补壁壁补壁。"

等全部工序完工后，要办圆工酒，款待木工、泥工、石匠师傅及所有为做房子出过力的亲朋好友。

## 四

接下来，打好灶，添上几样家具，便开始过屋了。先要在灶下放上一桶装得八分满的米氹，上面放一只红包。水桶的水三分满。碗筷成双，放在橱里。

搬家的那一天，要拿意味着步步高升、事业兴旺的节节高一对，楼梯一架，象征着红红火火的炭火一盆。门口挂着一束红头绳，表示喜庆。将八到十二根柴棍缠上红纸，放在堂前东边，"柴"音"财"，表示财喜到了。托盘里，装着花生、瓜子、橘子、苹果、红枣、莲子、糖子等，十样点心，谓之十全齐美。

一样要张灯结彩，宴请亲朋。

几年后，我在这栋房子里结婚，生了一对儿女。我的父母也在这里，度过了他们幸福的晚年。光阴荏苒，一眨眼，我已离开家乡三十年了，年过五十，也是步入了老境的人。我每次回到家乡，总喜欢在这栋房子里流连片刻，怀念当年与父兄们一起做房子的情景，思念与亲人们生活的那段温馨时光。

这栋房子已经很简陋了，也许我再也不会去住。但父亲在做屋的过程中，给了我一种精神力量，也给我上了民俗文化的一课。

# 回望祖先

一

水有源，木有本。

天下龚氏，追本溯源，乃远古共工之苗裔。共工者，乃黄帝时掌管水土的大臣，是我国最早的治水英雄。后世尊他为水神。

《淮南子·天文训》记载："昔者，共工与颛顼争为帝，怒而触不周之山，天柱折，地维绝。天倾西北，故日月星辰移焉；地不满东南，故水潦尘埃归焉。"

这个故事是说，共工与颛顼争帝位，被打败，一怒之下，触不周之山，使得乾坤倒转，日月移位。也使得天地向西北倾倒，东南塌陷，江河才滚滚东流。

共工，是中华民族文化典籍中永不言败的天地英雄。

《姓谱》云："龚，其先共氏，避乱加龙为共。"江西武宁县民国三十六年（1947）续修的《龚氏族谱》云："龚姓源于共工氏之子句龙。句龙，共工子，继父职，司水土，至周宣王太史籀加龙于共，遂以定姓。"长沙《龚氏族谱》云："共工之子句龙治土有德于民，以世功而开族。"

西汉龚遂，是见于史籍记载的第一位龚姓名人。龚遂，字少卿，西汉南平阳（今山东邹县）人，性情耿介，以敢于谏诤而著称于朝。时渤海郡闹饥荒，饿殍遍野，盗贼蜂起。朝中的丞相、御史一致推荐龚遂为渤海太守。他到任后，开仓借粮，奖励农桑，发展养殖。很快，社会稳定，人民守法循礼，安居乐业。汉宣帝有感于龚遂政绩显赫，封水衡都尉，并诰封龚姓为渤海堂。

龚遂有二子，奇英、奇杰。

汉元帝时，龚奇英，为武陵令（今湖南省溆浦市南），他传承了其父的衣钵，深受当地百姓爱戴。龚奇英性情散淡，性耽山丘。因"思楚地田肥美，民殷富乐"，不久，便辞官定居武陵，开龚氏南迁之先河。故，他的后人号称"武陵世家"。

汉朝还有"二龚"，以高风亮节享誉古今。这二人便是龚舍和龚胜。

龚舍，字君倩，武原（今邳州西北）人。精通五经，擅长讲授《鲁诗》，贤名远播。哀帝时，经龚胜举荐，征为谏议大夫，拜太山太守、光禄大夫。因官场污浊，国是日非，上书辞官，回归故里。

龚胜，字君宾，彭城（今江苏徐州）人。以博学见称。汉哀帝时，应诏为光禄大夫，不久，王莽秉政时，归隐乡里。王莽篡国后，仰慕龚胜的才识和名望，拜他为上卿。龚胜道："吾受汉厚恩，岂以一身事二姓哉。"遂绝食而死。

两人史称"二龚"。同样重名节，轻富贵，为后世读书人树立了不朽典范。

# 二

龚愈，是我的一世祖。江西龚愈的后裔，都认他为一世祖。

龚愈，与龚遂、龚奇英一脉相承。据龚氏谱牒考证，龚奇英之孙龚苍，为避战乱，迁徙福建。自高祖龚凤，卜居福建光泽牛田里。此地为武夷山南麓，层峦叠嶂，绿水萦回。龚凤，唐大中五年进士，官至朝中补阙之职。龚愈的曾祖父龚晖、祖父龚颢、父亲龚琪皆为进士出身，朝廷命官。龚愈家世之显赫，可见一斑。

龚愈，字小韩，号尧夫。唐僖宗光启丁未年（887）三月初三子时生，因出生的前一天夜里，母亲吴氏梦见韩愈，故名龚愈。

龚愈自少时就爱好读书。由于家族有良好的遗传基因，过目不忘，学一知十。下笔千言，倚马可待。性格沉稳，风度翩翩。唐同光元年（923）中进士，不久擢为太常少卿。

时至五代十国南唐保大十年（952），龚愈被授予礼部尚书、金紫光禄大夫、上柱国、太子太傅。南唐中兴二年（959），中主赐金书铁券一章，封越国公，食俸禄 1700 户。

时至北宋开宝八年（975）十一月，龚愈与他同朝为官的儿子龚勗、龚慎仪、龚保贞、龚耀卿、龚定言，随后主李煜归顺宋朝。宋太祖见他对后主忠勇可嘉，恢复了他以前的官职。

据谱牒记载，龚愈除了父子六人是进士外，他三十一个孙子，有十五个是进士，可谓冠盖满门，名噪天下。今龚愈的后代，遍及世界各地。

北宋太平兴国元年（976）九月，龚愈去世，享年九十岁。

龚愈之孙、龚勗之子龚顺，是第一个从光泽来江西定居的先祖。

龚顺，字茂秀，号次和，生于后汉乾祐三年（950）九月十二日午时。北宋淳化三年（992）进士，后来洪州（南昌市）任镇南节度使，兼转运判官。

镇南节度使，治所在洪州。管辖洪州、江州、信州、袁州、抚州、饶州、虔州、吉州等，相当于江西省全境。转运判官，则是掌管转运钱、粮、盐、铁的运输事宜。

他为政清正廉明，深得百姓爱戴。六十六岁那年，告老还乡，携家眷路过钟陵渐岭山东北（进贤县泉岭乡），当地百姓要留他定居下来。当时，风雨骤至，一下便是数日。龚顺说："难道连老天爷也要留我在这里吗？"

他点燃三炷香，向上天拜了三拜，祈祷说："苍天在上，我的子孙后代，能在这里兴旺发达，只要我的戟投出去，如竖着，便留下；如倒下，就立马回家。"说完，他拿着戟，往不远处的溪中掷去，果然稳稳当当，立在溪的中央，似如一柱擎天。龚顺便在溪边开基建宅，并将此地命名为戟溪。

龚顺殁于宋真宗天禧三年（1019），享年七十岁。葬于青岚湖边的鹰山，也叫英山（进贤县民和镇凰岭万家）。

夫人郑氏，生有三子，长子槐，次子椿，三子杞。

今日，龚顺后人在家族头门上，都写着："戟溪世第"。

今年五月，我在靖安琼畲龚家拍村貌，听村人说，民国时，他们村有一个人，在湖北抗日打鬼子，一天，看见一个地方的门头上写着"戟溪世第"四个字，便长跪于地。听了这个故事，我十分感动。从中可折射出一个普通中国人的家族情结。一个人有了家族情结，才会有民族大义。

三

我五世祖龚焕，是龚顺之孙、龚槐之子。

龚焕，字幼文（一作右文），号泉峰。性敏嗜学，精通经学，只求明理，不图进仕。结庐泉峰，开设义学，传授《五经》。著有《四书集疏》《周易集疏》

等行世。在北宋天圣元年（1023）二月，携家带口，迁徙高安良港。

该村去高安县城，约三十里。村子位于一个地势轩敞的小山冈上，村中屋舍，多为红土砖，青瓦片，古风依存。村头古树葱郁，修竹成林。狗吠深巷，鸡鸣树巅。村前小溪流水潺潺，有妇人戴着草帽，在洗衣裳，捣衣声不绝。其时，田野里的禾苗刚刚泛青，蛙声一片。我的先人曾在此繁衍生息，耕耘播种呢。

我十二世祖龚世广，从高安良港迁徙到安义县石鼻果田洲。

大约在元初，我的这个祖先，一日，去安义访友，打此地经过，见西山脚下的潦河故道，有大片沙壤土，由于贫瘠，无人管业，便在此开基。因这种土壤最适合种果树，故取名叫果田洲。这种旱地，还适宜荞麦、粟米生长。当地有歌谣曰："黄光菜，苦悠悠，有女不嫁果田洲。粟米饭，天天有，要吃白米饭，等到腊月二十九。"

甲午初夏的一天，我和本家龚三木，在果田洲采风时，老基龚家堂，也只是一堵颓墙，几棵老树而已。由于此处地势较低，经常涨水，村民渐渐向周边扩散了。近处河堤上有许多蔷薇、金银花，寂寞地开着。还发现有很多鲜嫩的枸杞芽，竟无人采摘。

我的十六世祖龚伯贞，是元至正十二年（1352），从果田洲入赘来到长埠桐岗宋家的。据说是这位先祖兄弟多，生活拮据，才不得已如此。

传说，这位宋氏族太婆知书达理、温良贤淑。生有贵甫、明甫、英甫、信甫四子。其中英甫，为武德将军。

桐岗位于西山北麓，潦河南岸。这里山明水秀，物阜民丰。可耕可种，可渔可猎。

我的第二十三世祖龚惟芝，在明朝弘治六年（1493），从安义桐岗，迁居于

桐源。

据说，惟芝公少年时，从奉新山里、高安华林学得造纸的技术，一日，来西山卜居，见这里群峰拱秀，奇岩突兀，秀竹满山，土地平旷，便定居下来。故，桐源村造纸这个行当，延续了数百年。在新中国成立前，我村几乎家家有造纸作坊。在二十世纪五十年代逐渐减少。

往来成古今。从惟芝公到我这一代，已十三代，历时五百多年了！

# 四

回望祖先。

我们的祖先迁徙的每一站，便是一个新征程的开始。千百年来，我们的祖先，在中华大地上或安邦治国、或开疆拓土、或著书立说、或耕耘播种。他们继往开来，始终是祖国悠久历史、灿烂文化忠实的传承者。

在这里，我向龚氏列祖列宗稽首致敬！祖宗的英灵，与天地同在，与日月同辉！

时维二月，岁在甲午。我族以安义长埠镇为中心，发起族谱十修事宜。辐射区域有安义、靖安、奉新、高安、新建、湾里等县区。由于我有幸亲临其盛——参加了开幕式、拍摄村貌、撰写村史等活动，渐渐，对家族历史、祖先的迁徙过程有所了解，梳理再三，敷衍成篇。

# 桐源村记

桐源村，我想当然，以为是该村位于山的角落，水的源头，山中又多油桐而得名。后来才得知，我的先祖龚惟芝，在明朝弘治六年（1493），从安义桐岗迁居于此，不忘根本，才取名桐源。

据说，惟芝公少年时，从奉新山里、高安华林学得造纸的技术，一日，来西山卜居，见这里群峰拱秀，奇岩突兀，秀竹满山，土地平旷，便定居下来。桐源村造纸这个行当，延续了数百年，在上个世纪五十年代才逐渐消失。

桐源村，旧行政规划，属安义县管辖，1969年12月，为战备的需要，划归湾里区。

村中有近五百人。除了龚姓外，还有简、黄、熊、付等姓氏，世代和睦相处，乡里乡亲。村子四围皆为李姓，从未有山林纠纷、宗族械斗之类的事情发生。

村子屋舍，密密匝匝，高低错落。一般以一栋三间为主，中间是堂屋，两边为厢房，后面有"拖步"。拖步是闲屋，一般用来做灶下、粮仓，或堆放杂物。赤贫者，用土砖或干打垒筑墙，竹篱笆做壁，杉树皮或茅草盖顶。小康人家，做的是砖瓦楼房了。但只有地主、乡绅之流，才可以"封土库"。

村头村尾，古木参天，杂生着好些枫树、樟树、檀树、麻栎树……夏日里，整个村庄笼罩在绿绿的、凉森森的氛围之中。远远望去，古风依然，近来领会，犹如梦境。

但在当下，房屋以钢筋水泥结构为主，风格不一；树木也逐渐凋零，寥寥无几。村子以前多喜鹊、乌鸦、鹞鹰，今已成为逝物。

我村虽位于南昌近郊，却因大山阻隔，显得有些偏远。在二十世纪七十年代，才通了马路，有了电灯。到八十年代，很多村民渐渐有了脚踏车、缝纫机、收音机、手表、电视。

　　我村民风淳朴，日出而作，日入而息。保留着中华民族四时八节、婚丧嫁娶等传统风俗。"文革"期间，很多习俗中止了一段时间，但很快恢复。清明节、七月半，一个家族会在一起上坟、祭祖。过年谁家杀了猪，煮了血旺，要相互赠送。清明节的阳绿饼、谷芽饼，也要送给邻里，相互品尝。寒冬腊月，很多人家坐在一起烤火，讲故事、唱民谣、猜谜子。

　　因山高水冷，只种一季水稻。在人民公社年代，虽种两季，也是广种薄收，劳民伤财。以红薯、芋头为杂食。今日务农者，多为中老年人。以前年轻人学篾匠、木工等手艺，养家糊口，今多外出做铝合金、塑钢为主。

　　村人遵照祖训：能文能武方为大丈夫。农闲时，从文习武成风。村中有作家、摄影家、企业家、律师、机关干部若干名。

　　以前有句老话：穷养猪，富读书。那时，我村家家都养猪。猪是放养的，吃饱了，就懒洋洋地散步或晒日头，一副悠然自得的神态，还满地撒尿屙屎。庄稼一支花，全靠粪当家。那时的乡下人，没有几个没扒过粪。到了上个世纪九十年代，大学生多了，人们总说现在的大学生，比扒粪的都多。可今日，村人不养猪了，只养成群的鸡鸭，还有狗看家，猫捕鼠。

　　高山有好水，平地有好花。村后有一口水井，泉水从石缝中，汩汩涌出，四时不竭。泉眼边，还长着几棵青青的水草。尝上一口，清甜可口。清早，村民挑水，不绝于途。二十世纪九十年代初，改用压水井。进入新世纪，都用上了自来水。

　　我村山势前高后底。村前大岭庵，与西山第一峰的洗药湖对峙。还有插壁、大步头、七升堂、系马桩等高山，海拔都在六七百米。山中满目尽是绿油葱茏的秀竹，有毛竹、黄竹、水竹、麻竹、实竹，竿竿碧绿，叶叶生风。其次便是杉树、檫木、马尾松、油茶树、油桐树等。

　　油茶树，可占全太平镇的三分之一。在霜降后，茶籽摘下山，村子里，所到之处，都是茶果飘香。到了数九寒天，村人一边烤火，一边拣茶籽。茶籽倒在一个筛子里，堆成山状。把茶壳剔除，留下乌黑的籽。茶籽晒干后，便挑到榨厦去榨油。

　　山中多岩石，或卧，或立，有的纵横数里。花岗岩是几千万年前，造山运动引发的侵入岩。每逢乱世，村人都躲进岩洞中避难。

　　山高林密，藏龙卧虎。以前有豺狼虎豹，今俱无。尚存山猫、狐狸、黄鼬、狗獾、水獭、野兔、竹鼠、豪猪、野猪、麂子、穿山甲等。鸟类有野鸡、白鹇、八哥、黄莺、竹鸡、斑鸠、杜鹃、翠鸟、乌鸫、猫头鹰、猴面鹰、长耳鹗、啄木鸟、相思鸟等。

　　村前一条小溪，弯弯曲曲，时缓时急，水明沙净，卵石垒垒。水美而鱼肥，溪中有石斑鱼、秤星鱼、红车公马口鱼、脚鱼等。

　　诗人杨圣希有《桐源吟》：

> 楼房栉比远红尘，犬吠鸡鸣又一村。
> 树傍岩生藤绕树，人随山走水迎人。
> 东峰云起西峰见，南涧泉流北涧闻。
> 人道桐源诗境好，不知身在画中行。

　　我们生活在一个剧变的时代，空气在变，土壤在变，水质在变，人心在变……但我们的溪水不舍日夜，汩汩东流，永远不会变。

　　还有，我们的文化，我们的肤色，我们的根本永远不会变！

　　龚氏宗谱十修，受村人嘱托，是以为记。

# 搭土砖

在我孩提时，屋前屋后，左邻右舍，多是土砖砌成的房子。看过去虽很简陋，但也具有冬暖夏凉的优点。

这土砖墙与干打垒房子，有异曲同工之妙。

每年清明节前后，便见许多土蜂，憨头憨脑，还唱着小曲，在土墙里打洞做窝。我们捡一根柴棍，把洞堵上，土蜂便吱吱叽叽地叫着，在里面等死。

很多人家，屋顶盖的是杉树皮。不经意，看见一个秤砣似的黄蜂窝。黄蜂长得长身细腰，黄色有黑花纹，一对暴突的复眼，凶光毕露，尾部藏着一根毒针，甚至可以伤人性命。或出于少年顽劣的天性，我还是会拿来自制的射水筒，躲在一隐蔽处，猛射一通，马上便溜之大吉。

我听过这样一个故事。以前我村在山外请了一个先生坐馆，有人问他的家境如何，先生说："家里边锅边缸，娘亲筛箩吃饭。千根屋树落地，两只盐船水上浮。"乍一听，好似钟鸣鼎食之家。

赵彦卫《云麓漫钞》云："中原人以击锣为筛锣，东南人亦有言之者。"《西游记》第六回就写道："摇旗擂鼓各齐心，呐喊筛锣都助兴。"

一年后，有一个学生到先生家做客，先生家一栋土砖屋，怕风雨侵蚀，还用茅草遮着，穷得只有碗筷，连锅子都是破的，水缸只有半边。正是当昼，他母亲把一只筛子搁在箩上，当桌子吃饭。

这境遇和先生所说的前两句正好吻合。但千根屋树、两只盐船又怎么说？

先生马上解释说："这屋，有茅草护墙，正是'千根屋树落地'，'两只盐船'嘛，就是门口池塘里两只鸭子——我老母亲长年将蛋换盐。老夫没有欺骗你们吧？"

学生说："受教了，我佩服先生的智慧与豁达。也正如孔夫子所云，君子居之，何陋之有？"

　　一次，我同父亲去山外的姑姑家做客，见坪下的屋舍气派得多，很多都是深宅大院。

　　我对父亲："只要看房子，我们山里要穷得多。"

　　父亲叹了口气，说："你可要晓得，日本鬼子在我们山里烧了七遍，哪能有好房子。"

　　父亲说，当年，日本鬼子在梦山附近有个据点，横直几十里，就三个人把守。这三个鬼子，经常去萧家，保长、甲长自然给他们安排好吃的。可每次吃得醉熏熏，就赤身裸体，跑到人家，奸污漂亮女人。村里人实在是忍无可忍，有一天，特意准备了特别丰盛的酒菜，把三个鬼子灌醉，用绳子捆绑好，打死，拖去山上埋。刚挖好坑，听到马蹄声，大家吓得往山里跑。其中有一个鬼子死里逃生。——萧家遭到血洗，烧得寸草不留。为了震慑村民，整个山里遭到清山。

　　父亲说，我们家的老屋，都是过了几次火，仔细看，还有很多烧焦的痕迹。两边那高耸的风火墙，真有防火功能，要不然也是片瓦不留。

　　我虽在有天井的老屋成长，却与父亲搭过土砖。

　　在我十七岁那年，家里烧了两窑砖瓦，正好把一栋房子做好。这栋房子是我和二哥的，还有一些附属建筑，如厨房、柴房、猪槽、茅厕怎么办？要再烧一窑砖瓦，造价太高，承受不起。父亲再三考虑，搭一些土砖，来解决这个问题。

　　父亲用干杉木板子，做了一个土砖架子，在两头棍子上，安上毛竹片提手。又在村后山脚下，开了一块场地，挖了一个四方形水凼，架竹笕引来泉水，流进凼里。每天要挖一大堆红壤土，浇上水，牵一头牛，团团转转，反复踩踏。和好泥，就开始搭土砖了。在水凼边，垫一块木板，边上放一箩草木灰。先把土砖架子在水里浸一下，放到木板上，抓一把灰，往里面用力一撒，将铁耙捞起一团泥，摔在架子里，用脚踩实，削平。两人提着架子，快步走到场地上，用一块安了把子的木板，按住，一提架子，一块土砖就做成了。

　　正是暑天，骄阳似火。蝉声此起彼伏，叫得让人心烦。我们每搭到二三十块土砖，就累得气喘吁吁，要休息一阵子。父亲比我大四十三岁，刚好六十，头发花白，步履蹒跚。父亲看着风华正茂的我，脸上是泥，身上是汗，笑着说："我年轻的时候，也很帅气，嗨，老了！——等你赚到了钱，也做一栋漂亮的砖瓦房吧，不要像我，劳碌了一辈子，做一栋房子，捉襟见肘，还要搭土砖来扫尾。只要国家安定，屋场上的砖瓦房就会多起来，像搭土砖这样的活，就会成为历史了。"

　　果然如父亲所料，时至今日，屋场上的土砖屋已所剩无几。

　　我们家两间茅厕，两间猪槽，新农村改造时拆除，还剩下一间厨房。有人劝我说，这土砖太土气了，拆掉改建吧。我说，这每块土砖里，融进了父亲的汗水，我应该珍惜它。

　　在我们这个传统文化底蕴深厚的国度，每一个古村落，每一栋老房子，都有着历史的厚重感。

# 茶　话

## 一

南昌自古便是一个茶文化很浓的地方，民间小调称为采茶调，地方戏种称为采茶戏，就连一般的小吃铺，至今还保留着称之为茶铺的习惯。季肇《唐国史补》中，就有南昌"风俗贵茶"的记载。

旧时的南昌，有吃立夏茶的习俗，清杨垕《立夏茶词》写道：

城中女儿无一事，四季昼长愁午睡；
家家买茶作茶会，一家茶会七家聚。
风吹壁上织作筐，女儿数钱一日忙；
煮茶须及立夏日，寒具薄持杂藜粟。
君不见村女长夏踏纺车，一生不煮立夏茶。

由吃立夏茶，后来发展到平时也常吃茶、坐茶馆成风。

然而南昌浓得化不开的茶文化发源地，就在西郊的梅岭。

梅岭，从滕王阁眺望，"云烟葱茏，岩岫翁郁，千态万状，毕献于其前"。

梅岭地处亚热带，气候温和，空气湿润，雨量充沛，云雾飘绕，加上带有酸性的腐殖质土壤，含有丰富的氮、磷、钾等元素，故而生长出的茶树，叶片肥壮，柔软细嫩。茶叶制成后，青翠多毫。泡出来，汤色鹅黄明亮。饮之，清爽甘醇，有兴奋大脑、滋补脾胃等功效。

明孙汝澄有游记云："香城、罗汉坛产茶，色味如煮青子，汤可解醒。"

邑人丁此吕，曾送一斤茶叶给好友汤显祖。汤显祖品过后，两腋风生，欣然作《右武送西山茗饮》："春山云雾剪新芽，活水旋炊绀碧花。不似刘郎因病酒，菊荠才换六班茶。"

王世懋《二酉委谭》一书，记载了在江西为官时的一件茶事：

> 余性不耐冠带，暑月尤甚，豫章天气蛮热，而今岁尤甚。春三月十七日，觞客于滕王阁，日出如火，流汗接踵，头涔涔几不知所措。归而烦闷，妇为具汤沐，便科头裸身赴之。时西山云雾新茗初至，张右伯适以见遗，茶色白大，作豆子香，几与虎丘埒。余时浴出，露坐明月下。亟命侍儿汲新水烹尝之。觉沆瀣入咽，两腋风生。念此境味，都非宦路所有。琳泉蔡先生老而嗜茶，尤甚于余。时已就寝，不可邀之共啜。晨起复烹遗之，然已作第二义矣。追忆夜来风味，书一通以赠先生。

王世懋，乃王世贞之弟。

梅岭茶叶，以山高雾大的洗药湖、鹤岭为最，曾屡获"贡茶"殊荣。明代顾元庆《茶谱》有"洪州鹤岭茶极妙"的记载。清同治《新建县志》载："鹤岭茶，又名云雾茶。西山白露，号绝品，以紫清、香城者为最。"

## 二

前不久，看过明代著名画家仇英的《松亭试泉图》，只见林壑之间，飞瀑之下，一楹茅舍，有一位身穿鹤氅头戴纶巾的老者，带着两个童子，正煎水煮茶。据说，画中老者，便是朱权。

《松亭试泉图》所绘，就是这位王爷当年在梅岭汲水煮茶的写照吧。

朱权，乃朱元璋第十六子，生于洪武十一年（1378）五月一日，号涵虚子、丹丘先生，自号南极遐龄老人、臞仙、大明奇士。自幼秉性聪颖，博学多才，精通经、史、佛、道等书。

洪武二十四年（1391）四月，朱权十三岁，就册封宁王，镇守大宁（今长城以北锦州、承德一带）。

"靖难之役"后，明成祖朱棣登基，迁都北京，年号永乐。朱棣解除了朱权的武装，改封南昌。

朱权来到了南昌近郊的西山，构筑精庐，或读书鼓琴，或写诗作文，或寄情山水，或品茶论道。

得意喝酒，失意喝茶。朱权乃神仙一流人品，聪慧过人，喝茶也就喝出一部《茶谱》来。

《茶谱》全书除序外，分十六则，立足于品茶的环境、种类、器具、程序、鉴赏及心得六个方面。

我国在明代以前，茶叶的制法多是先将鲜叶蒸一下，然后捣碎，杂以各种鲜花，焙干后封存。喝时，用火煎煮。

朱权却一改以前的方法，主张保持茶叶的本色真味，顺乎自然之性。

朱权认为："茶乃天地之物，巧为制作，反失其真味，不如叶茶冲泡，能遂自然之性……盖羽多尚奇古，制之为末，以膏为饼。至仁宗时，而立龙团、凤团、月团之名，杂以诸香，饰以金彩，不无夺其真味。然天地生物，各遂其性，莫若叶茶。烹而啜之，以遂其自然之性也。予故取烹茶之法，末茶之具，崇新改易，独树一帜。"

朱权说饮茶是"傲物玩世之事，……予尝举白眼而望青天，汲清泉而烹活火。自谓与天语以扩心志之大，符水火以副内炼之功。得非游心于茶灶，又将有裨于修养之道矣"。

饮茶的最高境界是"会泉石之间，或处于松竹之下，或对皓月清风，或坐明窗静牖，乃与客清淡款语，探虚玄而参造化，清心神而出神表"。

对于品水，朱权写道："青城山老人村杞泉水第一，钟山八功德水第二，洪崖丹潭水第三，竹根泉水第四。或云：山水上，江水次，井水下。伯刍以扬子江心水第一，惠山石泉第二，虎丘石泉第三，丹阳井第四，大明井第五，松江第六，淮江第七。又曰：庐山康王洞帘水第一，常州无锡惠山石泉第二，蕲州兰溪石下水第三，硖州扇子硖下石窟泄水第四，苏州虎丘山下水第五，庐山石桥潭水第六，扬子江中泠水第七，洪州西山瀑布第八，唐州桐柏山淮水源第九，庐山顶天池之水第十，润州丹阳井第十一，扬州大明井第十二，汉江金州上流中泠水第十三，归州玉虚洞香溪第十四，商州武关西谷水第十五，苏州吴松江第十六，天台西南峰瀑布第十七，郴州圆泉第十八，严州桐庐江严陵滩水第十九，雪水第二十。"

《茶谱》记载的饮茶用具有炉、灶、磨、碾、罗、架、匙、筅、瓯、瓶等。朱权还擅长鼓琴，热衷戏曲，信奉道家思想。

三

在我乡，只要有人家，就有茶树，或种在屋边上，或栽在菜园里，都修剪成一个酒坛子似的形状。清明后，满树新芽，毛茸茸的，充满活力。待长到二叶一芽后，便开始采摘。胸前挂着茶篓，拇指和食指捏住茶梗，一折便断。

有《采茶歌》唱道："三月里采茶茶叶青，女在娘家绣手巾。两边绣个茶花朵，中间绣个采茶人……"

我乡茶叶，有西山群体大青叶、西山群体小叶。前者梗壮叶肥，后者叶小且圆。

茶叶采下山，放在阴凉通风处摊开，晾上五六个小时，这叫摊青。当然，这要根据天气和青叶的干湿度而定。接下来这一步最关键，就叫杀青。灶火烧得很旺，眼见得锅快要红了，把五六斤青叶倒进去，只听见噼啪作响，水气蒸腾，香气四溢。手掌朝下，撩起一捧青叶，往上一翻，簌、簌、簌，落回锅里。这样，可去掉青叶的泥土味和日晒气。茶不离锅，手不离茶，循环往复。感觉水分烤干了，便拿到簸箕里揉搓。如是一芽一叶到一芽三叶，以搓为主。到了清明以后，则以揉为主。这道工序叫理条。炒第二锅后，灶里的火渐渐减小。同样是边炒边揉搓，做到第六遍，茶叶成形了，便放在明火上烘干，不可有烟，怕茶叶变味，这叫提香。

做茶叶的过程，弥漫着一股浓烈的香气，令人陶醉。炒茶的工序看似简单，但要掌控好锅温，把握好力度，却很难，过犹不及。做人做事都是这个理。

百姓人家，每日煮饭的时候，要在灶里炆茶。用一只生铁罐，装满水，盖好，用一块三四个指头宽的竹片，卡在罐子把上，送到灶里左边。待水烧开，倒在热水瓶里。一般是用茶碗泡茶。有时来得撒脱，抓一把茶叶，放进热水瓶里，一家人都喝。早先没有热水瓶，用锡壶泡好茶，放在坐炉上保温，或用棉衣包好，放在坐桶里，可保一天到晚都有热茶可喝。只要有客人来了，必敬上一碗茶。客人吃完饭也要献茶。从来茶倒七分满，留下三分是人情。

《西山竹枝词》中，就有采茶、制茶、敬茶的记载：

> 经过谷雨莫蹉跎，枝上枪旗取次多。
> 阿姊背篮随阿妹，低声学唱采茶歌。

> 小姑十五学蒸茶，伶俐应教阿母夸。
> 作妇时多作女少，明年归去好当家。

> 峰腰折处辄为家，山店荒凉酒莫赊。
> 任是客来无外敬，到门一盏雨前茶。

唐代刘贞亮就说："以茶行道，以茶雅志。"吃茶，要讲究茶道。关于品茶，梅岭还流传着一个意味深长的故事。

相传，梅岭之巅有一破道观，住着一位披头散发的老道人。道人精通茶道，对种茶、制茶、品茶颇有讲究。

道人每日品茶自娱，品到高兴处，便放声啸吟，声振林木。他是多么渴望有一个知音来与他品茶论道呵！

一日，大雪封山，有一个捉麂子的猎人来观中避风雪。天寒地冻，居然有人上门，真是难得！老道破例给猎人倒了一碗茶。猎人接过茶，喝了一口，说："好茶！"

老道以为撞上一个懂茶的人来了，满心欢喜，便用滚开水，重新泡了一碗好一点的茶，双手捧上，猎人见老道热情有加，很是感动，边喝边说："好，比刚才那一碗还要好！"

老道深信遇上一个知音了，冒着风雪，跌跌撞撞去半山腰，汲了一桶山泉来，用松枝煮沸，拿出了珍藏的上等毛尖茶，将紫砂壶沏了一壶。顿时，清香四溢，飘满山谷。老道精神抖擞地坐下，给自己和猎人各斟上一碗，就要品茶论道。

猎人见这架势，很有些紧张，说："茶好茶歹我不管，四九寒天，越滚越好！"

原来如此！老道顿时感到浑身冰冷，猎人走后，挥笔在壁上题了一首诗："凡夫不识宝，灵芝当野草。喝茶不品茶，越滚越叫好。"

　　写完，把笔一丢，打坐在蒲团上，不吃不喝，静静地往极乐世界，寻找知音去了。

　　梅岭钟灵毓秀，自古有洞天福地、神仙之府的美誉。宋代大文豪欧阳修，把洪崖瀑布泉评为"天下第八泉"，真可谓好山好水出好茶。

# 竹　韵

　　梅岭无梅，满山皆竹，一山连着一山，绵延几百里。村村落落，就像行进在竹海中的船只。家家户户，临窗是山，开门见竹，日日有竹报平安。

　　竹，非草非木，生命力极强，只要它的根伸到那里，春风一吹，便长出竹笋来。十天半月后，新竹成林了。

　　笋，竹萌也。《诗经·大雅·韩奕》有"其蔌维何，惟笋及蒲"的诗。同治《新建县志·蔬之属》记载："笋有春笋、冬笋，西山冬笋味香美，它处所产皆莫及。"

　　冬笋，其实是长不成竹子的，只是大自然馈赠给人类一道美味佳肴而已。它在头年秋天萌芽，春节前后，正是吃冬笋的时候。

　　挖笋，要认准"当年""寡年"之分。只要是当年，竹叶青翠浓密，你就像做股票一样，可努力"做多"，就是拿锄头在山上乱挖，也许能碰到笋。若是"寡年"，叶子稀疏且泛黄，满山也难得寻到一只笋。

　　关于冬笋，我国二十四孝中，还有一个孟宗哭竹的典故。晋代吴郡，有一个叫孟宗的人，娘亲病得奄奄一息，滴水不沾，只说要吃竹笋。可是，屋外天寒地冻，大雪纷飞。孟宗去山上找，怎么也找不到一只竹笋。他心急如焚，抱着一棵竹子，号啕大哭起来。嗓子哭哑了，快要晕死过去。他睡着了。在梦中，见雪地里长出好多竹笋来。孟宗惊醒，果然看见雪地里有几只笋，破土而出。从此，竹林里才有冬笋。

　　有经验的山民，只要看竹叶，就知有无竹笋；只要观竹枝的伸展，就知晓竹鞭的走向。用铁镵试探，一凭感觉，二闻笋香。

　　冬笋深藏土里时，笋箨呈淡黄色，猫儿似的模样，肥大鲜美，山里人称"黄芽头"。若是出土了，笋箨便变黑，就叫"黑芽头"，笋的味道也就大打折扣。

　　熊荣《西山竹枝词》写到山里人挖冬笋的情景：

　　　　　　　闲携长鑺过山腰，十月龙孙未有苗。

　　　　　　　巧向竹根寻稚子，夜来酌酒倩侬烧。

　　另有注脚云："山人巧于刨笋，冬日未出土时，长鑺一过，取如探囊。拙者竟日遍锄，不获一株。"

　　有竹子的谜语：细来紧包紧扎，大来开枝发丫。

　　有竹子的民谚：清明出土，谷雨上林。

　　《西山竹枝词》云：

　　　　　　　村里村连山里山，琅玕万户绿成湾。

　　　　　　　豹皮箨子迎风解，放出当门玉笋班。

　　注脚云："东坡云：无竹令人俗。山居强差人意，山山积翠，户户垂阴，每谷雨前后，新笋出林，东风解箨，碧玉纤筠，幽清可爱。"

　　清明时节，细雨霏霏，新笋萌出，拔节有声。看似毛茸茸，水灵灵，却有着极强劲的生命力，能掀翻斗大的岩石，顶倒千年古木。有的一夜工夫，可蹿上四五尺高。唐代诗人李贺有诗云："更容一夜抽千尺，别却池园数寸泥。"

　　山里的孩子，上山砍柴或游玩，是念念不忘挖笋的。走在路上，猫腰一径寻去，看见地面隆起，或有裂缝，用柴刀刨土，一会儿，露出一个黄酥酥的笋头来，那股高兴劲，如获至宝。挖笋，给我们童年山居生活，带来了无穷无尽的乐趣。

　　竹笋，自古有"寒土山珍"的美誉。味恬淡而清鲜，气美醇而蕴藉，清脆鲜嫩，莫过于此物。它的吃法有很多种，可荤可素，可炒可煮，也可加工成笋干或笋脯。

　　青山不老，笋味长存。

　　梅岭，有毛竹、实竹、苦竹、箭竹、箬竹、淡竹、麻竹等，数十个品种，而毛竹实用价值最大。

　　毛竹全身都是宝，竹笋可以做菜，竹篾可造纸，竹叶可入药，竹梢可扎扫把。

　　梅岭的先民，以前用竹片盖屋，用竹管引泉，用竹筏代舟。就连日用家具，也多是竹子做成，如竹筷、竹碗、竹桌、竹凳、竹床、竹枕、竹橱、竹箱、竹篮。真是何可一日无此君。

俗话说，靠山吃山。梅岭山区，有悠久的制作竹器历史。《西山竹枝词》云：

> 绕庐四面是高丘，不用镃基不买牛。
>
> 郎制笒箸侬织箪，一家生计在刀头。

注脚有云："山中无田可耕，无桑可蚕，居人制一切筐筥箕帚之属，货卖以自给。男妇操作，昼夜不停。"

梅岭山中，十里不同风，五里不同俗。每个村庄，都有自己传统的手工艺。

竹纸。以桐源村为主。村民在农历四月间，将刚成林的新竹，砍成五尺许，去掉青，将竹麻放在石灰塘里浸，一两个月后，把它碾成细末，放到榥桶里煮上三日三夜，再在石槽中打磨成浆，做成"西山火纸"。我村始祖叫龚惟芝，在明代弘治年间（1488—1505），从西山西北麓的安义桐岗，迁徙至此，取村名为桐源。据说龚惟芝早年从奉新山里、高安华林，学得造纸的技术，在桐源办起了造纸作坊，这种工艺，延续了数百年。我的祖父龚远楠，每年七月半前夕，要从潦河水路，运"西山火纸"去吴城、德安、星子、湖口、九江兜售。我祖父他们，也被称为"西山纸客"。

斗笠。邓家的传统工艺。把竹篾破得细细的，编成草帽状，中间衬箬竹叶。或大或小，顶尖而口圆。晴可遮日，雨可蔽雨。江南农村家家有之。不用时，常同蓑衣挂在柱子上。唐张志和《渔父》诗云："青箬笠，绿蓑衣，斜风细雨不须归。"

筲箕。以大小沙田，高徐观上为主。用竹篾丝编织成浅浅的竹筐，半弧形。煮饭时，用来捞饭，沥干米汤。也可用来洗菜。乡间的孩子，则用它去溪里捉鱼，去田里捞泥鳅。

土箕。以石门、港下、杨梅岭为主。一面敞口，形状像半只朝天蛤壳。每只在边沿留四个孔，安上竹环两根，用来挑东西。常用来挑土沙、砖块、秧苗、树苗等。

花篮。以西庄为主。这里说的花篮，是用小山竹破成篾，刮得细嫩如酥，编制成的竹篮，做工精巧。可用来装菜，洗衣，采蘑菇。早先，多半销往武汉。

扫把。以梓木坑、丁家山、南源刘家为主。村民到山上捡回竹枝，一家人，剁的剁、编的编、扎的扎。在一小捆竹枝上，安一根竹棍，用竹篾绑牢固，扫把就扎成了。

交椅。以申家、袁家村为主。将刀把大的竹子砍来，裁之、凿之、刨之、炙之，经过十几道工序，竹交椅终于四平八稳，可以让人坐了。

竹床。以东庄村为主。用细细的竹条，镶成竹板，安上脚，用来睡觉。以前没有电扇、空调，乡亲们喜欢搬竹床到天井、溪边、村头大树下纳凉。

竹，亭亭玉立，婆娑有致，挺拔清秀，虚心劲节。日出有清荫，风来有清声。与松、梅合称"岁寒三友"，和菊、梅、兰誉为"四君子"。

竹，是中华民族士大夫精神的写照，也是民俗文化一个重要组成部分。

# 扳竹笋

清明时节,酣睡地下的毛竹笋,在春风春雨的召唤下,如大梦初醒,冒出头来,一夜之间,便能蹿个一二尺高。只要长出地面的笋,叫黑芽头,食之,有点麻口,再也得不到山里人的青睐,于是,大家纷纷去扳小山竹笋。

我这里说的小山竹笋,一般以水竹笋为主,还有实竹笋、黄竹笋等。有一种苦竹笋,笋壳像菜花蛇皮,扳在手里,用舌头舔一下,苦不堪言。

水竹,我们习惯叫篱竹,从山上挖来,密密匝匝种在篱笆处,成活了,可省去修补篱笆之苦。郑板桥有《篱竹》诗云:"一片绿阴如洗,护竹何劳荆杞?仍将竹作笆篱,求人不如求己。"每年清明后,菜地上长出许多竹笋来,供人食用。如不及时扳去,菜地也就成竹林了。

水竹笋,更喜欢长在空气湿润的田头边、山涧傍,因此得名。

辛丑暮春,赋闲在家,驮着背箩,重温旧梦,去扳竹笋。

小时候扳竹笋的情景,还历历在目,转眼间,便是步入老境。山依旧好,人憔悴了!

岁月人间促,烟霞此地多。田野山间,鲜花怒放,目不暇接。田鸡在叫,斑鸠在飞,野鸡在啼,燕子在衔泥。溪涧流水,唱着欢歌。田畈里,间或传来水牛哞的一声叫唤,悠远而缥缈。我的身心,与天地自然,融为一体。

走完田垄,来到山脚,便见村中几个老人,带着细伢子也在扳竹笋。

细伢子,有的采了一把蕨菜,有的抱着一捧竹笋,有的在摘杜鹃花吃。

杜鹃花有点酸。他们吃着吃着,皱起了眉头。

我似乎找回了童年的自己。我从他们的音容笑貌里,猜得出是谁家的孩子。

其中有个孩子招呼了我一声:"爷爷好!"他们现在说的是普通话,再也不会唱民歌民谣了,身上已经没有了泥土气。

山路崎岖。途中每一块石头，都有过我磕磕碰碰的记忆。

——走到半山腰，又看见一群妇女，驮着背箩，也在扳竹笋。

干脆，我就走远点吧。

我凭着以往扳竹笋的经验，爬山越涧，披荆斩棘，来到一个叫大步头的地方。

这里的一大片农田早已荒芜，有的灌木都有碗口粗。我那时，不但来这里扳竹笋，还来这里斫柴、挖草药、摘箬竹叶……

如今，可以说是人迹罕至。田间有野兔出没，野猪脚印重重叠叠，还捡到一片三米长的白鹇羽毛。

田背尽是郁郁葱葱的小山竹。走过田塍，便见荆棘纵横，藤萝如网，如一道屏障，拦在我的面前。等钻进小山竹丛中，手被划了一道道血痕。小山竹长得密匝匝。我见缝插针，拖着背箩，匍匐而行。不经意时，几点露水，滴在脖颈里，冰凉凉的。抬头一看，有一条竹叶青蛇，盘在藤萝上，咄咄逼人地看着我。我喝了一声："孽障。"它赶快跑了。惊魂未定，又踩到一个蚂蚁窝，咬得我浑身起鸡皮疙瘩。但我咬咬牙，勇往直前。仰头不见天日。定睛一看，嘿，遍地都是竹笋，我咔嚓咔嚓地扳起来。

来到一个山谷，小山竹长得格外俊秀疏朗，竹笋更是鲜嫩壮实，扳起来啪啪有声。我沉浸在收获的快乐里。

我还扳到许多黄竹笋，有刀把一样粗壮。一只竹笋，就有一碗。才一餐饭的工夫，就扳满一背箩，装进蛇皮袋里，继续扳。

林中，还能看见野猪窝，含苞待放的蕙兰。

在村子里炊烟袅袅的时候，我挑着一担竹笋下山。正好遇见那一群孩子。

有的说："爷爷你扳得真多。"

有的说："爷爷你的笋真大。"

有的说："爷爷你真厉害。"

王安石《游褒禅山记》说："夫夷以近，则游者众；险以远，则至者少。而世之奇伟、瑰怪，非常之观，常在于险远，而人之所罕至焉，故非有志者不能至也。"

是的，人生也是一样，没有千辛万苦的磨砺，哪会有满满当当的收获！

# 学 打

## 一

所谓学打，就是习武。

我乡的拳法，叫字门拳。据说清初清江人（今樟树市）余克浪，积极参加反清复明活动，为躲避清廷追杀，上武当潜心修炼，后归隐于龙虎山。一次在林中散步，见蛇猴相搏，心领神会，独创了一套拳法，以"推、残、援、夺、牵、捺、逼、吸"八字，每字一个套路，也称为字门八法。

字门拳的特点是以柔克刚，身心兼修。外练手、眼、身，内练精、气、神。

其技击方法，有十六字要诀：擒拿封闭，方圆抖落，圆捆扁折，吞吐沉浮。

凡是入门者，先要站好马步。双脚分开，略宽于肩，近于半蹲姿态，脚尖稍收拢，稳固如桩，姿态又似骑马，故名站桩，也叫马步。俗话说：练武不练功，到老一场空；练功不练腰，终究艺不高。马步没扎好，最终是花拳绣腿。

扎稳马步，首先练圆手、抖山关、打品字。这是基本功。接下来就是打字。

后又增十字：贴、揎、圈、插、抛、托、擦、撤、吞、吐，共十八字。一般只练前八个字。

《十八法注解》，如"残"字："残者软也，即以软手入彼，探其虚实。彼藏势未露，虚实未知，若盲动，易吃亏。故以虚入彼，可收可避，任我自便。且柔者不尚力，故无拙力，因此身手敏捷，腰腿灵活。"

十八字理诀中说道："此法精奇，不用猛力，弱人文士，皆可学习……以柔克刚，似疾克迟，任彼腾挪，彼劳我逸，随向进步。何劳气力！"

练完了八个字，还要习刀、枪、剑、戟、斧、钺、钩、叉、鞭、铜、锤、抓、镗、棍、槊、棒、拐、流星等十八般武艺，还有板凳等。整套功夫学下来，足足要三年。

说到字门拳，不能不提到"五百钱"，这是一门点穴的功夫，也是余克浪先师传授。据说他一次与人比武，被人暗算，用石灰沃瞎了眼睛，为了排遣寂寞，便关起门来，研究了这门独门绝学。《推拿口诀法》云："人周身之穴共百零八穴，名为三十六天罡，七十二地煞，名为三十六大穴，七十二小穴，合为一十八关。内有此穴无治：龙泉穴、窝风穴、风海穴、金钱穴、仙鹅穴、笑腰穴无治，乃是死穴。"也为了生计，凡学这门功夫，要先交五百文铜钱学点死，后交五百文铜钱学点生，故而得名。五百钱，以丰城人最厉害。

我乡清代有个叫裘老四的人，学了五百钱，一直在给云南一个布政使当保镖。布政使是南昌人，告老还乡，贪墨不少。一日，官船行至旷野，风雨骤至，便在一河汊停泊。这时，一只小船驶来，船舱有七八个彪形大汉。一人走到船头，说："师傅，我们要煮饭，想借个火。"递过一节二三尺长的湿毛竹。裘老四接过，搓了几下，成了笔帚状，再去船舱点着。那人接过火把，晓得他非等闲之辈，说了一声"叨扰"就去了。

裘老四常在江湖上行走，结怨甚多。一日，有一个人来叫门，问："裘老四在家吗？"

裘老四就凭感觉，晓得来者不善，故意说："不在。"

那人用手在他身上一点，说："叫他一更回来。"

裘老四反手一点："二更回来。"

裘老四把门一关，对家里人说："准备后事吧。"

他被点了死穴，没得救了。

不过那个人在二更天也客死他乡。

凡学打，武德摆在第一位，切不可心狠手辣，轻易伤人。清乾隆年间，我乡有个打师，大小老婆生了八个崽，都传授了武艺。俗话说，一山不可藏二虎，这八个崽，要有一人镇得住才行，要不然，群龙无首。打师想，要把最拿手的绝招，教给最厚道、最稳当的崽。

一天打师对八个崽说："我老了，要把祖传的武功秘籍，传授给你们其中一人。我坐在椅子上，你们分别用刀攻击我，越狠越好。反正你们也砍不到我。我看谁的功夫高，就传给谁。"从老大先动手，一个比一个狠。轮到老八，把刀往地下一掼，说："我宁愿不学。这样，万一误伤老爷子怎么办！"

结果，打师看中了心慈手软的老八。

人在江湖，处处小心，不可说大话。

二十世纪五十年代，南昌有个叫田官成的打师，开了一家伤科医院，招牌上写：千斤大力士田官成专治跌打损伤。一日出诊，来了一个一瘸一拐的人，说是脚痛。坐下后，要田官成帮他把脚抬到木头架子上。田官成使用了全身力气，纹丝不动。来者不善，分明是来寻祸的。

田官成已是额头冒汗，说："好汉多多赐教。要多少钱，我给你。"

这个人说："我一条腿，你都抬不起，就敢称千斤大力士。我不要你的钱，只要把招牌砍了就行。"砍招牌时，惹来很多人围观。砍完，这个人闪身就走。

田官成还有一样惊世骇俗的事，家里养了一只大老虎，像狗一样，经常蹲在大门口。

田官成后来在溪霞劳动改造，带了一些徒弟。

# 二

多次听我父亲说，他的三叔，也就是我的三公，请了一个姓张的师父教打。每天早晚，各要练一个时辰。清早连尿都不尿，练着练着，变作汗出掉了。

拳要打，字要写。大凡功夫，都要从苦练中来。

在学五百钱之前，先要练中指和食指。三公没事的时候，两个指头往墙上戳，渐渐，砖都戳出洞来。就是睡觉，床头边也放一块砖，两手放在上面运气用力，直到睡着为止。就是走路，也要像鸡啄米一样，摆动着两个指头，或在荷包里放一弹簧，用手捏着。

一天，家里来了人客，曾祖父交代三公去街上买肉。三公摆动两个手指，走了五里山路，来到肉铺。

三公说："老板，请帮我剁三斤精一点咯肉。"

其时的三公，只有十八岁，白天造纸，夜里练功，黄皮寡瘦。

屠夫抬头看人，低头剁肉。剁了一块槽头肉，一称，正好三斤。

三公付了钱，把那块肉提在手里，看来看去，不中意，说："老板，请帮我换一块精点咯吧。"

屠夫说:"这块肉好,又有精又有肥,冇有骨头冇有皮。既然割下来了,你要叫它长还原,才给你换。"

三公说:"那我不买,你退钱。"

屠夫哈哈大笑,说:"我在这里站码头,三十多年,还没有人敢叫我退钱。这块肉,好你得要,歹你得要。就是这堆屎有人高,你也要吃掉。"

三公说:"过量咯饭可以吃三碗,过分咯话不可以说三句。你这是欺行霸市!"

屠夫骂道:"狗吃咯!"举起一只蒲扇大的手,朝三公脸上打来。

三公左手一搪,右手一掌打在屠夫胸前。屠夫倒在地上,半天爬不起来。

三公只得提起那块槽头肉,回家去了。

有人过来,把屠夫扶起。屠夫噗的一声,吐了一口鲜血,眼睛上翻,四肢抽搐。

又有人提醒说:"这个后生是桐源人,学了五百钱咯。赶快割几斤肉去求他拿转来。"

屠夫家里人来到我家求救。张师父问明了原委,还有时辰和手法,来到街上,在屠夫穴位上点了一下,就好了。

有一年,村盘上几个人,在谷雨前,挑一担剥了壳的小山竹笋去山外卖。在一个大姓村盘,有两个地痞,以收保护费为名,每人被讹诈二十把竹笋。

三公听了,很是恼火,说:"我最看不起这等欺负弱者咯腌臜人。"

几天后,三公也挑了竹笋来卖。两个痞子大摇大摆走来,同样要了二十把竹笋。一担笋也就六七十把,这不是明抢吗!

三公说:"你两个拿住一些啊。"

说完,腾空而起,把二人同时踢倒在地,笋撒了一地。

三公说:"你们晓得什么叫五百钱么?要是我咯手,上了你们身,就死到临头。如果识相,把前几次讹诈竹笋的钱,一并算来,我好回去交账哩。"

两个地痞见来者不善,乖乖算了钱。

一次,三公在七月半前,挑一担西山火纸去安义县城卖。下昼,在潦河码头有一个人摆了几床棉絮在卖。三公走过去,打开一看,发现棉絮里面包了鸡毛。

三公没有作声,绑好还给他。

那个老板是县城一霸,有名的罗汉,两眼一瞪,说:"你摸了我咯絮,就要买。"

两人争执起来，就要动手。

三公说："街面上人多，不要伤及无辜，我们去浮桥上打。"

其实这个人功夫也很过硬，且套路差不多，搏斗一个时辰，还没有分出胜负。码头上喊声震天，都在叫："西山纸客加油。"

眼看日头偏西了，三公身上也挨了不少拳脚，只好点了他的穴。他立马软下来，跌到河里。三公怕他淹死，拎到浮桥上，就回家了。这个罗汉过了七天，吐血而死，三公为县城除了一霸。

# 三

那时，村盘上有二十多人学打。我祖父三弟、四弟，连同堂兄弟，就有四人学打。

余生也晚，只见过细公。记得那时，村子里有人手脚摔断，或脱臼，都来找他。他拿手过去把捏一下，只要不是粉碎性骨折，在伤者不注意时，突然发力，猛然一拉，一推，咔嚓一声，就接上了。采来骨碎补、接骨草、黄荆等药，捣烂，敷上，用夹板夹上。

细公讲过一个"千斤茂公"的故事给我听。

早先黄家庄，有个千斤茂公，长得牛高马大，有着牛劲马力。他早年为了练轻功，长年在腿上包铁砂子，逐步加量。五年后，可纵过六把桌子。为了练力气，每天将一头小牛抱过港，三年从未间断，牛长大了，他自然成了大力士。他吃饭能吃一小甑，一桌丰盛的菜，就当吃一个点心。一天，山外一个地主听说他力气大，请他去耕田。他一上昼，就耕了五担种的田，把牛累得趴在地下，口吐白沫。他抓住两只牛脚，往背上一搭，就往回走。地主见把牛累坏了，就把他辞了。

罗亭有个财主叫罗八，风闻十八磷的山大王，要来他家打秋风，就把千斤茂公请去当家丁。

秋收过后，山大王果然带了几个凶神恶煞的弟兄来了。山大王坐在堂屋太师椅上，跷起二郎腿，拿出礼单，往八仙桌上重重一搁。

罗八看都没看一眼，大喊一声："看茶。"

只见千斤茂公右手掇了一只六七百斤重的碓臼，里面还冒着腾腾热气，躬身说："大王请用茶。"

山大王一看这架势，傻了，吓得瑟瑟发抖，拿起礼单，说了一声："叨扰了！"他就回十八磜去了。

南昌知府听说这样一个奇人，便请他当衙役，吓得小偷门都不敢出。

一天，黄家庄的人来南昌府，对千斤茂公说："你走后，山上咯老虎、豹子白天都来村盘上，捉狗当点心吃。撑得走路都走不成。"

千斤茂公回到村盘里，可老虎、豹子吓得都躲起来了。于是他放火烧山，自己带了一坛梅岭春老酒，坐在山顶，就等吃烤老虎、豹子肉。他边品着酒，想起自己美丽、丰满的大脚婆老婆，唱起了《大脚婆》歌谣："家住仰天锣，两脚大如钵。有人话我大脚婆，大脚怪不得我。过年做双鞋，隔壁说得来，说是大得装箩谷，大脚婆气得哭。大脚扯鞋面，花线要五钱，做双花鞋捏半边，好像打渔船……"

千斤茂公正怡然自得，可山火从四面围过来，结果把自己烧死了。

三公还说：打师怕哑师。早先有个伙计，在地主家斫柴、劈柴，日久月深，自己都不晓得有功夫。一日，一个打师来地主家寻祸。伙计看不惯，上前劝解，被羞辱，气得一手抓住打师一只脚，一用力，把打师撕成两半。

我的细公活到八十六岁，在他去世前几天，都在院子里习武。长须飘然，如不老之松。

## 四

我龚氏第一个来江西开基的先祖，叫龚顺。他是北宋淳化三年（992）进士，因文武全才，来洪州任镇南节度使，兼转运判官。六十六岁那年，在进贤戟溪定居下来，他的后人堂号多写"戟溪世第"或"文武世家"。龚氏的祖训是：能文能武方为大丈夫。

中国历史上，像孔子、孟子、朱熹、王阳明一样有大格局的人，哪个不是文武兼修。只有这样，才能智勇双全，才能养浩然之气，才能富贵不能淫，贫贱不能移，威武不能屈。

——那时，到了年关，大家在张师父的带领下，打起了狮子灯。

狮子灯有一公一母。长五尺，高三尺余，用竹篾扎成，外面蒙上红黄为主色调的绸缎。乌一黄二。按照江湖规矩，不可打乌头狮子。每头狮子由两人操纵，后面一个功夫要大一些。踩准锣鼓的节奏起舞。有腾、挪、跳、跃等动作，欢快喜庆，活灵活现。接着表演八个字及十八般武艺。

狮子灯每到一处，都有人打爆竹迎接。狮子是瑞兽，所到之处，辟邪驱恶，带来吉祥。

到二十世纪八九十年代，我们村盘还打狮子灯。可近年来，年轻人都忙着打工、做生意去了，再也没有闲情习武、打狮子灯了。

# 贴春联

大年三十，家家都要贴春联。

春联，又称对子，讲究平仄对仗，是以中国为中心的汉语文化圈才有的文化现象。

春联，据说起源于周代的桃符。《后汉书·礼仪志》说，桃符长六寸，宽三寸，桃木板上画神荼、郁垒二神。正月一日，用桃符挂在门上，百鬼所畏。相传，兄弟二人擅长捉鬼，如是骚扰百姓，便将其擒伏，喂虎。

据《宋史·蜀世家》记载，五代后蜀主孟昶"每岁除，命学士为词，题桃符，置寝门左右。末年（964），学士辛寅逊撰词，孟昶以其非工，自命笔题云：新年纳余庆，嘉节号长春"。这便是中国最早出现的一副春联。

王安石《元日》："千门万户曈曈日，总把新桃换旧符。"可见在宋代，春联仍称为桃符。

清陈尚古《簪云楼杂话》记载，明太祖朱元璋定都金陵后，除夕前，曾命各家须写一副春联，并亲自微服出巡，挨门观赏取乐。尔后，文人学士更是把题联作对视为雅事。明太祖还为一户阉猪的人家写了一副春联："双手劈开生死路，一刀割断是非根。"

清代《燕京时岁记》上就说："春联者，即桃符也。"

记得那时，每年在大年三十这一天，父亲要磨好墨，备好笔，戴好眼镜，给乡亲们写对子，从早忙到晚。父亲写的对子，多是从《通书》上选来的。写得最多的对子是"青山几度逢盛世，佳客闲来话丰年""天增岁月人增寿，春满乾坤福满门"。

大门、后面、中堂、厨房都要贴对子。

联子寄托主人的兴趣和爱好。房间有人喜欢贴"室雅何须大，花香不在多"。

厨房很多人贴"寻常无异味，鲜洁即家珍"。猪槽、牛栏、鸡蒔也贴上"六畜兴旺，鸡鸭成群"。仓库贴"风调雨顺，五谷丰登"。

可村中那个经常帮我们讲忆苦思甜的雇农，把左联贴到右联，倒也罢了，还把"六畜兴旺"贴到大门口，把"东成西就"贴到猪槽，传为笑话。

父亲一面写对子，还一面讲故事。

在早先，娶亲嫁女作兴对对子。有港口周家向土门赵家娶亲，出了上联："一枝朱笔点港口。"土门赵家毫不示弱，下联曰："三尺罗裙遮土门。"结果，没有结成亲，还打起架来。

有一个员外，生了十个女儿，辛苦带大，都出阁了。二老到了垂暮之年，没有一个女儿有良心。员外很生气，过年在门口贴了一副对子："家有万金不富，人养五子还孤。"左邻右舍不解其意。员外解释说："我十个女儿，不是万金吗？姑丈是半子之道，不是五子吗？"女儿姑丈闻言，羞愧难当，都争着赡养老人。

有两个举子，一个姓刘，一个姓李，都带着书童，进京赶考，在一个凉亭不期而遇。都是同道中人，惺惺相惜。姓刘的举子拱了拱手，说："敢问兄台尊姓？"那个姓李的正在摇风打扇，说："骑青牛出函谷——老子姓李。兄台贵姓？"姓刘的灵机一动，说："斩白蛇兴汉室——高祖是刘。"

父亲还会对对子。在新中国成立之初，他三十出头，有一天在自家的田里耘禾，见邻村的一个人跑得满头大汗，气喘吁吁。父亲问他跑什么。他说，他哥哥嫁女，男方出的对子，满屋场的人没有谁对得出。他正急匆匆去邻村，找一个老先生帮对。马上又问，你也是先生，能对得上吗？父亲上了田塍，看了上联，很快就帮他对出下联。那个人把随身带的肉、面，谢了父亲，欢天喜地而去。这对子如果对不出，就给整个屋场、家族丢脸。正如前人所说：读书须用意，一字值千金。

在除夕这一天，除了贴对子，还要在大门上要贴门神，壁上要贴年画。这样一点缀，就是竹篱茅舍，也平添了几分喜庆氛围，有了年的味道。

杨圣希《梅岭竹枝词》诗云："儿时往事记犹新，年年红纸写宜春。如今笔砚人家少，买副春联贴上门。"

是的，当下很多人家，省得求人写对子，多是买对子贴，况且现在的乡村，能够题诗作对的人也少见了。

# 打爆竹

说到过年，一定要打爆竹。

相传，"年"是一种凶残无比的怪兽，每隔一段时间，就要出来兴风作浪，毁坏庄稼，伤害人畜。有一年的腊月三十，年又来到一户人家门口。天寒地冻，恰逢这户人家烧竹子取暖。火光熊熊，竹筒内空气受热膨胀，发出噼里啪啦的爆裂声。年听了很害怕，吓得跑了。

从此，人们每逢年末岁首，都要燃烧竹子，驱邪灭灾。《诗经·小雅·庭燎》有："夜如何其，夜未央，庭燎之光。"就是在庭院用松枝燃竹子。

南朝梁懔《荆楚岁时记》记载："正月一日，是三元之一日也。春秋谓之端日。鸡鸣而起，先于庭前爆竹，以避山臊恶鬼。"

于是，人们常燃烧爆竹，称之为：平安爆竹。

唐代发明火药后，有个叫李田的人，在小竹筒里装上火药，点燃后发出巨响。人们就效仿这一做法，爆竹筒以驱魔。后来人们又用纸筒，代替竹筒，并用麻绳扎爆竹编成串，才产生了今日所说的爆竹。

矮子矮如钉，死了喊一声。这是关于爆竹的谜语。

我小时候，酷爱放爆竹。那时的爆竹声于我，不亚于快乐的歌、欢乐的舞。每逢家里放爆竹，我便争着执行这项任务。趁父亲不注意，总是偷偷剪下一截，藏起来，拆开来一个个放着玩。一声爆竹响，便在我心头带来一阵欢喜。

每年的大年初一，是我最忙碌、最快活的时候。天才蒙蒙亮，就起来，听见谁家打爆竹，便是一阵风似的跑去，捡没放响的爆竹残骸。那时的细伢子个个如此，只等爆竹一燃完，一齐扑了过去，抢作一团，哪里还管得了刚穿戴的新衣新帽。

一次，一个叫家顺的伙计，捡到半挂没爆完的爆竹，放进口袋，正得意洋洋，可爆竹复燃了，随着一阵噼噼啪啪声，烧坏了新衣裳不说，还将屁股烧烂了半边。

有一年的初一，邻居家在大门口供好了三牲和斋饭，就到灶下去点香烛，祭拜天地。可与他家同屋而居的一个四岁多的细伢子，跑过来，端起斋饭就跑，惹得我们哈哈大笑。因为斋饭很满，我们给这个细伢子取了一个外号：吃满咯。

堂兄去县城的姑姑家做客，买来十多个叫"震天雷"的大爆竹，点燃往深潭里一抛，闷雷似的一声过后，居然炸死了二三十条小鱼。鱼浮水面，一动不动，一副死不瞑目的样子。那时，我很喜欢玩这种游戏。

有一日，我们一群细伢子正在打爆竹取乐，侄儿秋生不晓得从哪里捡来一枚炸弹。所谓的炸弹，才酒药般大小，用薄膜将白硝和雄黄隔开，包扎好。这两种药，只要碰在一起，就爆炸。这是猎人放在山上炸野兽的。那时，我是个十一二岁的懵懂少年，正嫌放爆竹不过瘾，接过炸弹，摆在一块平整的石头上，拿起一块小石头，敲了一下，随着一声巨响，脸炸花了，手震麻了，耳鼓在嗡鸣。

此后有一段时间，我听见爆竹声，都会心有余悸。犹其是年三十夜的爆竹声，此起彼伏，震耳欲聋，不知伴我度过了多少个不眠之夜。

可近几年，很多地方禁爆竹了。这样一来，年味似乎陡然减了一大半。随之，各种花灯也玩不起来了。

随着岁月的增加，我越来越恋旧，很是希望，又听到噼里啪啦的爆竹声。

细细思量，这爆竹声，其实寄托了先民一种祛邪、避灾、祈福的美好愿望。

# 击辕之歌

## 一

我文学启蒙第一课，是民间文学。

从我咿呀学语起，母亲就教我唱童谣："灯盏嘚，矮坡坡，三岁孩儿会唱歌，不要爷娘教乖我，自己聪明会唱歌。"

一次，母亲教我唱："花喜鹊，尾巴长，娶了老婆忘了娘。"母亲问我："崽呀，以后娶了老婆，还记得娘吗？"

我说："我不要老婆，我只要老娘。"

还有童谣唱道："奸雀（麻雀）嘚，肚皮黄，愿要老婆不要娘。娘是路边草，老婆是个宝。老娘坐在高山上，老婆坐在膝盖上。"

姐姐用采茶调，教我唱《梅岭十二月采花》：

正月梨花白如雪，二月郑花送春来，三月桃花红似火，四月刺蓬遍地开，五月栀子芯里黄，六月莲花满池塘，七月菱角牵藤长，八月桂花漫天香，九月菊花黄似锦，十月茶花小阳春，十一月无花无人采，十二月梅花斗雪开。

那时，父亲把童谣当催眠曲，一上床便教我。我唱着，唱着，就睡着了。第二天醒来，接着又唱：

奸雀嘚，捡块铁。捡块铁做什哩？打刀子。打刀子做什哩？斫竹子。斫竹子做什哩？做花篮子。做花篮子做什哩？嫁姐姐。姐姐嫁在哪里？嫁到梅岭头上。梅岭头上打一管铳，吓得姐姐肚子痛。大姐姐生个崽，细姐生个女。大姐咯崽，会管家,细姐咯女,会绣花。日里绣个团团转,夜里绣朵牡丹花。牡丹花上一对鹅,飞来飞去看阿婆。阿婆门前一棵树,留得阿婆做屋住。阿婆门前一条港,留得阿婆洗衣裳。公撑船,婆撒网,一打打到一只金丝鲤。公吃头,婆吃尾,中间留得接外孙女,外孙女不来,雷公霍闪捡到吃半年。

当我唱到"雷公霍闪捡到吃半年",就急了,问父亲:"那阿公、阿婆为什么自己不吃呢?"

父亲说:"阿公、阿婆舍不得吃,后来都过世了!"

听父亲如此一说,我幼小的心灵掠过一丝沧桑感。

## 二

同二哥上山砍柴,路上听见青蛙在唱,知了在叫,二哥给我打谜语:"什哩田里打花鼓?什哩树上唱清歌?"我想当然,很快猜出来了。

二哥又打谜语给我猜:

大哥山上坐,二哥捡田螺,三哥买鸡不用秤,四哥偷谷不用箩,五哥攀高叫叽叽,六哥五更叫人起,七哥剁肉不用刀,八哥天生被人骑,九哥行走要人牵,十哥是尺拿不起。

一股尖尖,二股圆圆,三股打伞,四股握拳,五股拉拉长,六股脱脱扁,七股一身毛,八股一身疮,九股吊了颈,十股进土库。

第一个谜底:虎、鸭、野猫、老鼠、知了、鸡、猫、马、牛、蛇。

第二个谜底:辣椒、南瓜、蘑菇、茄子、豆角、扁豆、冬瓜、苦瓜、丝瓜、土豆。

细伢子流鼻涕,大人会打谜语给你猜:"两只黄狗,坐在巷口,看见人来,就往上跑。"

这些谜语,有情有趣,蕴含高度的民间智慧。

## 三

心之忧矣，我歌且谣。

有学者考究，我乡原住居民，属于古代百越民族的一支——干越人，是苗、壮、侗、土家等民族的祖先。随着北方中原人逐渐迁入，他们被迫迁移，但其文化习俗，仍保留不少。最明显的现象，就是我乡传统民谣中，有一种盘问式的山歌，也叫猜歌。

　　盘歌先生老贤台，我打歌子问起来：什哩出来天开眼？什哩出来人吃人？什哩落地地翻身？

　　盘歌先生老贤尊，要等我来表你听：日头出来天开眼，孩子出来人吃人，犁头落地地翻身。

　　盘歌先生老贤台，我打歌子问起来：米筛圆圆几多眼？四两丝线几尺长？一担芝麻几多双？

　　盘歌先生老贤尊，要等到我来表你听：米筛算篾不算眼，丝线算两不算长，芝麻算升不算双。

　　盘歌先生老贤台，我打歌子问起来：什哩生在高山顶？什哩生在半山中？什哩生得海样深？

　　盘歌先生老贤尊，要等到我来表你听：头发生在高山顶，眉毛生在半山中，喉咙生得海样深。

　　盘歌先生老贤台，我打歌子问起来：什哩雀子高山叫，什哩雀子半天飞？什哩雀子自带泥？

　　盘歌先生老贤尊，要等到我来表你听：哥公雀子高山叫，鹅雁雀子半天飞，只有燕子自带泥。

有一年，我去贵州西江苗寨，导游开玩笑说："江西的朋友们，欢迎你们来到西江。你知道这里为什么叫西江吗？因为我们的老家就在江西哦。"

饥者歌其食，劳者歌其事。情动于中，发乎于外。《寡妇歌》唱道：

正月寡妇过新年，四跪八拜到人前，往年拜年丈夫去，今年拜年我向前。
二月寡妇过花朝，对镜梳妆泪滔滔，别人梳妆有花戴，寡妇梳妆皮箍头。
三月寡妇过清明，手提香烛祭夫君，向着坟头三声喊，为何丢下我一人。
四月寡妇谷雨边，想起夫君夜难眠，别人作田有郎管，寡妇作田全靠天。
五月寡妇过端阳，去观龙船出门房，划船舵手千千万，不见半个像我郎。
六月寡妇热难当，巷头巷尾来乘凉，别人乘凉尤是可，寡妇乘凉是非多。
七月寡妇过十五，打着火包一大捆，冥币送给阴人用，祝愿天府好夫君。
八月寡妇赏桂花，公婆开口将我骂，别人媳妇有人疼，亡夫之妇恨命差。
九月寡妇过重阳，重阳做酒酒可香，别人做酒有郎尝，寡妇做酒用坛装。
十月寡妇小阳春，采摘茶桃忙不停，种稻还要抢收割，寡妇劳累多艰辛。
冬月寡妇过冬天，别人空闲我无闲，卖柴打工攒点钱，好好歹歹过个年。
腊月寡妇好凄凉，烧个火炉御天寒，天寒地冻就怕病，病了无人来照看。

我乡还有桑间濮上式的情歌，自然朴质，纯真热烈：

男：山歌好打口难开，杨梅好吃树难栽。想话几句私情语，姐的心事好难猜。
我的妹呀，赤脚踩水试深浅，我把山歌唱起来。

女：屋前屋后莫打歌，打的少来听的多。老人听了要挨骂，后生听了是非多。
我的哥呀，山歌要往深山打，树大藤深情意多。

男女合唱：高山流水响叮当，哪能有山水不落河，哪有哥来不想妹，哪有
妹来不想哥。哥呀妹呀，东边日头西边落，二人心事差不多。

山歌对唱：

甲：山边那个放牛郎，你打山歌果在行，牵开衣裳挡一挡，南风哪有北风凉？
东家公子告诉我，家花哪有野花香？

乙：山边那个放牛鬼，说话不怕走漏嘴，家鸡打得团团转，野鸡打得蓬蓬飞，叔伯个个一样说，莫听别人放狗屁。

明叶盛《水东日记》云："吴人耕作，或舟行之劳，多作讴歌以自遣，名唱山歌。"明陆容《菽园杂记》说："吴越间好唱山歌，大率多道男女情致而已。"《隋书·地理志》记载："豫章之俗，颇同吴中，其君子善居室，小人勤耕稼。衣冠之人，多有数妇，暴面市廛，竞分铢以给其夫。俗少争讼，而尚歌舞。"

# 四

俗语说："水滴积多盛满盆，谚语积多成学问。"

谚语是劳动人民的智慧结晶，蕴含丰富的人生哲理和天文地理知识。

每当我清早赖床，不愿起来，父亲会教导我说："一年之计在于春，一日之计在于晨。"

每当我口吐狂言，说大话的时候，母亲教导我："松柏越高越挺，财主越大越小心。过量的饭可以吃三碗，过分的话不可以说三句。"

生活谚语：

> 萝卜青菜，各人所爱。
> 亲不亲，财是真。
> 雪里埋人，久后见分明。
> 一个篱笆三个桩，一个好汉三个帮。
> 三岁看大，七岁看老。
> 亲戚朋友不怕多，冤家对头怕一个。

气象谚语：

> 东虹晴，西虹雨，南虹北虹涨大水。
> 春寒致雨，冬冷冬晴。

春分秋分，昼夜平分。

夏无三日雨，春无三日晴。

夏至见晴天，有雨在秋边。

七月秋风雨，八月秋风凉。

夏至无雨三伏热，重阳无雨一冬晴。

处暑白露节，夜寒日上热。

大旱不过七月半，十月无霜地也寒。

交了九，立了冬，不是下雨就是风。

一场冬雪一场米，一场春雪一场水。

云往东，暖烘烘，云往西，穿蓑衣。

夜里星星密，明天穿蓑衣，夜里星星稀，明天晒死鸡。

早霞风雨晚霞晴。午后西起乌云雨来跑不赢。

日出东方红，无雨便是风。

农事谚语：

人勤地生宝，人懒地生草。

春天三场雨，秋后不缺米。

春雷响，万物长。

清明热得早，早稻一定好。

今冬大雪飘，明年收成好。

清明浸种，谷雨下田；芒种栽禾，大暑收割。

芒种打火夜耕田。

惊蛰种子，春分栽新。

修养谚语：

树正不怕风摇动，身正不怕月影斜。

大路不平旁人铲。

失物是真，疑人有假。

人上一百，武艺皆全。

人无足心，花无绿芯。

人情好，水也甜。

夜夜做贼不富，朝朝待客不穷。

在家靠父母，出外靠朋友。

# 五

民间文学的重头戏，要算民间故事。乡亲们在田头边讲、洗衣埠头讲、吃饭时讲……

寒冬腊月，大家不像现在这样，有电视可看，有收音机可听，有电脑可玩，都挤在一起摆龙门阵。

一到冬天，父亲便在堂屋中间，打一个火塘，一尺来深，二尺见方。雨雪天气，就烧一堆篝火。火苗笑，客人到。左邻右舍，纷纷来烤火，聊着聊着，就讲起了故事。你讲"赶西山填东海"，我讲"许真君镇蛟龙"，他讲"裘皇姑千里救夫"。故事不断，精彩不断。

"文章合为时而著，诗歌合为事而作。"农民创作的故事，也多是为本阶级的人说话的。有一个"一女配三郎"的故事，便是如此。

话说有一个私塾先生，在老远的地方教书，赚了一担谷子，走在半路上，挑不起了，先后由秀才、道士、农民三个人才把它挑回家中。一概许诺，将女儿相配。同一日，三个人都来求亲。先生说："我只有一个女儿，给谁呢？这样吧，你们各以自己的职业作一首诗，谁赢，谁把我女儿娶走。"

秀才作诗道："乌笔写来朱笔改，作起文章人人爱。如若小姐嫁给我，凤冠霞帔任你戴。"

道士作诗道："道士法尺戒，做起斋醮人人爱，如若小姐嫁给我，冇头鸡子做长菜。"

农民作诗道："犁来耕，耙来盖，收起白米人人爱，如若小姐嫁给我，白米饭配老芥菜。"

小姐说："一不想凤冠霞帔戴，二不想冇头鸡子做长菜，只想白米饭配老芥菜。"

有一个叫"诗意"的故事，极富农民式的幽默。

暮春三月，桃红李绿，诗人来到郊外踏青，寻找灵感。

诗人漫步在田野上，只见路边嫩绿如韭的小草丛中，红黄蓝白紫，点缀着许多小花，清香撩人。诗人有些陶醉。这时，对面走来一位老农，挑着一担芥菜，背后跟着一条硕大的狗。诗人禁不住问道："老伯，你天天在这开满鲜花的小路上，走来走去，是不是觉得很有诗意？"

农民七十好几，目光有些浑浊，茫然地打量了诗人一眼，说："我日忙夜忙，哪有功夫看花。只有我咯狗，什么也不做，整天在田塍上走来走去，有没有诗意，它最清楚。"

早先，有一个员外，生了三个女儿。大女嫁了一个读书郎，二女嫁了个盐商，三女嫁了个作田佬。

每逢过年过节，三个姑爷去员外家做客。员外有了规定，每次都要吟诗作对比赛，胜者好酒好肉任你吃，败者只许吃粥。

有一年过节，三个姑爷到齐了。丈人说："这次不比诗，也不作对联，比吹牛。"

大姑爷说："我们村有一面通天大鼓，有三幢土屋大，只要轻轻地敲一下，十里外都听得到。"

二姑爷说："在我乡有一条战船，当年在曹操下江南，八十三万人马，就是乘这只船来咯。"

三姑爷一听，急了，心想又要吃粥，干脆回家，把经过一五一十给老婆说了。

三妹立马回娘家。

两个姐夫摇风打扇，好不得意。

大姐夫问："三妹，你老公哪里去了？"

三妹说："他哪里还有闲工夫坐在这里喝茶吃酒，我家出了两桩大事，正忙得不可开交呢！"

"什么事，说来听听。"

"还不是为了我们家那头该死咯牛，一口吃掉人家四亩田咯禾。人家正要我家赔谷呢！"

"瞎吹，哪有这样大的牛！"

"我家不养这样大的牛，姐夫哪里蒙得那么大咯鼓。"

大姐夫哑口无言。

二姐夫说："那么，还有一件什么事？"

"莫谈，莫谈！去年春天，我们家在屋后栽了三棵竹子，今年清明长出一只笋，到了谷雨，一下捅破了天。刚才，玉皇大帝派天兵天将下凡，找我老公商量，把竹子砍掉，不然的话，直逼凌霄宝殿了。"

"乱说，哪有这样大咯竹子。"

"没有这样大咯竹子，哪撑得了八十三万人马下江南咯船。"

二姐夫也面红耳赤。

二位姐夫在聪明伶俐的三妹面前，自认到霉，乖乖地喝稀粥。

# 六

由于民间文学自幼对我的熏陶，对我后来写作，产生了深远的影响。我不时在文章中，穿插一些民间故事、歌谣、民谚，丰富了写作素材，增添了文章的地域色彩。正如三国曹植《与杨祖德书》所说："夫街谈巷说，必有可采，击辕之歌，有应风雅，匹夫之思，未易轻弃也。"中国古代四大传说《梁山伯与祝英台》《白蛇传》《孟姜女》《牛郎与织女》都是由民间创作的。

我的恩师张小龙先生，也多次教导我，说："你要多到乡间去，和老人家接触，在他们每个人身上，都有很多故事。"

而如今的农村，在现代文明的冲击下，越来越绚丽，越来越精彩。农民的闲余时间，可以看电视，可以上网，谁还会集聚在一起唱民谣，听民间故事呢？

民间文学，是一道离我们越来越远的风景线。

# 乡音俚语

在我孩提时，听大人说，一个人吃哪里的水，就是哪里的口音。方言有隔山不隔水之说。可在当下，不论你走到城乡内外，还是大江南北，细伢子都说普通话啦。

他们不但说普通话，就连以往的称呼也改了。父亲以前叫爸爸，现在叫爹地；母亲以前叫姆呀，现在叫妈妈，甚至叫妈咪；祖父以前叫公公，现在叫爷爷；祖母以前叫嗯妈，现在叫奶奶。阿公阿婆，叫姥爷姥姥了，母舅舅母，叫舅舅舅妈了。几乎见不到现在的细伢子用乡音唱民歌民谣了。他们唱的是"拉大锯，扯大锯，姥姥家唱大戏"或"小老鼠，上灯台……"

以前的人结亲，一般不会超过五十里路，多是在十里八村，清早出门，当昼可到亲戚家吃饭。

今日的年轻人，走南闯北，四海为家，乡下只剩下老人和细伢子。

细伢子稍大一些，也进城读书了，难得会有一个回来的。

我乡属赣方言区。在唐以前，江西文化相对落后，且方言诘屈难懂，外省人称江西九江、豫章一带人为"傒狗"。

《南史·胡谐之传》记载了这样一个有趣的故事：胡谐之，是豫章（南昌）人。建元二年（480），担任给事中、骁骑将军。齐武帝萧赜打算与胡谐之家结亲，可他一家人讲的是赣方言，很难听懂，便从宫中派了四五个人，去胡家，教他的子女说建康（南京）官话。可两年后，齐武帝问："你的家人方言改过来了吗？"胡谐之回答说："宫中人少，臣家里人多，不但不能改正方言，使得宫中人也尽说赣方言了。"齐武帝大笑。

到了明代，有朝臣半江西之说。据说解缙在永乐年间，主修《永乐大典》，有同僚问解缙："解总裁，听懂江西话有何诀窍？"解缙说："吃读喫，说读话，玩读捏，站读徛，跳读纵，睡觉读睏觉，太阳读日头，月亮读月光……"

相传，解缙没有发迹的时候，就才名远播。一日，有一个北方来的文字学家，慕名来赣拜访解缙。解缙打扮成船夫，在赣江渡口迎接。

文字学家上了船，解缙故意问："客官，你来赣贵干？"

文字学家说："我听说解缙诗写得好，但我呢，没有不会写的字。我特来会他。"

解缙说："那不见得。我来说，你来写，试一试看啰。"

文字学家说："请便。"

正好船上有人提了一只公鸡。解缙说："那就以公鸡为题——头戴金冠颈带嗉（嗦囊），身穿紫袍脚带距。"

文字学家拿出笔墨，写了起来。写到"嗉"字，就停下来，写不下去。

解缙哈哈大笑，说："不会写吧。"嗉""距"两字全不晓，赶快回家莫问佢。"

同光体诗人杨增荦，是新建溪霞人，去京做官，带了邻村一个姓陈的人，去当佣人。一天早上，陈师傅去买菜，问："先生，买点什哩菜好？"杨增荦说："鱼啰，肉啰，萝卜、青菜、大蒜，囊囊桑桑。"囊桑，方言是"等等"的意思。陈师傅到吃昼饭才回来，说："先生，跑遍了几条街，冇买到囊桑。"杨增荦被逗得哈哈大笑。

光绪二十七年（1901），时任翰林院编修的刘廷琛，预感大乱将至，告假还乡，在庐山脚下建一所介石山房，读书其中，"潜究夫阴阳往复之机，治乱得失之本"，以待时变。当时，很多江西同僚经常前来拜望。一天当昼，张勋在介石山房，喝得面红耳赤之际，见杨增荦匆匆赶来，更是酒兴大增。

当时，南昌人把干杯叫献底。张杨二人尽同乡之谊，连干三杯。张勋说话都有一些结巴了。杨增荦好心劝他："少轩兄，你就不要再喝了。再献底，就要献丑。"

张勋怫然色变，把酒盅往桌上重重一搁，下了桌，来到堂前。刘廷琛看出了一点苗头，过来问候。张勋咬牙切齿地说："杨昀谷向来轻狂，自以为是进士出身，拿这个放过牛打过长工的人来醒酒。我要杀掉他才解恨！"

刘廷琛说："少轩兄，此言差矣。昀谷其实是一片好心，怕你喝醉酒。是你想得太多了。"

张勋沉默了片刻，用中指下意识地弹了几下茶碗盖，说："有理，有理。"便与杨增荦握手言欢。

我听过一首童谣，主要是说，方言可说不可写："芭茅窸窸窣，窸窣又窸窣；砻里砻谷唧唧呵，唧呵又唧呵；门闩叮叮捵，叮捵又叮捵，拴了大门又加撑。大哥问小哥，进来干什哩？开门来撑饭，有饭冇有饭？撑饭是有有，快快来滚蛋。"

我们当地的方言还很复杂。我村桐源，与南门头、江下湾，三个村几乎鸡犬相闻，说话的音调，就明显不同。如架头，古属于南康府安义县管辖，而西庄则属南昌府新建县管辖，以分界殿为界，相差就里把子路，不但方言不同，风俗也大相径庭。架头这边的人，把吃水读作"吃许"，而西庄那边的人，听作"吃屎"，让人觉得十分好笑。更有时候，会引起麻烦。安义方言劝客人夹菜吃，说："截菜吃。截嘛！截嘛！"

截，音近乎"绝"。去做客，往往都是初一、十五这样的大日子，新建县这边的人，听了则大为不喜。但南昌地区，多是说"拈菜吃"。

万光明先生《豫章方言溯源》记载：

《礼记·曲礼》羹之有菜者用梜，其无菜者不用梜。郑玄注："梜，犹箸也。今人谓为梜提。"《广雅·释器》："筴，谓之箸。"王念孙《疏证》："梜与筴同。"《广韵·怗韵》："筴，箸筴。古协切，又古洽切。"见纽盍部，豫章方言称以箸筴夹菜发音为呷菜。梅岭太平镇则谓截菜。本字为"梜"。

有个这样的故事。在早先，我村有个人，在西庄高家娶了亲。有一年初一，龚家姑丈去给老丈人拜年，丈人说："初一崽，初二郎，你难道不晓得一二？"

第二年，龚家姑丈初二下午去拜年，丈人又说来晚了，说："你这个人哪，怎么颠三倒四。"

有一年，丈人做上梁酒。寒冬腊月，菜一上桌就凉了。龚家姑丈有些结巴，好心好意叫大家："快烧（些）子吃，快烧子吃。"丈人气得吹胡子瞪眼睛。龚家姑丈说："你发什哩火？"可正在此时，厨房因柴草过多，灶里落下一个火苗来，一下子火光冲天。丈人气得破口大骂。龚家姑丈上前，一把揪住丈人的胡子说："你个老棺材，实在啰唆。灶门前发火，关我屁事。算我倒运，窜死、窜飙，跑到你家来结亲。从此以后，我龚家世世代代都不要跟你高家结亲。"

窜死、窜飙两个词，据万光明《豫章方言溯源》考证：

豫章方言詈人外出有"窜飙"一词。熊正辉《南昌方言词典》一六零页，先列"窜死"条，云："骂人不着家，到外面瞎逛：又跑得哪里窜死去了啊？"下一条"窜飙"云，"意思跟'窜死'差不多。飙，广韵宵部甫遥切，'群犬走貌'。"肖萍《江西吴城方音研究·第七章·本字考》（按：吴城古隶属南昌府新建县）："飙，窜飙：骂人外出瞎逛。《广韵》宵部帮母甫遥切，群犬走貌。"其沿熊说。从"飙"解字：一犬行前，二犬随后。《说文》："犬走貌，从三犬。"

我乡有一个客商，去邻县做生意。当昼走进一家饭馆，说："吃碗清汤，吃碗面。"可老板听成七碗清汤七碗面。一会儿，像走马灯似的端上一十四碗清汤挂面来，摆满一桌。客商很生气，说："我哪里是牛肚。"老板又端来一盘牛肚。客商更生气，连说："操蛋，操蛋！"可老板又端上一盘炒蛋来。

乡音俚语，生动传神。形容一个人小气，就说：吃饭怕碗响。形容一个人发怒面相难看，就说"五岳朝天"。形容一个人强横，就说"捐锹拿铁向前"。形容一个人诬赖好人，就说"牙黄口臭"。形容一个人木讷，就说"脚踏莲塘问莲塘，人还没死眼先盲"。

我乡有"宁卖祖宗田，莫丢祖宗言"之说。很多乡音俚语，看似土里土气，其实都有它的根据，甚至是我们的先人，从中原带来的古风古韵。由此可见，方言其实也是祖国文化的重要组成部分。

# 儿时游戏

## 一

早些年，我家在梅岭店前街开了一家小超市，一日，陪妻子到市场进货，看见陀螺，喜不自禁，进了二十套，放在货架上，却是许久无人问津。

儿子数落我说："老爸，你怎么把一堆老古董请进来了？还是你自己拿去玩吧！"

原来，儿童游戏也是与时俱进的。现在的孩子，喜欢玩的是电脑游戏、变形金刚、四驱赛车……

时过境迁，在这个剧变的年代，我们儿时的游戏，的确是难得一见了。

# 二

陀螺。总有那么些天，村前的场地上，有人在打陀螺，大家便纷纷效仿。

去山上砍来檀树，锯之，削之，刨之，雕之，刻之，再用火烘干后，涂上各色颜料，一个漂亮的陀螺就做成了。

打陀螺一般在天高气爽的秋天。放学后，我们便不约而同来到平坦的禾场，右手先将竹鞭上的带子把陀螺缠紧，再将鞭子一扬，陀螺便旋转起来。陀螺这东西，你越用鞭子抽它，它转得越快，转得越欢，我们戏称它为"贱骨头"。听老一辈的人说，抗战时期，叫"打汉奸"。儿童的游戏，也有爱国情结。随着抽陀螺的鞭子打得山响，我们的欢声笑语也响彻云霄。

推铁环。突然有一日，有人在上学的路上推起了铁环。铁环是被一个推钩推着走的，发出嚓啷啷的欢歌，很是令人羡慕。放学后，我找遍了家里楼上楼下，角角落落，就是找不到一个铁环。无意中，发现母亲用来烤火的坐炉上，有一个铁环，不管三七二十一，就把它扒了下来。心急火燎，做了一个推钩，便推着铁环，在野外疯跑。待跑得一身汗水回家，坐炉却散架了。

踩高跷。踩高跷也叫走高脚灯。这本是民间的舞蹈形式，我们且把它当玩具。用两根长约六尺的竹竿，在高二尺左右处凿洞，装上踏板。开始踩上去，还是一晃一晃的，才走上几步，就平稳了。有的人，艺高人胆大，在三四尺高处装上踏板，走起来摇摇晃晃，好吓人。下雨天，路上泥泞，没有套靴穿的人，就踩高跷上学，可保鞋袜不湿。

踢毽子。在过年杀鸡的时候，留起公鸡尾巴上漂亮的羽毛。找来一个外圆内方的铜钱，做成毽子。几个人在一起，叫一声"看呢"，就踢起来，谁踢得多谁赢。

《西山竹枝词》云：

> 娇花宠柳艳阳天，湘水罗裙一色鲜。
> 小妹阶前学踢毽，凤头鞋子跃金莲。

注脚云："山中见女子，每于岁暮，无事之时，以指头大小布裹钱一枚，纳鸡毛五六匹于眼中，用线缚定，钱重毛轻，以便腾踢，如打蹴鞠之戏，较多少为胜负。其能者，以一脚踢案头，一足悬空，连踢数百毽不堕落，微有凌风舞掌之势。踢罢，掠鬓整衣，不喘不汗，亦绝技也。"

跳房。在地上画上八个方格，每个方格一平方尺见方。捡来一块平整的瓦片，呼朋引伴，便踢了起来。一脚踢去，要确保瓦片不压线，急不得，慢也不行。从第一间踢到第八间，便可封一间房，写上自己的名字。房子封得多了，就犹如封疆大吏一样，颇有成就感。

鹞鹰抓小鸡。一大群孩子，一个人扮作鹞鹰，一个人扮作母鸡，其余的人都扮作小鸡。小鸡排成长队，一个牵着另一个的衣裳，跟在母鸡身后。

母鸡还唱道："牵羊牵羊卖狗，狐狸狐狸拖狗，牵到南昌，打起铜锣落大雨。阿婆吔，呢呢哑哑打开门啰。"

鹞鹰说："你是哪个？"

母鸡说："我是花狗子哟。"

鹞鹰说："你在做什哩？"

母鸡说："我在牵羊卖狗哟。"

鹞鹰说："你怎么到天上来了？"

母鸡说："簸箕簸上来咯。"

唱到这里，鹞鹰发起了攻击。母鸡展开翅膀，遮遮掩掩。小鸡则躲躲闪闪。直到把所有的小鸡抓到为止。

捉迷藏。几个小拳头叠在一起，一人用手点着拳头说："竹端打水竹端沉，哪个按眼哪个寻。"

点到谁，就由谁寻。竹端，是舀水用的竹筒。

或几个人站在一块儿，由一个人边说边点："点兵点将，骑马打仗，有钱吃酒，无钱滚蛋。"点到谁，就由谁捉。

过家家。过家家也叫煮土饭。更有甚者，还用篱笆、树皮搭建房子，捡来砖头做灶台，弄个烂脸盆做锅子，抱来稻草做床铺。去田边割来嫩草用瓦片装着当蔬菜，用竹筒盛土当饭。几个人或当爹，或当妈。男女有别，尊卑有序。还模拟种田、种菜。角色分得一清二楚，日子过得有模有样。

　　吹肥皂泡。把肥皂泡浸在水里，待有一定的浓度时，装在一个竹筒里，将一根芒花秆蘸一下，吹之，马上冒出一串串五颜六色的肥皂泡来。肥皂泡在空中飘着，荡着，很快就消逝了。

　　光阴荏苒。随着肥皂泡消逝的，不仅有我的童年时光，还有我的青春年华……

# 三

　　陆游有诗云："白发无情侵老境，青灯有味似儿时。"

　　孩提时的游戏，多得数不胜数，就此打住。写到这里，我想起了我的文友李晓彤在微博中写道："我们已经不知不觉迷失在手机、电脑、信息这个纷繁的网络世界中。好想让时光倒转，回归到渐渐逝去的，那些简单而纯真的年代。"

　　那时的游戏，虽不像今日这般丰富精彩，但我们可以更多地接触江河湖泊、山野田园、花鸟虫鱼、民俗风情。无论是有一汪水，一片山，还是一块瓦，都能自得其乐。在做游戏的同时，还可以发现美，创造美，拥有美。虽然我们穿的是破衣烂衫，吃的是粗茶淡饭，但我们比现在的孩子玩得更欢，笑得更甜。

　　记得少年骑竹马，转身便是白头翁。儿时的游戏，是我们童年幸福生活的一个重要组成部分。

# 飘着药香的节日

在我乡，端午节这一天，不但要插艾蒿，挂菖蒲，洒雄黄酒来驱魔避邪，还要喝午时茶，挖土青木香、七叶荆，用来祛病防疫。

《风土记》就记载："端者，始也，正也。五日午时为正中节，故作种种物避邪恶。"

午时茶。做这种茶，要去田野山间，采摘钩藤、黄连、野艾、紫苏、苍耳、柴胡、淡竹、薄荷、山楂、车前草、夏枯草等。名曰茶，实际上可以与茶不搭界。

我乡煎中药叫煎茶，吃中药便叫吃茶，忌讳说药。

这午时茶，主要以钩藤为主。

钩藤多长在乱石丛中，如藤似蔓，爬在石头上。它的叶对生，其时开着球状的花朵。叶腋下，长着双钩。我们主要摘钩子，一不小心，会挂得手流血。一边摘，还一边唱："钩中钩，挂中挂，中间挂个锄头把。"

石头上往往有人砍下的钩藤枝丫，稍微捡一些便可。

《本草纲目》记载："钩藤，手足厥阴药也。足厥阴主风，手厥阴主火，惊痫眩晕，皆肝风相火之病。钩藤通心包于肝木，风静火息，则诸症自除。"

《红楼梦》第八十四回，写到薛姨妈被泼妇夏金桂气得肝气上逆，左肋作痛，躺在炕上。看情形来不及叫医生，薛宝钗先叫人买了几钱钩藤，浓浓地煎了一碗，给母亲吃了，睡了一觉，肝气才渐渐平复。

清吴趼人小说《劫余灰》，写到朱婉贞流落肇庆，在一家庵堂里病倒，庵主妙悟进来，看了道："阿弥陀佛！这是昨夜受了感冒了。翠姑，你赶快拿我的午时茶煎一碗来。"

可见我们的先人，就用午时茶治病。

那天当昼，煎一锅午时茶，一家人趁热喝下，可生津止渴、清热祛湿、益思提神、强身健体。据说这一天喝了午时茶，可保一年身体安康。

另外，还要按照比例，在锅里烘焙一些午时茶，用小坛子装好。细伢子有一些风寒感冒，咳嗽腹泻，便抓一把，煎水喝。

土青木香。当昼，冒着炎炎烈日，来到港边，挖土青木香。这是一种治疗中暑、腹泻的特效药。

土青木香其藤细细，叶形如戟，花朵呈漏斗状。有的果实能长到乒乓球那么大。

早先，没有钟表，把锹插在地上等待，看准正中午才挖。一棵只挖到二三两重的根。

土青木香的学名叫马兜铃，也叫水马香果、蛇参果、三角草、秋木香罐。

《本草纲目》记载："马兜铃，寒能清肺热，苦辛能降肺气。钱乙补肺阿胶散用之，非取其补肺，乃取其清热降气也，邪去则肺安矣。其中所用阿胶、糯米，则正补肺之药也。汤剂中多用，亦作吐，其不能补肺，又可推亦。"

挖出来的根茎，如指头般粗，带点扁平。有理气祛湿、活血止痛的功效。晒干，放在家中备用，关键的时候，还能救人命呢。

干土青木香，用时切碎末，温开水服下。一次不可以超过五克。

它的果实，有清肺降气、止咳平喘、清肠消痔的功效。

《西游记》第六十九回有诗云：

> 兜铃味苦寒无毒，定喘消痰大有功，
>
> 通气最能除血蛊，补虚宁嗽又宽中。

七叶荆。有的年头，父亲还要赶去山上挖一些七叶荆回来。七叶荆的根或叶，主要作用，可预防治疗细伢子惊风。

惊风临床出现抽搐、昏迷。往往比较凶险，变化迅速，威胁生命。《东医宝鉴·小儿》说："小儿疾之最危者，无越惊风之症。"

据说，有惊风症状的细伢子，你用手摸他的头发，会有三根竖起来。

七叶荆，其实就是黄荆。我们通常所见只有五叶。

山里人只要在山中发现七叶荆，便用红布系住。一是表示对它的敬重，二是把它当作精灵，怕它遁去。

　　我从小在山里摸爬滚打，很少看见过七叶荆。

　　父亲经常在山上砍柴、放牛，隔个三五年，才能发现一棵七叶荆，便用红布系住，要等到端午节午时，把根挖回家，晒干，备不时之需。叶子摘来烘干，可做茶饮。

　　父亲说，七叶荆喜欢长在阳光充足，或发过火的地方。所以它阳气最足，药性最烈。

　　荆柴虽普通，经过千百年的风雨雷电的煅烤，吸天地之灵气，汲日月之精华，终于长出了七片叶子，提升到与千年人参同等的地位，能救人急，救人命。

　　这也是一种传奇！人生亦如此，又有几个男儿能像七叶荆一样，经过岁月的锻炼，摆脱平庸，达到圣贤的境界！

　　端午节，是一个飘着药香的节日。

# 竹筒饭

一日在街上闲逛，见一家饭店有竹筒饭卖，就进去吃一樌。一个旧竹筒，一头用锡膜包紧，打开，里面是糯米饭，镶有红豆、腊肉，吃起来虽鲜糯可口，但无竹香，更无野趣。

我一边吃，一边想起小时候在老家吃竹筒饭的情景。

大约在端午节前后，时序已到小满，新竹成林，长出了新叶，村里人便要去高山上破"扎篾"。扎篾其实就是新竹破下的青篾，晒干后，可用来锁箩筐、斗笠、晒簟等篾具的边。

破扎篾都选在哭鬼崖、大岭庵、系马桩这样的高山，拿父亲的话说，扶起路来有天高，砍去一些新竹，可免去日后拖毛竹之苦。各家都带了米，当昼就在山上煮竹筒饭吃，另外还要备点腌菜、萝卜干等下饭。

是时，山上满眼都是新绿，已有一种小指头般大小的知了，在吱吱地叫着，好像在告诉人们，夏天来到了。它黛黑色，翅膀上有白色花纹，眼睛处朱红如漆。

大家汗流浃背，来到高山，稍休息片刻，分地段各搭一个破篾的架子。就是砍一根小毛竹，绑在两根毛竹上，搬一块石头做凳子坐。

新竹也叫嫩竹，两三刀就可以砍倒一棵，分成五尺一截。破开时，只听噼啪一声，水花四溅，竹香醉人。竹节里多含有水，越挨兜下，越多，口渴时，喝上几口，清甜爽口。后又将毛竹分成指头宽一片，就开始破篾了。左手捏紧篾片，右手运刀，过节时，稍用点力。但要把握好分寸，不然就削到手了。

削到手是常有的事，用刀在老毛竹上刮点白霜，很快止血。

竹篾按五十匹拦腰扎成一小捆。破下的叫黄篾屎，叫竹麻，铺在柴上晒干，掮下山，可用来造纸。

林下幽暗。头顶不时有白鹇掠过，让人惊艳。它通体雪白，头顶上有蓝黑色的羽冠，赤爪，红喙，体长有一米多。它生性高傲，超凡脱俗，一般栖居在这样的高山竹林中。山中很多花脚蚊子，绕着人嗡嗡地叫着。有一种叫"六月爆"的野果，长得红中带紫，吃起来酸甜可口。闷热难当时，有人打一个呼哨，竹摇枝动，沙沙作响。

昼饭边，大家也累了，各拿一截嫩毛竹笕，来到荒田。这荒田一般是以前住棚人留下的田产。用刀在竹笕割开一块一寸见方的口子，把洗好的米灌进去。竹笕里一般都有半罐天然的水。把口子依旧合上。

捡来了干柴，就在田中间烧一堆篝火。竹筒就放在火堆里，等煮上三十分钟，竹筒里的水滚了，就用微火再煨上半个小时，只闻得饭香扑鼻。

在此期间，大家在一起讲故事、唱山歌、猜谜子，其乐融融。

有人出了一个谜子："一丘田里四只角，中间站只红鸦雀，上蹿下跳热腾腾，只敢看来不敢捉。"好不容易猜出了是一堆篝火。

有人唱《十二月长工》：

一月长工一月天，提着篮子去拜年。别人拜年有酒肉，长工拜年讲工钱。二月长工二月天，东家带我去看田。东边走到西边转，东家田地大如天。三月长工三月天，牵牛扶犁去耕田。一日耕了四五亩，东家骂我抽黄烟。四月长工四月天，肩挑秧苗去插田。一天到晚没起腰，东家骂我躲瘟病。五月长工五月天，端午龙船闹喧喧。东家少爷看热闹，长工田里望青天。六月长工六月天，肩挑扁担手拿镰。东家乘凉又打扇，长工割禾汗满面。七月长工七月天，蚊子不许长工眠。东家睡在蚊帐里，长工睡在牛槽边。八月长工八月天，中秋佳节月儿圆。东家赏月有美酒，长工赏月望长天。九月长工九月天，东家叫我耕晚田。东家穿鞋又穿袜，长工赤脚下水田。十月长工十月天，我打单身真可怜。东家老婆四五个，长工不见女人面。十一月长工十一月天，一条破裤子屁股现。东家呢子羊皮袄，长工冻得打冷战。十二月长工十二月天，家家户户忙过年。东家有肉又有鱼，长工没有米过年。

吃饭时，将竹筒削出一条口子。这种饭吃起来，竹香浓郁，别具风味。

到了深秋，我每年去山上沃火屎或烧木炭。当昼，也砍上一截老毛竹，戳破一点节，把洗净的米灌了进去，用木塞封好。老毛竹比之嫩竹，烧出来的饭味道更甜更香。

我记得村里修马路通车的时候，炊事员按照人头，各锯一只竹梘，每人半斤米，打点水，放在笼蒸里蒸，做到童叟无欺。

竹筒饭，古已有之，最早或就是粽子的一种吧。

南朝梁代吴均《续齐谐记》记载："屈原五月五日投汨罗而死。楚人哀之，每至此日，竹筒贮米，投水祭之。……世人作粽，并带五色丝及楝叶，皆汨罗之遗风也。"

白居易《和梦得夏至忆苏州呈卢宾客》诗云："忆在苏州日，常谙夏至筵。粽香筒竹嫩，炙脆子鹅鲜。"

村里老人说，这竹筒饭是早期人类没有锅灶时发明的。

时至今日，吃竹筒饭是一种情趣，是一种美味，更是寻找一种返璞归真的生活方式。

《老子》有云："五色令人目盲，五音令人耳聋，五味令人口爽。"

繁华过后，终归平淡。

# 斫 柴

开门七件事,柴米油盐酱醋茶,柴居第一。在我童年的往事中,记忆最深的,也便是斫柴了。

砍柴,在我乡叫斫柴。那时的山村,不像现在这样奢侈,有电饭煲煮饭,用煤气炒菜,两眼老虎灶,一边做饭,一边煮潲,大把大把地把柴塞进灶膛,噼里啪啦,顷刻就化作炊烟,化成灰烬。

我在六七岁的时候,就同堂侄上山斫柴。堂侄叫小毛,比我大六岁,是大堂兄的独生子。因我排行第六,小毛叫我六叔。小毛每次上山,总喜欢带着我。我名之曰斫柴,其实尽干些掏鸟蛋、逮知了、摘野果、捉蜻蜓、追蝴蝶的勾当。小毛每次为自己捆完柴,还要给我这个小叔捡上一把干柴。走在路上,我总嫌柴硌得肩膀痛,就坐在路边歇着,听着田边的蛙鸣,看着天边的霞飞,倒也乐而忘归。有时还把刀在地上啄,唱道:"啄一啄二啄金龟,啄三啄四啄野鸡,野鸡头上一把黄梁伞,再啄三下一十八个眼。"

——小毛打前去了,还要回过头来,帮我捎柴。谁叫我是叔呢。有一天,不记得什么事,惹得我不高兴,好几天不理他。他还得一迭声地喊着六叔,给我赔不是。不久,小毛上了初中,再也不叫我六叔,也不同我上山斫柴了。

上山斫柴,最好是呼朋引伴而去,成群结队而归。有多余的时间,可以捉迷藏,做游戏,运气好时,还能捉到打盹的野兔,孵窠的野鸡,离群的小麂子。一年四季,都有采不完的野果。那时,我们很少见到香蕉、苹果、菠萝之类的水果,这野果便是大自然馈赠给我们的滋补品。

有时邀不到伴,就独自上山。走在寂寂的山路上,听鸟鸣而心惊,见草动而胆战,生怕山间会冒出一个山鬼或狐狸精来。听见乌鸦叫,或看见蟾蜍爬到树上,都让我忐忑不安。那时的我,对大自然充满了好奇心。听大人们说,树有树精，藤有藤怪。正如熊荣《西山竹枝词》所云："山深到处有山精，不怕腰悬五岳形。域解射人狐善媚，劝郎采药莫孤行。"

在我乡，每一个村口都有土地庙，里面供奉了菩萨，且面目狰狞，让人望而生畏。胆是吓大的，山里人都会有这种提心吊胆的心路历程。

对家乡的山山水水，不敬畏行吗？也许我在山间踏过的每一寸土地、每一块石头，就留下过我先人的足迹。

我们喜欢斫干毛竹、干茶树。这种柴特别耐烧。更多的时候，是捡晒干了的竹丫、树枝了。

有时边捡柴，还边打山歌：

这边唱：山边那个放牛郎，你打山歌果在行，牵开衣裳挡一挡，南风哪有北风凉？东家公子告诉我，家花哪有野花香？

那边唱：山边那个放牛鬼，说话不怕走漏嘴，家鸡打得团团转，野鸡打得蓬蓬飞，叔伯个个一样话，莫听别人放狗屁。

长工唱：日头公公快落山，我打长工好艰难，一日二餐苦菜饭，晚上芋头荞麦羹。

东家唱：日头公公莫落山，我请长工也艰难，一日三餐白米饭，一刀腊肉配三餐。

捡了一堆干柴，放在一平坦处，一根根把它叠好，再捆上。捆柴的藤，我们叫"条子"。我们喜欢斫细长的紫藤、鸡血藤、三叶木通藤，一定要韧性好。如果斫不到藤，就斫小毛竹破篾。有一次，我斫一棵手臂粗的小毛竹，手起刀落，在毛竹将倒未倒时，一条凉森森的竹叶青蛇落在手臂上。我惊恐万状，将手一甩，蛇跌到老远，估计骨头摔散架了，一动不动。

棍子柴，用肩膀捎；毛柴，则用背驮。力是压大的，一般重量可超过身体的百分之二十。左肩累了，便换右肩。我驮柴下山，有时在不堪重负的情况下，走在崎岖的山道上，双脚颤颤巍巍，三步并两步地往山下赶。汗如雨下，却顾不得揩。就是能在中途歇上一会儿，或咕嘟咕嘟喝上几口山泉水，或在草坪躺上片刻，那种滋味，别提有多美啊。

大人斫了两捆毛柴，就用尖担，一边一捆，走起路来，习习生风。

斫柴最怕踩到毒蛇，或触上马蜂窝。马蜂窝像个大秤砣，悬在柴草上，或树枝上，让人防不胜防，一触即发。我曾多次遭马蜂蜇过。每次被蜇，便鼻青脸肿，叫苦连天。

我喜欢捅马蜂窝，一是为了泄愤，二是寻找刺激。捡来一大堆有叶的竹丫，将自己埋伏在蜂窝近处，用一根脱了叶的竹丫，对准蜂窝，猛抽几下，马蜂嗡的一声四散，死的死，逃的逃，又苦于找不到复仇对象。我躲在竹丫下面，嗤嗤地笑，心里就像六月天喝了雪水一样痛快。

斫柴也有很精彩的时候。有一次，驮一捆柴刚完下山，身后的山林间，发出一种汹涌澎湃的呼啸声。抛开柴回头看，只见一股旋风，卷着山上的柴草，如蜂涌，似鸦飞，所到之处，木折竹爆，噼噼啪啪，响个不休。

有一次，独自来到高山之巅斫柴，走着，走着，天竟然像锅底似的黑了起来。空气沉闷得令人窒息。猛然，一道强烈的霍闪，劈空而下，从离我不到两丈远的灌木丛一划而过，电火所到之处，柴草烤得漆黑如炭。这真是惊心动魄的一幕，我若向前多走几十步，就在劫难逃啊！

雷声响过，下起了瓢泼大雨。我急忙钻进一块石坎下躲雨。整个世界是白花花的，雨蒙蒙的，湿漉漉的。这可是大诗人王勃笔下有着古典浪漫色彩的"西山雨"啊！

不久，雨过天晴，白云渐渐从山谷升起，愈积愈厚，刹那间，眼底汪洋一片，无边无际。山头上则松花含笑，杜鹃红艳似火，如锦似霞。空气里夹杂着一股沁人心扉的芳香，令人心醉。顿时，我被眼前大自然雄奇瑰丽的景致所震慑。

往昔的斫柴生活，让我学到了生活本领，磨炼了意志，也领会到了大自然的神奇美丽。

# 炊烟袅袅

说起往事如烟，我倒是会想起老家屋场上，煮饭时的袅袅炊烟。

那时，母亲在灶下煮饭，总要我帮烧火。阴雨天，没有干柴，烧不着火，母亲看见谁家烟管冒了烟，就拿两到三块竹片，叫我去人家引火。毛竹片点燃了，急匆匆往家里赶，火呼呼地欢叫着。

我烧火时，母亲还教我唱歌谣：

> 烟哪烟，
>
> 莫烟我，
>
> 烟那天上梅花朵。
>
> 猪衔柴，
>
> 狗烧火，
>
> 猫儿煮饭笑煞我。
>
> 虾公跳水摔断脚，
>
> 老鼠话咯要上药……

那时的灶下，有一整套的工具，吹火筒、拨火棍、火钳、柴刀，还有炆茶的生铁罐子。火不旺时，我便用吹火筒，死劲地吹。

每日煮饭的时候，要在灶里炆茶。用一只生铁罐，装满水，盖好，用一块三四个指头宽的竹片，卡在罐子把上，送到灶里左边。待水烧开，倒在热水瓶里。有时来得撇脱，抓一把茶叶，放进热水瓶里，一家大小都喝。

母亲经常说："吃什哩，都没有茶饭养人呢。"

有关于生铁罐的谜语："一个老汉乌又乌，钻到灶里煨屁股。"

　　有关于火钳的谜语："两姊妹，一样长，日里炙火，夜里透凉。"

　　淅（淘洗）好米，放在锅里煮。米煮到六成熟，用一把勺子，舀到一只筲箕上过滤，下面一只米盆装饮汤。

　　这饮汤，就是米汤，还可以用来浆衣裳、被子。

　　用竹笕帚，把锅洗刷干净，就开始弄菜。上半年多是吃辣椒、茄子、豆角、瓠子。下半年多是吃萝卜、青菜、薯梗、南瓜。不同的菜，要掌握不同的火候。

　　弄完菜，把米倒进锅里，适当洒点水，盖上锅盖，只要闻到饭香，把火退掉，焖个几分钟便可。饭打进饭篮里，剩下的是锅巴，色泽金黄，脆而不焦，吃起来香喷喷。倒进饮汤，烧一把火煮滚，清香宜人，松软可口。

　　那时，生产队分的口粮是不够吃的，总是栽一些芋头、红薯当杂粮。到了夜里，还要用南瓜、青菜镶在饭里充饥。

　　民国《安义县志》记载："安义向为贫瘠之区，仅以米粟薯芋为粮食，大宗菜肴则以蔬为主，若鸡鸭鱼肉之类，多用以款客。"

　　家里来了客人真好，平时不舍得吃的腊肉、咸鱼，都会摆到桌上，可大快朵颐。

母亲说："朝朝待客不穷，夜夜做贼不富。在早先，一个兴旺发达的人家，就要灶里不断火，路上不离人。"

可家里一个月都吃不上一餐肉，豆饵、盐菜倒是常菜。我那时精瘦精瘦的，母亲变着戏法，会给我弄点好吃的，或煎几个饼，或煨一个蛋。我常去田里捞些泥鳅，港里捉一些小鱼，母亲用辣椒煎给我吃。俗话说：鱼子腥，下饭精。母亲用辣椒煎鱼，是我一生中吃过最好吃的一道菜。

对了，家里过年过节，或做喜事，就用甑蒸饭。饭甑用杉木做成，上大下小，中间打一道箍，底部挖了七八个八字形的孔。蒸饭时，用一个竹做的甑算垫在下面，也是把煮到六成熟的米，倒了进去，淋一些水，用加长的筷子打好多气孔，盖上盖子。蒸二三十分钟，热气腾腾，饭便熟了。用甑蒸饭，晶莹剔透，清甜爽口，米香浓郁，回味悠长。

那时吃饭，父亲坐上，母亲坐下，我们兄妹坐东西两边。桌下有鸡狗争食，神橱上站着一只猫，喵喵地叫着。日子过得虽很清苦，但也温馨。

父亲说，早先的礼法，讲究公孙不平坐，父子不对门。

物换星移。时至今日，乡亲们用电饭煲煮饭，用煤气炒菜，炊烟已是不见了。

# 捡蘑菇

细伢子时，每当春雷响过，南风劲吹的日子，母亲便吩咐我说："开雷门了，去捡蘑菇吧！"

我便邀几个伙计，提着竹篮，高高兴兴，往山上走去。

捡蘑菇，是一种情趣盎然的事儿，或在鲜花丛中穿梭，或在秀竹丛中逡巡，或在松树丛里漫步。寻寻觅觅，不管是柴里，草里，还是刺蓬里，只要能寻到一丛丛、一簇簇的蘑菇，便心花怒放不已。运气好时，很快就捡满一篮子，欢欢喜喜回家。

文震亨《长物志·菌》记载："雨后弥山遍野，春时尤盛，然蛰后虫蛇始出，有毒者最多，山中人自能辨之。秋菌味稍薄，以火焙干，可点茶，价亦贵。"

竹菇。顾名思义，只长在竹林中，是一种烂竹根滋生的菌。我乡满山皆竹，但竹菇只长在向阳的山坡上。我们凭着以往的经验，或长辈的教导，只是选择往年捡竹菇的老地方去找。

竹菇的形状像一把小伞，大似茶碗盖儿，殷红如血。采在手里，就有一股扑鼻的清香，让人心醉。偶尔，山间传来几声杜鹃鸟的啼鸣，让人恍惚觉得竹菇是杜鹃啼血凝固而成。

明李时珍《本草纲目·菜部五》记载："生朽竹根节上，状如木耳，红色，大如弹丸，味如白树鸡。"

清陈维崧《丁香结·咏竹菇》词序描述："竹菇，竹间蕈也，小如钱，色如胭脂，雨后丛生，离离可爱，惟阳羡山中有之，他处所无。"

熊荣《西山竹枝词》云：

乱峰排闼小桥东，修竹参差不计丛。

二月南风一夜雨，钉头菇子满山红。

注脚云："二月间，疾风暴雨。山中偏长竹菇，鲜红可爱，味亦甘脆。"

竹菇用来烧肉或煮面，稍加一些葱花，更是香气浓郁，令人食欲大增。竹菇，是我印象中最美、最好吃的一种蘑菇。

松树菇。一般生长在梅岭周边山势比较平缓的小松冈上。大似竹菇，表层光滑，白中带点栗色，也是一丛丛生长。

松树菇，在我乡叫枞树菇。因我乡把松树称作枞树。

它一年长两季，长在燕子来的三月，燕子去的九月，所以也叫燕子菇。

我小时候去桃花庄的姑姑家做客，常吃这种蘑菇。姑姑带我去捡过几次。姑姑左手提一个竹篮，右手拿一个耙子，在松林中拨开茅草、芒萁寻找。我们这一些小人在林子里钻来钻去，快步如飞，比姑姑还要捡得多。

可我们捡的蘑菇，姑姑要一只只挑选，因为松林子有一种蛇菇，从外表看，和松菇一样。细细分辨，它的阴面是一抹光的，没有瓣。这种蘑菇有剧毒。姑姑说，以前有一家下放知青，一家五口，就吃死了两人。

这对夫妇有三个儿子。他们看见当地人吃松菇，很是眼馋。一日，夫妻二人捡了满满一篮子松菇，早早弄得吃了。那天，大儿子留校未归。二儿子回来，见留松菇太少，很是恼火，气得连碗打翻在地。三儿子才两岁，只吃了一点点。很快，蘑菇毒性发作，夫妇双双西去。小儿子中毒轻，得救。村里人发现篮子里就有蛇菇。

纪晓岚《阅微草堂》记载了一个蘑菇中毒的事：

余在乌鲁木齐日，城守营都司朱君馈新菌，守备徐君因言，昔未达时，偶见卖新菌者欲买，一老翁在旁，呵卖者曰：渠尚有数任官，汝何敢此。卖者逡巡去，此老翁不相识，旋亦不知其何往。次日，闻里有食菌死者，疑老翁是社公，卖者后亦不再见，疑为鬼求代也。吕氏春秋称味之美者，越骆之菌，本无毒，其毒皆蛇虺之故，中者使人笑不止。陈玉仁菌谱，载水调苦茗白矾解毒法。张华博物志，陶宏景名医别录，并载地浆解毒法。盖以此也。以黄泥调水，澄而饮之曰地浆。

根据纪晓岚记载，可用黄泥调水，解救蘑菇中毒。这种水，名曰地浆。

胭脂菇。捡松菇时，常能邂逅胭脂菇。它的颜色桃红，小如酒盅，它如天生丽质的女子，很能吸引人的眼球，故有这样一个好听的名字。但它只中看，不中吃。

鸡脚菇。这种蘑菇，也叫鸡脚伞，它的明显标志是脚上有一道箍。民谚有云：路边鸡脚伞，吃了不闭眼。意思是说，这种蘑菇没有毒，可以放心食用。夏天雷雨天气，特别沤热，一场大雨过后，便在禾场、路边，或山脚下，长出许多鸡脚菇。一般两三只，长在一块儿，洁白如玉，亭亭玉立，大者如盘，高可二尺，一只可煮一碗。异常鲜美，可与鸡汤媲美。但可遇不可求。我在故乡的日子，每年只是偶尔采到几只，煮一碗汤，尝尝鲜而已。

茶树菇。小时在山上砍柴，不经意时，能看见茶树菇。茶树菇，长在深山密林、老干虬枝的茶树兜上，一般一棵就长七八只，它的形状有点像平菇，半圆。与家栽茶树菇大为不同。后来，人们根据它的生存原理培植，除了用茶树木屑外，还用甘蔗渣、稻草、棉籽壳、菌草作原料。只要控制好温度、水分、光线，

十天半月后，就长出茶树菇来。但其色香味，比野生的差得多。

野生茶树菇，味道鲜美，脆嫩可口。

我乡蘑菇，多得不可胜记。有的根本不知道名字。听说，有一种蘑菇，长在枯树兜上，大如桌面，高可达两米，人可以在下面躲雨、遮阴呢。可我没有见过这样大的蘑菇。我的文友杨圣希先生说，他小时候住清泉庵，一日，长工在山上看见一只这样大的蘑菇，便用箩担把它小心翼翼弄下山。中午，不由分说，煮得吃了，鲜美异常。

饭后，他在省城工作的伯父回来，说："蘑菇不可乱吃哦，要中了毒，可就惨了。"

此话说得一家人提心吊胆。他伯父考虑再三，说："你们要有三长两短，我也不活。"叫人煮了一碗，吃了下去。好在一家人什么事都没有。

我很想见识一下这种大蘑菇，可惜不曾遇见。

人们常说：吃四只脚的，不如吃两只脚的，吃两只脚的，不如吃一只脚的。一只脚的，便是蘑菇了。离开故乡已经三十多年，一年四季，隔三岔五，就可吃上各色蘑菇，但都是经过温室培植的。至于原汁原味的野蘑菇，已是难得一见了。

# 西山竹枝

## 一

少年时，初次读到唐代诗人刘禹锡《竹枝词》，便喜欢上了这种诗歌形式，因为它取材随意，接近口语，不用看注释，就能读懂。

竹枝词，亦称棹歌、杂咏等，是从古代巴蜀一带的民歌演变过来的。

大唐长庆二年（822），刘禹锡任夔州刺史。

这个刺史与众不同，办事干练，公务简约，很少在衙门应酬，却喜欢在田野山间闲逛。就是有农民用火把烧田坎、烧木炭，也看得津津有味。

来年清明，刘禹锡在建平（今巫山县）知县的陪同下，在长江流域考察民情。是日，恰逢民间祭祖，随着欢快的锣鼓声、飞扬的短笛声，有男女青年在载歌载舞。唱词感情炽热，且韵味悠长。

男女青年唱的是当地的一种歌咏形式，叫"竹枝词"。

刘禹锡被深深地迷住了。没有想到，"桑间濮上"果真有如此动人的歌曲。回府后，过去了好多天，那优美的旋律总在他耳边环绕，不绝如缕。

此后，他还饶有兴致地参加农民的各种社火活动，还不失时机收集樵夫、渔民的歌谣。

刘禹锡有感于屈原流放湘江作《九歌》，也作了《竹枝词》九篇，记述了三峡风情风貌，并委婉地流露出自己遭贬的苍凉心境。

东边日出西边雨，道是无晴却有晴。这些作品不胫而走，很快流传到大江南北。此后，历代都有诗人常以竹枝词吟咏乡间风俗，或儿女恋情，形式皆为七言绝句，轻快灵活，语言流畅。

宋代黄庭坚称赞刘禹锡的《竹枝词》说："刘梦得竹枝歌九章，词意高妙，元和间诚可以独步，道风俗而不俚，追古昔而不愧。"

晚清嘉善倪以埴评价竹枝词说："镇市（斜塘）去邑治二十里，南北袤长几一里，东西稍过之。无名胜足供吟赏，又僻陋，鲜高人显秩。即往来诗家，亦少留咏，然打油击壤，土风自操，固竹枝本色也。"

## 二

几年前，我在好友熊光晨家里玩，他家有一本《西山竹枝词》，是他的先祖熊荣所著。《西山竹枝词》共一百首，详尽地描写了我乡梅岭的山川风物，历史掌故，民俗风情，人生百态。

熊荣，字对嘉，号云谷，晚号厌原山人。雍正十三年（1735）生于安义县龙津。他秉性豁达率性，醉情山水。虽饱读诗书，却屡试不中，后隐居西山。"但他不以为怨，其风雅之趣，至老如初。尤嗜吟咏，著述丰富"。著有《南州竹枝词》《厌原山人汇稿》《谭诗管见》《道引汇参》《云谷诗抄》等行世。

今日太平镇合水桥一带，很多熊姓，是他的后裔。我友熊光晨是他第八代孙。

据熊光晨说，熊荣的墓地位于村前的山脚下，前几年被开发商夷为平地。

熊荣在《西山竹枝词》自序中写道：

西山，古号厌原，绵亘数百里，当洪州之太白方，阳面新邑，背隶龙津。道书第十二洞天，代多隐君子。其间土瘠民勤，桑麻鸡犬犹有隆古之遗。爰采近俗，缀为竹枝，随忆随书，语不诠次。子曰："小人怀土。"予固小人，未免土风之掺耳，并不敢附于杨柳词、浪淘沙之末。倘里中诸君子见而和之，则又不无抛砖之助也。快何如之，幸何如之。

乾隆癸巳又三月，厌原山人自记。

西山方圆三百里，乍看似飞来峰，实乃赣西北九岭山之余脉。人们常喜欢用"峰峦之旖旎，溪流之蜿蜒，谷壑之幽深，岩石之突兀，寺观之嵯峨"来描述它的丰富与精彩。

《西山竹枝词》写风景名胜居多，在这里我列举几首以飨读者诸君：

洪崖井内水如镜，罗汉岭头雪作堆。
惯是山深春不到，梅花正月也难开。

厌原叠嶂出穹苍，对峙匡庐南斗旁。
中有神仙一十二，丹砂留得几人尝。

千峰万壑拥柴门，瀑挂檐前水绕村。
夹径有花篱有竹，侬家不愧小桃源。

双村对面不为遥，隔个清溪长板桥。
过访不须频问路，儿家门首有芭蕉。

紫阳山上紫阳宫，斗大石坛耸碧空。
可惜白云遮五老，朝朝对面不相逢。

我曾在《满山竹韵》一文中写道："梅岭无梅，满山皆竹，一山连着一山，绵延几百里。村村落落，就像行进在竹海中的船只。家家户户，临窗是山，开门见竹，日日有竹报平安。"

《西山竹枝词》是这样写竹子、竹笋、造纸及做篾器的：

村里村连山里山，琅玕万户绿成湾。
豹皮箨子迎风解，放出当门玉笋班。

闲携长鑊过山腰，十月龙孙未有苗。
巧向竹根寻稚子，夜来酌酒倩侬烧。

西山煮竹旧相传，不用临书只作钱。

一陌造成归火化，笑郎何事日欣然。

绕庐四面是高丘，不用镢基不买牛。
郎制笭箵侬织箪，一家生计在刀头。

诗中，还有西山赶庙会、梦山求梦、看龙灯、捡竹菇、挖葛、放牛、吹笛、打猎、采药等描写。每一首诗，都有很翔实的注脚。

如写万寿宫进香一诗：

翠袖红妆八月天，玉隆宫里拜神仙。
笑看铁树开花未，不知蛟龙系几年。

此诗有注脚云：

每岁七月下浣，里中即禁屠宰，家家食素。八月朔，玉隆万寿宫进香，祝旌阳圣诞以祈福，有尽室行者。好事辈或三五十人结一会，宝盖珠幢，极其华丽，小部铙吹，衣冠络绎，亦山中之盛事也，由来已久。相传真君镇蛟，谶云：若要江西败，除非铁树开花卖。

这一百多字的注脚，其实比那四句诗写得更为形象生动，把江西民间八月初一到十五，去西山万寿宫给福主菩萨——许真君进香的盛况，渲染到极致。

## 三

当今社会，商品经济的大潮如红尘滚滚，无孔不入，无处不在。亲爱的朋友，就在你大把大把数钱的同时，就在你似乎觉得幸福指数日渐上升的同时，你可知道，山上的树木、天上的飞禽、林中的走兽、水里的游鱼，在越来越少。就是很多古老的村落，也在逐渐消失。还有，许多民歌、民谣、民俗，也在渐渐淡出人们的记忆。

古西山农业文明的宁静与悠远，与我们也越来越远了。

熊荣先生《西山竹枝词》里的每一首诗，就像一幅幅定格在宣纸上的民俗风情画。

# 老　屋

　　老屋，并非我家祖传，而是新中国成立之初，由两家贫农分得后，转卖给父亲的。

　　老屋，百年古宅。庭院式的结构，风火墙高耸，黛瓦盖顶，中置天井，雕梁画栋。如此结构，既轩敞，又典雅；既深沉，又朴素；既得风，又得雨。

　　老屋的天井，宽七八步，深十多步。前半截铺青砖，后半截码条石，地下设有排水管。这里似乎是我认识世界最早的一个窗口。

　　从我刚记事起，父亲被名为"漏网鲤鱼"，常被拉去批斗。家抄了又抄，且挖地三尺。家里人一个个惶惶不可终日，无暇顾及我；村里的细伢子也都不跟我玩了。我经常坐在天井里，或打苍蝇喂蚂蚁，或听梁上燕语，或打盹。有时，弄来一只死知了，放在天井里，总有那么一只蚂蚁发现后，匆匆回巢报信。不久，蚁国倾巢出动，列队而行，并且，每隔十来只，有一只大头蚂蚁督队。蚁群热火朝天地将死知了运回巢途中，却见天井另一头又有一队蚂蚁浩浩荡荡前来拦截。于是，你争我夺的拉锯战开始了，僵持了片刻，便厮杀起来。不一会儿，尸横遍野。其残酷，不亚于人类的战争。我实在看不下去，从厨房打来一碗水，含了一口，"噗"的一声，朝蚁群喷去，"战场"成了"泽国"，蚂蚁纷纷逃命而去。

　　家里一天难得开一二次伙食。我们家的猫整天不落屋，当流浪猫去了。

　　我们家的小花狗对我这个小主人最忠，除了外出觅食外，便依偎在我身边。有时我跨在它身上，把它当马骑，有时我握着它的两只后腿把它当车推。

　　一天，不知从天井的哪个角落，钻出一条毒蛇来。它口吐红信，目露凶光地望着我。我"呀"地惊叫一声，正要跑，只见小花狗狂吠几声，迎了上去。僵持了片刻，群鸡纷纷前来助战，咕咕叫着，把蛇围住，三两下就把蛇给啄死了。

　　小花狗每日像影子似的跟着我，我去溪边钓鱼，它在前头走；我去菜园摘玉米，它在后头跟。

我为了感谢小花狗对我诸多的好处，还专门捡砖头，剥树皮，打篱笆，为它在大门口右侧盖了一间狗舍，惹得村里的孩子纷纷效仿。这大略算是我小时候颇为得意、颇有创造性的一次劳动。

天井左侧鸡埘上，有一鸡笼，供鸡下蛋。每当母鸡下了蛋，咯咯嗒嗒地叫着，我便欢喜地从鸡笼里捡起一个热乎乎的蛋。

屋檐瓦缝里，有好几个麻雀巢。庭院寂寂时，有麻雀来天井觅食。我找来一个筛子，用筷子支好，系上麻绳，撒上米，躲在房门缝里瞧着。不一会儿，便有几只麻雀飞来，叽叽喳喳、一蹦一跳地进入我的圈套中，一拉绳子，便被罩住。

在我们家的风火墙上，有一个比粉笔盒稍大的方孔，两只八哥夫妻在飞进飞出，忙着衔茅草筑窠。过了不多久，每有八哥回窠时，洞里会伸出四张鲜红的大嘴巴，并嗷嗷地叫着。

听大人说，将八哥的舌头剪去，便可教它说话。我若有只会说话的八哥，准叫村里的孩子羡慕死。

我把这个想法，与比我大几岁的堂侄说了。

堂侄比我有主意。他说，站在他家厨房顶上，就可以够得着八哥的巢穴。

我们马上行动。只等八哥回巢，我就提着网兜，爬上堂侄家的厨房顶。屋面盖的是杉树皮，好在我身轻如燕，但走无妨。我蹑手蹑脚地走到八哥窠的墙背，探头望了一下站在天井望风的堂侄。他点了点头，示意八哥还在里面。我摸准了方向，将网兜往八哥窠扣去。八哥飞出，逮个正着。另外，还掏出四只没长毛的小八哥。

我们高兴得手舞足蹈，立即找来剪刀，将八哥的舌头剪去，就要教它说话。

我把八哥绑在天井的竹交椅上，挥着一根鞭子，教它说话。

堂侄也跺着脚教它说话

八哥口里尚在滴血，加上我们一折腾，不多一会儿，死去了。

下一步，我们加紧了喂小八哥的行动，去菜园捉青虫，去田边捉蚂蚱。死劲喂它。欲速则不达，不到两天时间，小八哥也给撑死了。

不经意间，远处传来隆隆的开山炮声，那是落马岭在修马路。据说，村子里不久就可以通车了。

一日，村子里来了许多修水利的人。他们来我村修水库、建水电站。

老屋楼上楼下，住满了人。他们每日傍晚，各拿一只大洋瓷碗，在天井列队，合唱一支歌。我记得歌的开头几句唱道："天大地大不如党的恩情大，爹亲娘亲不如毛主席亲，千好万好不如社会主义好……"唱完，便吃饭去了。

我看他们唱完歌，便蹲在厨房的门边打盹，不知不觉，便睡着了。

"文革"后期，政治气候宽松了许多，父亲当了生产队的记工员，每日晚饭后，便感觉十分良好地坐在堂屋上方，等生产队长、妇女主任来报工分。煤油灯一闪一烁，人影也一晃一晃。

风和日丽的日子里，母亲总是神态安祥地坐在天井里抽水烟，随着一阵咕噜咕噜声，便吐出一团烟雾来，在天井上空渐渐消散。

我曾多次试着抽水烟，可一抽一口臭水。

天井得月够先。经常在我们一家人吃晚饭的时候，村前山头松竹间一轮明月涌出，顷刻，满室月光朗朗，幽趣无限。

夏夜，我们就坐在天井里纳凉。四门洞开，八面来风。上空，时而有萤火虫忽明忽暗，忽东忽西。父亲打着赤膊，摇着蒲扇，教我唱《稀奇歌》："月光光又光，贼子来偷缸，聋子听见了，哑子喊出房，跛子追上去，拐子也来帮，一把拉住头发，看看是个和尚。"

从天井可以看到后山的那片古枫林。枫树上，筑满了鸦巢，每日晨昏，有乌鸦在呱呱乱啼。深秋，枫叶红了，风一吹，便有许多黄叶，窸窸窣窣落在天井里。每当上空有大雁掠过，我便追出门外，大喊大叫："雁哥哥，给我排个人字啊！"

大雁总是善解人意，排成人字，往南飞去。

冬天，父亲在火塘烧一堆篝火。随着火苗的呼呼作响，左邻右舍纷纷前来烤火，聊着聊着，就有人讲起了民间故事。

我就是在这样温馨而又典雅，快乐而又忧伤的环境中长大。

前人骆成骧有一联云："穿牖而来，夏日清风冬日日；卷帘相望，前山明月后山山。"这似乎正是老屋生活的写照。

到我高中毕业那年，家里新屋落成，我却执意留居老屋。也许是浪子回头吧，以前一贯厌恶读书的我，居然躲进老屋，有滋有味地背起了唐诗、宋词、古代散文，看起了古今中外名著。

那时，我还酷爱养花，在天井养上兰花、文竹、桂花若干盆。开院门，有一块深七八步，宽十五六步的空地，只用竹篱笆一围，便成了与老屋连成一体的园子，种上花，便是我的花园。学习、劳动之余，走进我的庭院、花园，芳菲满目，令人神清气爽，困顿全消。

我二十岁离开老屋，走出故乡。谁知，岁月越增，离乡越远。一眨眼，我已步入中年！近两年，我的父母也相继去世了，老屋由于无人照料，更是日渐颓败，近于坍塌。去年，我的一位堂兄急着要弄一块屋基地，与我商量，要买下老屋，我实在割舍不下，说："等我退休了，把老屋修复好，还要住呢！"

孙犁先生有诗云："江湖久客日思家"。先生在乡间有几间老屋，他的观点是"也不拆，也不卖，听其自然，倒了再说。那总是一个标志，证明我曾是村中的一个，人们路过那里，看到那破屋，就会想起我，念叨我。不然，就真的会把我忘记了"。我很赞成这个观点。

老屋是我的根本所在，老屋是我的血地。

第五辑　灯酒社火

# 普天福主

## 一

细伢子的时候，总觉得很多庙里的菩萨，都神秘莫测，甚至面目狰狞，生怕自己一不小心得罪了他们。可来到西山万寿宫，福主菩萨则光风霁月，慈眉善目，让人感到亲切。

那时，听得最多的故事，是许逊斗蛟龙。

有一次，许逊和几个同窗在赣江浅滩上戏水，一个叫张酷的同学捡到一颗闪光的明珠。许逊说："给我看一下。"张酷笑着，藏到嘴里。咕嘟一声，吞进肚里。张酷回到家里，浑身发躁，把桌上壶子里的水喝光，接着把厨房水缸也喝个底朝天，还是不解渴，跑到赣江，猛喝起来。渐渐，头上长了角，身上长了鳞片，怪模怪样。

这时，江边很多人看到这情景，大喊大叫："不得了，出精怪了！"有的人甚至摸了棍棒，来催赶他。

许逊一直跟在身边。他俩是世交，祖辈一同从河南汝南，衣冠南渡，来到豫章。

张酷急得号啕大哭、呼天抢地，狠狠地对许逊说："这一切都是你害的，我恨你，与你不共戴天！"就一头扎进赣江，很快就不见了踪影。

张酷变成一条孽龙，顺江而下，来到东洋大海龙宫。龙王一看就晓得，是自己丢失的一颗龙珠被他吞食。便收他为义子，教给他呼风唤雨、腾云驾雾的法术。

张酷生有九个龙子，从小被莫名其妙地灌输了仇恨的种子，一个个似乎苦大仇深，扬言要踏平豫章，把这一带变成汪洋大海。

许逊一生修道，跟谌母学得飞腾术、五雷法，法力无穷，最终把蛟龙给斗败了。

# 二

许逊，字敬之，南昌人。三国吴赤乌二年（239）许母梦金凤衔珠坠于掌中，玩而吞之，因此怀孕，而生许逊。许逊自幼聪明好学，过目不忘，十岁时，便能明了经书大意。

许逊年轻时酷爱狩猎。一天，才到西山脚下，就射到一只小鹿，当他慢悠悠地走上前去收获猎物时，嗖的一声，从柴草中蹿出一只母鹿来，朝他嗷嗷地叫着，还一边用舌头舔着小鹿伤口上的血污，一边用惶惑的眼神望着许逊。许逊被这种母爱所感动，深感自己作了恶，立即将弓箭砸断，发誓以后再也不荼毒生灵，矢志行善。

从此，他埋头于读书，渐渐地，熟读经史，还精通天文地理、阴阳五行之学。十九岁外出云游，二十六岁跟随吴猛学道，得其秘传。随后，又与郭璞一道访名山，相中这块福地。不久，就携家迁徙于此，潜心修道，不求闻达，只以孝、悌、忠、信教化邻里，深得乡人尊敬。曾两次被举孝廉，都未赴任。

晋太康元年（280），在他四十二岁时，"因朝廷屡加礼命，难以推辞"，便前往四川，就任旌阳令。上任后，约法三章：一禁部属徇私舞弊，贪赃枉法；二革除烦琐礼节，提高办事效率；三不准苛求百姓，并释放罪轻的囚犯，以忠诚感化百姓。这些措施使旌阳人民得以休养生息，农业生产得到了较快的发展。就连邻县的百姓也仰慕他的德政，纷纷迁入旌阳，以致人口大增。

《成都郡》记载："许逊，洪州人，知德州（原旌阳），心本清净，政尚德化……邑人祀之。"

许逊还精通医术，治愈了不少瘟疫患者。当时的旌阳还流传着一首民谣："人无盗窃，吏无奸欺，我君活人，病无能为。"

十年后，因晋朝政局紊乱，许逊弃官东归。当他离开旌阳时，人们纷纷为他送行，有人竟然一直送到南昌，并定居下来。

晋明帝太宁二年（324），大将军王敦出守荆州。其时的郭璞在王敦帐下，任参军之职。这个王敦，飞扬跋扈，有不臣之心，正准备从荆州起兵，欲将晋帝的皇位取而代之。

许逊要阻止王敦兵变，救民于倒悬，邀吴猛来到荆州会郭璞。英雄所见略同。于是，三人一齐前来拜见王敦。王敦还以为是老天安排三位高人来辅佐自己打天下，非常高兴，设宴款待。酒到半酣，王敦突然问许逊道："昨夜我做了一个梦，梦中我用一根木头撑破了天，请问许先生，此乃什么预兆？"

许逊道："木头撑破了天，便是一个'未'字。日有所思，夜有所梦。可见将军雄才大略，有称霸天下之志。可上天的意思，却是叫你不可轻举妄动。"

吴猛也说："此话当真。这一步跨下去就是万丈深渊，万劫不复，还要祸及家族及自己的将士。请将军三思哦！"

王敦叫郭璞卜上一卦。郭璞说："明公如若起事，必败。"

王敦说："那你算一下，我还能活多久？"

郭璞说："你若在荆州按兵不动，做你的大将军，寿不可测。"

王敦大怒，瞪着眼睛问道："那你说，你还能活多久？"

郭璞说："我一个人的生死算不得什么。我可是为了将军的安危，为了黎民百姓，才说这样忠言逆耳的话。"

于是，王敦一气之下，将郭璞立即处死，享年才四十九岁。然后，又命卫兵抓捕许逊与吴猛。只见许逊、吴猛将酒杯往地上一摔，两人化作一对白鹤，先是飞到军营上空，盘旋了一圈，继而高叫着，翩然而去。

许逊归隐后，依然不忘民间疾苦。当时的赣江流域、鄱阳之滨，水患成灾，他不辞千辛万苦，率领众弟子，奔走在南昌、九江、武宁、丰城、余干、长沙、武汉等地，足足花了二十年的时间，开凿河道，治理水患。

许逊晚年，或寻仙访道，或寄情山水，并著有《灵剑子》《劝诫诗》行世。于晋宁康二年（374）八月一日仙逝，享年一百三十六岁。

许逊创立的净明道教，宗旨是"以忠孝为本，敬天崇道，济生度死为事"。

## 三

南昌民间俚语云："走完西山岭，来到万寿宫。"

西山万寿宫，位于方圆三百里西山山脉西南边沿，新建区西山镇上。

晋代文学家兼地理学家郭璞称这里为"九龙聚首，凤凰饮水"的风水宝地。

明代大文学家冯梦龙在《许逊旌阳宫铁树镇妖》中写道：

嵯嵯峨峨的山势，突突兀兀的峰峦，活活泼泼的青龙，端端正正的白虎，圆圆净净的护沙，湾湾环环的朝水。山上有苍苍郁郁的虬髯美松，山下有翠翠青青的凤尾修竹，山前有软软柔柔的龙须嫩草，山后有古古怪怪的鹿角枯樟。也曾闻华华彩彩的鸾吟，也曾闻昂昂藏藏的鹤唳，也曾闻咆咆哮哮的虎啸，也曾闻呦呦诎诎的鹿鸣。这山啊！比浙之天台更生得奇奇绝绝，比闽之武夷更生得窈窈峣峣，比池之九华更生得迤迤逶逶，比蜀之峨眉更生得秀秀丽丽，比楚之武当更生得尖尖圆圆，比陕之终南更生得巧巧妙妙，比鲁之泰山更生得蜿蜿蜒蜒，比广之罗浮更生得苍苍奕奕。真个是天下无双胜境，江西第一名山。万古精英此处藏，分明是个神仙宅。

西山万寿宫，始建于东晋太乙元年（376），初名许仙祠，南北朝改称游帷观，宋大中祥符三年（1010），升观为宫。真宗亲书"玉隆万寿宫"赐额。政和六年（1109），徽宗下诏书，以西京崇福宫为蓝本，重建万寿宫。

万寿宫，分三大院、六大殿、五阁、十二小殿、七楼、三廊、七门、三十六堂，红墙环绕，琉璃为瓦，雕梁画栋，斗拱层迭，飞檐仰空，金碧辉煌，气势雄伟，规模之大，"埒于王者之居"。它是中国最为宏大的道教圣地之一。

正殿为高明殿，上有匾曰：普天福主。绣金帷里，许逊塑像端坐中央。吴猛、郭璞、时荷、甘战、周广、陈勋、曾亨、盱烈、施岑、彭抗、黄仁览、钟离嘉十二大弟子分列两旁。

有民歌《十个字唱古人》唱道："十字写来穿过心，西山有个许真君，三尊大神朝南坐，十二真人两边分。"

殿前有几株参天古柏，都有两抱多粗。其中一株，巍峨挺拔，苍老遒劲，为许逊亲手所植。相传许真君擒获蛟龙后，把斩蛟剑埋于此，并告诫后人，如果再有蛟龙为害人类，把宝剑取出，斩蛟除害。此柏故名瘗剑柏。

山门外的右侧，有一口硕大的八角井。传说许逊当年制服孽龙（张酷）后，就用八条锁链，将它锁在井内，并立下偈文：

铁柱镇洪州，万年永不休。八索钩地脉，一泓通江流。天下大乱，此地无忧；天下大旱，此地薄收。地胜人心善，应不出奸谋；纵有奸谋者，终须不到头。

孽龙被锁在井里的时候，问许逊："那你什么时候可以放我出来？"许逊说："等到铁树开花，水倒流吧。"今日有人点蜡烛往井里一照，井水竟然会沸腾起来，孽龙以为铁树开花了呢。

## 四

福主菩萨在我们日常生活中，无处不在，深入人心。

在梅岭店前街附近，有一山头，乱石一堆，高数丈，气势嵯峨。其间，石隙错纵，盘桓其中，妙趣横生。相传，许逊与孽龙鏖战于此，斩下一只龙爪而化。此地便叫龙爪石。

在我的邻村，有一块数丈宽的巨石，拦中分成两半。另一半滚在山坡下。说是一日许逊追杀蛟龙，经过此地，听村里人说，有一条蛇精，经常来村里残害人畜。许逊寻到了蛇精的洞口，把这块巨石用宝剑劈开，盖在洞口，蛇精窒息而死。这块石头就叫剑劈石。

记得读四年级时，一个野果飘香的季节，老师带我们一个班十几个人去远足。从村前的大岭庵，千辛万苦，爬到一座高耸入云的山峰，叫会仙峰。峰正中有棋枰石。老师说，当年许逊与弟子经常在此或对弈，或打坐。山中奇岩耸立，古松倒挂。茅栗、山楂、油柿等野果，遍地都是。这里可远眺安义、新建、永修、南昌等地的山川大地及田园风光。近处村落的炊烟，依稀可见，鸡犬相闻。神仙打坐的地方，果然不同凡响哦。

我十五六岁时，在"双抢"的时候，我和社员一起参加生产队劳动，经常累得腰驼背曲。夏日炎炎，如蒸似烤。不经意间，乌云盖天，轰隆隆，雷声响过，雨幕从东南方铺天盖地，席卷过来。没有带蓑衣斗笠，恰好近处有一丛乱石（当地叫石管），可避雨，我们来不及穿拖鞋，打着赤脚，纷纷躲进石坎下。这真是及时雨，不但给我们带来了凉意，也让我们好好歇歇。——下起了冰雹，噼里啪啦，有酒药一样大。有大人说："这是过龙——剁尾龙回家看娘呢。冰雹就是龙的汗珠。"

有一年，冰雹像鸡蛋一样大，我们家的屋瓦也被砸得稀巴烂。我躲在桌子底下，大骂："这挨千刀的剁尾龙，许真君怎么就不剁你的头啊！"

话说当年，张酷有九子，已诛杀了八个。第九子面临被斩，还惦念母亲。许逊被它的孝心所感动，只剁去它的尾巴，放了它一马。每年的三月三、六月六，它从吴城去一个叫天潭的地方看望母亲。

在我乡，很多民间偏方出自许逊。如《许真君书》云："仙茅久服长生。其味甘能养肉，辛能养肺，苦能养气，咸能养骨，滑能养肤，酸能养筋，宜和苦酒服之，必效也。"

成语"一人得道，鸡犬升天"，也来源于许逊举家四十余口拔宅飞升的典故。

在《西山志》中，与许逊相关的地名有几十处之多，如：

罗汉峰，在安义县东四十五里依仁乡。晋许逊葬父之所。相近有会仙峰，旧传逊斩蛟时，会十二仙真于此。

逍遥山，由昭山而东，耸立三峰曰白仙岭，起伏环抱，形势蜿蜒，护峡有日月二星，来潮有明塘九曲，遂结逍遥。初，许、郭二君选胜，抵金田村。郭君曰："观君表里，正与地符。"乃同谒金公，公即以宅东桐园与之，劈钱为券。真君仙去，乡人以故宅为游帷祠。南北朝，改祠为观。宋真宗改赐额曰玉隆宫，徽宗赐额曰玉隆万寿宫。曹能始以为四十福地。杜光庭《洞天福地记》《壶史》诸书，又谓三十二福地。

天宝洞，在游仙乡西山最胜处。许仙与吴仙尝自干湖王敦所还，各乘一龙会于此。洞门有石，泉状如玉帘。宋尝使投金龙玉简于此。欧阳修作《大明水记》载："李季卿《茶经》论水之次第，以玉帘泉为第八。"有天宝观，隋仁寿二年建。

杖井，在松湖上市大同桥之南。世传旌阳南觅飞茅，至此，渴甚，乃以所携杖插地，香泉涌出，大旱不涸。

剑泉，在逍遥宫北十余里落瓦。旌阳过此，马渴，以剑刺石出泉饮之。今剑迹尚存。

许逊是一位清正廉明的好官，更是一位治水英雄。由于古人对自然灾害缺乏认识，认为龙是水的主宰，因此，民间流传了不少许逊治水及斩除蛟龙为民除害的神话故事。

# 五

许逊治水，功在千秋，后人把他当作神来敬仰。西山万寿宫虽屡经废兴，人们供奉他的香火却从不曾间断。每年历农八月初一，定为升仙日，在此前后的二十多天时间里，邻近十几个县的香客及朝觐者纷沓而来。熊荣《西山竹枝词》诗云：

> 翠袖红妆八月天，玉隆宫里拜神仙。
> 笑看铁树开花未，不知蛟龙系几年。

另有注脚云：

每岁七月下浣，里中即禁屠宰，家家食素。八月朔，玉隆万寿宫进香，祝旌阳圣诞以祈福，有尽室行者。好事辈或三五十人结一会，宝盖珠幢极其华丽，小部铙吹，衣冠络绎，亦山中之盛事也，由来已久。相传真君镇蛟，谶云：若要江西败，除非铁树开花卖。

去万寿宫朝觐，不但要沐浴，还须斋戒三日。

听说有一个人，临行前吃了酒肉，一路上，有一只苍蝇在他嘴边飞。他很是恼火，左一巴掌，右一巴掌，等到万寿宫，嘴都打肿了。

有一年，我和村盘子四五个细伢子，去西山万寿宫赶庙会，其中有个细伢子走得太累了，埋怨路程太远，便信口胡说："福主，福主，屎桶凸，尿桶凸。"正在此时，他被一块石头绊倒在地，摔得鼻青脸肿。我们都说："福主菩萨好灵，好灵！"

在朝觐那些天，附近数县的士农工商纷沓而至。有的打着旌旗，上面绣着"万寿进香"字样；有的抬着菩萨，来这里开光；有的三跪九叩，顶礼膜拜。时而，锣鼓声声；时而，丝竹阵阵；时而，爆竹喧天。街面上，有卖唱的、跳傩舞的、卖把式的、算命打卦的、掷色子赌钱的，也有卖云片糕、冻米糖、糖饼子、茅栗子、菱角、麻糍、水煮花生、薜荔凉粉、酒糟汤圆之类小吃的。香客们多是结队而来，一个个神情肃穆，着红、黄衣裳，身背香烛，头戴柏枝。车水马龙，扶老携幼，十分热闹。

就是到了夜晚，满街满山坐满了香客。

还是在清末，《大公报》有《赣省陋俗》一文写道："俗传八月朔日为许真

君诞辰，各属乡愚之朝拜者均络绎于途，每不远数百里跋涉而至，以朝拜省城万寿宫及西山万寿宫为最多。其乡愚恒以十数人为一班，前行者执一木龙为香头，后行者持一旌，大书某某会'万寿进香'等字样。其余则戴大帽、执鼓乐鱼贯而行，名为进香……不拘男女均披发束裙，行数步辄一跪拜。由家至庙，有数十里者，亦不惮而为之，名曰'烧拜香'。至于乘马御车而往者，复趋之若鹜。"

西山万寿宫，只是净明道教的祖庭。知否？世界各地曾有万寿宫一千四百余处。以前，只要有江西人的地方，就有万寿宫。它成为江西会馆的代名词。

千百年来，福主菩萨是江西老表心中永远的保护神。

# 神鸦社鼓

在我乡，凡有人烟处，就有土地庙。或是飞檐翘角的一栋砖瓦房，或是一间低矮的麻石屋，里面供奉着一尊神像，多是慈眉善目的老者，便是土地神，也就是土地公公。他守土有责，承担着一个屋场的平安大任。

有谜语云："远远看去一凉亭，里面坐着一个人。看似隔壁老阿公，还会捉鬼撞神钟。"

有童谣唱道："一言不发，二目不明，三餐不吃，四体不勤，五谷不分，六亲不认，七窍不通，八面威风，九（久）坐不动，十分有用。"

土地庙，一般都在屋场下关，往往有几棵苍老的红枫香樟，或苍松翠柏，相依相伴，静享清幽。辛弃疾《永遇乐·京口北固亭怀古》，"佛狸祠下，一片神鸦社鼓"，说的就是这种景象。

土地滋养了万物，是人类生存的根本。土地神前身叫社神、社公，源于先人的土地崇拜。《礼经·郊特牲》说："社，所以神地之道也，地载万物，天垂象，取财于地，取法于天，是以尊天而亲地也。"汉应劭《风俗通义·祀典》引《孝经纬》曰："社者，土地之主，土地广博，不可遍敬，故封土为社而祀之，报功也。"

据史料记载，我国出现的第一个土地爷，是三国东吴的蒋子文。他是广陵（扬州）人，汉末为秣陵尉，一次在钟山脚下与盗寇交战身亡。东吴初年，孙权为他立庙，并将钟山改名蒋山。蒋王庙至今犹存。后来，各地都效仿，把有恩于自己家族的人，当作神祇来供奉。

我们村的土地公公是九老倌，也叫九阿公。据村里老人说，九老倌，名萧九。故事要从朱元璋与陈友谅大战鄱阳十八年说起。有一次，朱元璋失利，败走康郎山。一日当昼，朱元璋在一个渔村歇脚，突然，杀声四起："活捉朱和尚！"其时，我族有个叫龚宋山的人，在朱元璋驾前当侍卫长，已是身中数箭，血如泉涌。就在万分危急的关头，村中古庙侧，杀出一彪人马，前来救驾。那个为首的将官，手执大刀，旋转如飞，杀得陈友谅部血肉横飞。过一会儿，大将常遇春率大队人马前来护驾。

朱元璋惊魂未定，问将官姓甚名谁，哪个的部下。

将官拱了拱手说：我叫萧九，在此恭候主公多时。说完率部离去。

朱元璋登基后不久，找遍三军，没有萧九这个人。

龚宋山因护驾有功，拜为武德将军。一日，宋山将军来康郎山寻找救命恩人，只听渔村人说，庙里菩萨叫萧九，也就是九老倌。宋山将军将所见所闻，报奏朝廷，洪武皇帝将萧九拜为金华太子。

此后，我们龚家有很多村子供奉的便是九老倌。

我在台湾见过威灵庙，是当地黄姓祭祀晚明大将军刘綎的家庙。

村神，一般没有文字记载，都靠口头流传。有的屋场供奉的是杨泗将军，可有人误认为是杨四郎。唐代大诗人陈子昂曾官居右拾遗之职，过世后，四川阆州人为纪念他，建立了陈拾遗庙。此庙屡经兴废，后来以讹传讹，变成了"陈十姨庙"。更不知何时起，庙里的偶像变成了妇人的装束，相貌还十分严肃，祷告还很灵验。

郑板桥曾为一土地庙撰写对联："乡里鼓儿乡里敲，当坊土地当坊灵。"土地公公管的地方不大，香火却很旺。屋场上的生老病死、婚丧嫁娶、做屋上梁、天灾人祸，都得向他汇报祈祷。

初一、十五，过年过节，家家要向他老人家上香，敬斋饭。老人说，庙只能盖瓦，不可用水泥浇顶。烧了香，烟可从瓦缝直通天庭。土地公公闻到香，晓得供了斋饭，马上会来享用。

清黄伯禄《集说诠真》记载："今之土地祠，几遍城乡镇市，其中塑像，或如鹤发鸡皮之老叟。或如苍髯赤面之武夫……但俱称土地公公。或祈年丰，或祷时雨，供香炷，焚楮帛，纷纷膜拜，必敬必诚。"

古代君主，每年的春秋两社，都要祭社稷。"社"是土神，"稷"是谷神。这是官社。

吃社酒，话社事。谈的话题，都是春耕播种。

明万历《南昌府志》记载："在昔，民风淳朴，及唐犹无瓦屋。历宋而元，勤生啬施，代有纪载。明初，俗仍近古。岁时燕会，杯饮豆肉，数人共之，日暮尽欢乃罢。亲党有谒，手单布深衣革履，道路间不敢服，及门服以谒，谒罢持归。故或终身不易衣屦。是以尚亲而后利，崇本务而贱浮华，虽称土瘠，民用利焉，其俗近厚。惟献藩徙封兹土，崇室竞尚奢侈，靡习浸淫里巷。燕会顿非其旧，东西两湖，丝竹管弦，朝夕无间。华繁实寡，民用渐以匮乏。"

民间也有春秋两社。同治《安义县志》记载："社日游神、集饮、酬歌谓之散社。乡士大夫载酒联吟，自亭午至晡谓之饮社。新葬墓，具酒馔祭之谓之醮社。"

立春后第五个戊日，祭祀土神，以祈丰收。

这一日，要用三牲祭祀土地公公，还要敲社鼓、吃社饭、饮社酒、观社戏等。家家都用粳米粉做成十二生肖，或印成斋饼，敬土地公公，过后，送给亲戚朋友。

熊荣《西山竹枝词》曰："愿从茅屋老巾綦，淡饭粗茶乐有余。莫道只谙蔬笋味，社中刈肉也曾贻。"

宋陆游《秋社》诗："雨余残日照庭槐，社鼓咚咚赛庙回。"秋社，是在立秋后第五个戊日。秋收已毕，美酒飘香，此日同样要酬神、唱社戏，还要把远近的亲戚朋友，都请来庆祝丰收。

神鸦社鼓，只是一种旧时的风景。在我孩提时，土地庙作为破四旧，被拆除。到了二十世纪八十年代初，庙宇多已恢复，可再也没有听过社鼓了。

有一些传统文化，一旦丢失了，也许再也捡不回来了！

# 章七元帅

枫林村的村神是章七元帅。

枫林村，因多枫树而名。位于洗药湖的北峰，坐东朝西。远远看去，犹如一只篮子，挂在陡壁上。村斜对面，便是与洗药湖对峙的马口。两峰相夹，北流港犹如野马脱缰，奔腾而下。

北流港，因山势峭拔，乱石垒垒，也叫涯港嶂。根据水势，村民作水为圳，设有许多水碓，用来舂木粉。世间无水不朝东。而此港却是往北流，经过礼源角、桃花庄，到万埠汇入潦河。

站在村口，安义、靖安、奉新、永修等地的山水田园风光，一览无余。

话说明嘉靖年间，枫林村始祖龚元程，从长埠龚家来这里作庄田。田主是罗田人。其时，龚元程也就刚刚二十出头，与田主说好了一年交多少租，请了几个佣人，便在这里耕耘播种。

这里土地肥沃，随便在路边种下几棵芋头种，便能挖到一篮芋头。在山谷里开荒，撒下一把萝卜籽，就能收获一担萝卜。这里有采不完的草药，摘不尽的野果。不时，还可以捕获一些野物，来改善生活。

龚元程喜欢上了这里，乐不思归。想在这里娶亲生子，开烟发户。他还有一个更大的理想，就是把此处庄田买下来。

龚元程很快付诸行动，用泥土筑了一栋干打垒的房子，娶了一个很贤惠的老婆，几年后有了自己的儿女。

他考虑到自己势单力薄，为了不受欺负，天蒙蒙亮就起来练家传的武功。他能把一把柴刀抛到半空，落下来接住。双手能举起一个三百斤的石碾。与之比武，七八个人都不得拢身。

远近的人都晓得他有"五百钱"，就连山中的土匪也不敢招惹他。

　　当然一家人独处,有无边的恓惶与寂寥。半夜的时候,屋前屋后,总有豺在嚎,虎在啸。就连猫头鹰的叫声,都让人毛骨悚然。狐狸、黄鼠狼三天两头来偷鸡。魑魅魍魉,让人防不胜防。

　　龚元程便去老家请来了一尊神,便是章七元帅。还专门去山下买来砖瓦,在村口为之盖了一间庙宇。章七元帅头戴金盔,身穿着铠甲,脚着长靴,举起一根金棍,横眉倒竖,目光炯炯。听前辈说,章七元帅是古代一个三军统帅。因有恩于龚家,故把他当作神来供奉。且有求必应。

　　此后,有了章七元帅坐镇,一扫阴霾,身心敞亮。

　　我见青山多妩媚,料青山见我应如是。

　　人情好,水也甜。龚元程宅心仁厚,有人来这里砍柴,总招待茶饭。

　　二十多年过去了,龚元程儿孙满堂,有十几个人吃饭了。茅屋都有了三四间。

　　有一年,赤地千里,连喧豗的北流港都断流了。可这些地处半山腰的梯田,几乎颗粒无收。

　　深秋的一天,田主派人来收租。

　　龚元程说:"你也晓得,今年没有收成,只有去年剩下的几担谷子。我会去跟东家做解释,明年一定会补交。"

　　可这个管家外号就叫吃错药,不管三七二十一,吩咐手下扒谷。

　　龚元程说:"行行好吧,如果你把谷全扒走了,我们一家十几口全都要饿死。"

　　管家说:"扒,一粒不留!"

　　龚元程只有来硬的了,拿起一把刀,往桌上一插,赌气说:"叫花子门前三尺硬。你再不讲理,我割下你一只耳朵,今夜下酒。"

　　管家说:"有量,就割!否则,你他妈像狗一样,爬下岭去,与东家说清楚。"

　　龚元程说:"你敢伤害我的尊严,侮辱我的人格,莫怪我不客气。"

　　说罢,他便揪住管家一只耳朵,一刀下去。耳朵掉在地上,蹦起一尺多高。

　　管家捡起耳朵,号哭着跑下山。

　　第二天,东家亲自带着几十个打师前往枫林村,兴师问罪。可走到木马岭脚,看见枫林村四周站满了金盔金甲,手持刀戟、弓箭的兵士,以为龚元程搬来了救兵,便打退堂鼓。

　　都说这些神兵,是章七元帅借来的天兵天将。——也许这是海市蜃楼似的幻影吧。

东家则以为龚元程神通广大，有靠山，干脆就将这处庄田卖给了他。

龚元程得偿所望，实现了自己的梦想。为感恩祖德，每年元宵，与儿子及几个佣人，敲锣打鼓，抬着章七元帅，下山去祖堂，给列祖列宗及宗亲拜年。

有一年，拜年回来，章七元帅硬是不肯进庙门，搡着轿夫，来到屋后的山脚。龚元程觉得蹊跷，仔细察看，原来山崖上一块巨大的岩石，因土块冻裂，层层剥落，看情形就要滚下来。如是滚下来，砸掉房屋不说，还要伤及人命。感谢神灵保佑，及时采取了措施。

风雨几百年过去了，村里人娶亲嫁女，做屋上梁，都要来庙里卜个凶吉。有个头疼脑热，也要求取章七元帅保佑。

时序推移到二十世纪六十年代破四旧，造反派把庙给砸了，还把章七元帅搬到禾场，堆一些禾秆，放一把火，给烧了。

时至今日，每到初一、十五，村里人还会到古庙遗址祭祀章七元帅。

香火不灭，神明不死！

# 四老倌

记得小时候，见过两个村子的放牛崽俚，隔着一条港，开始打水仗，后来对骂起来，犹如刘三姐对歌，很有味道。

这边唱道："贼崽贼崽你听听，四老倌菩萨灵又灵，专打桥南桥北人。"

那边对道："贼崽听，贼崽听，吴家山里苦又苦，九十九年修届谱。"

后来才得知，四老倌乃当地村神。我乡的地方神，有一老倌、二老倌……到十老倌。如我们桐源村龚姓供奉的是九老倌。至于四老倌，据说是东汉开国元勋邓禹第四子。杨昀谷先生《忆草塘》之五记载：

> 村神邓舍人，疑受四王职。
>
> 吾母得更生，世世荷神德。
>
> 惟神持佛名，愿神生天国。

诗中的村神邓舍人，就是四老倌。意思是，诗人的母亲沉疴在榻，求告四老倌，得以痊愈，载欣载欢，写下这首颂扬诗。邓舍人是怎样封为地方神的？无法考证。后来，我听过很多四老倌的故事。

民国后期，新建县仙里的四老倌经过抬菩萨的马脚，打筶里问卦，说要到县政府去。

清李调元《南越笔记·南越人好巫》曰："安崖有二司神者，一日降魂，童言曰：'欲与萧公斗法。'于是二司神各发马脚。马脚者，神所附之人也。"

当时的县政府驻扎在乐化乡的关帝庙，因战乱连绵，多年失修，破屋烂舍。县长姓丁，名华夫，赣南于都人，因当地绅士处处与他为难，日子过得很憋屈。前四任县长都被他们送去坐班房了。一大清早，见抬进一顶菩萨来，莫名其妙，大为恼火。

他压住火气问："你们这菩萨灵吗？"

马脚说："很灵！"

丁县长说："很灵那好。我出一对子给他对。如果对得出，我拿一个月工资买爆竹送他。如果对不出，不但要打掉轿子，还要砸掉菩萨。听好——丁字一勾，挂国挂民挂社稷。"

马脚答道："邓登半耳，听风听雨听阴阳。"

丁县长只有拿出一个月的薪水来，爆竹喧天，打了一个多小时。

仙里有个姓邓的，专门种芋头为业，人称芋头茄子。他能将一担芋头，提高四倍的价格卖出——相当于一担谷的价钱。他的办法是把芋头挖出来，储存在地窖里，等到立夏取出来，才挑去卖。一天他刚挖完芋头，坐在路边休息，见一路的人，敲锣打鼓，抬着四老倌走来。芋头茄子是个胆大包天的人，专爱惹是生非。读私塾的时候，一天在庙里躲雨，嫌菩萨面目狰狞，硬是把菩萨眼睛给剜了。

这一天，芋头茄子又来劲了，在地里抓一把土，拦下四老倌，说："四老倌，你要猜得中我手里是什哩，才让你过去。"

走在前头的马脚答道："半似荷叶半像戟，吾神猜尔是芋头。倘若吾神猜到了，三担糯米要现挑。"

芋头茄子呵呵大笑，松开手一看，傻了眼，土里果然有一个慈姑大的小芋头。芋头茄子怕菩萨打，只好奢了四担糯米，送到四老倌庙。还跪求菩萨多多包涵。

下面讲一个义偷与四老倌的故事。

仙里有个不务正业的人，从小时候起，就小偷小摸，被人先后割掉七个脚指头。他的外号本来叫"三指"，但大家都有些畏惧他，却叫成"三子"。他读过几年书，喜欢读《水浒传》，能倒背如流，以时迁为人生楷模，喜欢打抱不平，有谁为富不仁，就要对谁下手。

闲常，在屋场上弄饭的时候，三子喜欢坐在村后山上抽烟，看有谁家烟囱没有冒烟。他的烟筒是竹兜做成，长四尺多，可做手杖。一日昼饭后，他提着烟筒，来到一户孤寡老人家里，对姓蔡的主妇说："蔡家人哪，吃了么？"

早先的乡村妇女，多以娘家屋场为名。

主妇没米下锅，昼饭就吃了一个萝卜，正饥肠辘辘，火烧火燎，为了要面子，说："吃了，吃了。"

三子说："我到你家借火，抽一筒烟。"

来到灶下，用烟筒拨了一下灶里，火星都没有。

三子说："蔡家人哪，一个人来到世界上一趟不容易，饿死了划不来。"说完，从口袋掏出两块现洋，给老妇人。

邻村有个姓熊的财主，专放高利贷，一担谷借出去，来年还两担。

一天，三子偷了财主家几十块现洋。财主气急败坏，来到三子家，说："三子，你要是没有饭吃，就到我家挑两担谷就是。可你自己都可怜，硬是还要打肿脸皮充胖子，去接济别人。"

三子说："你话得好听。屋场上有人穷得揭不开锅，怎么不见你帮过一次。相反，你还放阎王债，要人家咯命。"

财主气得吹胡子，瞪眼睛，说："你下次再偷到我家，若是被捉到，把你剩下三个脚指头也剁掉。"

三子很多年没有受到这样的侮辱，发狠说："我不但偷你家咯钱，还把你家楼上供咯四老倌请走。也就是说，马上要过年，要把他身上咯纯金脱下来，去接济几个穷人。"

财主说："那你哪天来？你要偷得到四老倌，我拿十担谷接济穷人。"

三子说："一言为定。三日之内准来！"

财主便请了村里四五个打师，通宵达旦，喝酒划拳，本以为万无一失。就在当天夜里，三子飞檐走壁，揭开瓦，扳脱椽子，把四老倌偷走了，并且把瓦盖还原，看不出一点痕迹。

过一会儿，三子来敲财主家的门，说："嗨嗨，你们还在这里吃酒呢，四老倌被我请走了。真是死人瞑棺材不住！"

大家上楼一看，四老倌果然不见了。财主只好忍痛割爱，扒了十担谷子，接济穷人。

这事引起轰动。很多人说，是财主做多了缺德事，菩萨显灵，自己跑出去的。

从此，四老倌庙香火更旺。

# 梦山祈梦

## 一

梦山，地处西山南麓，新建县梦山湖畔。因山上有梦娘娘庙，而得名。

走进气宇轩昂的梦山大门，只见一峰峙起，蔚然而深秀。一条笔直的石磴，直通山顶，如登天之梯。

坡，叫好汉坡，有石阶四百二十级，为清末辫帅张勋捐修。才爬到一半时，已累得气喘咻咻，额头冒汗，恰有一亭翼然。坐在亭中小憩，山风习习吹来，令人神清气爽。眺望梅岭诸峰，层峦耸翠，叠嶂云来；俯瞰梦山水库，澄然若镜，银光闪耀。

距亭一箭之遥，有一石质旷地，建有一檐牙高啄的楼阁，叫望月楼。若在风清月朗之夜，邀得雅友四五人，登楼赏月，把酒临风，那真不晓得身在天上还是人间。

山，渐行渐深。寂寂的山径上，时有幽篁夹道，时见古木参天。时值深秋，一阵凉风吹来，飒飒飘下几片黄叶，间或，啪的一声，落下一枚山果，幽趣逼人。

"大梦梦中原是梦，此山山外更无山。"这是梦娘娘庙中的一副对联。庙堂上，供有梦娘娘的偶像。两厢设有梦房，男左女右，供求梦者眠梦之用。

相传，梦娘娘能以山果酿酒，感人入梦。

## 二

南宋宝祐元年（1253）五月，屡试不中的新昌（宜丰）举子姚勉，拖着有些疲惫的步伐，又一次赴临安（杭州）赶考。他多次听说梦山求梦很灵验，绕道来此，卜个凶吉。

姚勉是西山衔着落日，倦鸟归林时，登上梦山的。他拖着长长的身影，在罕王庙烧了香，许了愿。是夜，他住下，做了一个稀奇古怪的梦，醒来，百思不得其解。第二天，山中道人给他解梦，说："你此番进京，一定会考中状元！"

本来是三月举行的春试，因蒙元分兵攻打万州（重庆）、海州（连云港）而推迟。这次殿试题目从"选举八事"方面设问，是说如何为国家选拔人才。八事即学、术、才、智、选、举、教、养。姚勉梳理了一下思路，便从"求士以文，不若教士以道"立论，直言时政的悖谬和官吏的昏庸，极力呼吁人才对安邦治国的重要性。

文章写得起承转合，得心应手，且汪洋恣肆，风生水起。

当初审官徐经孙看过他的策论，评价曰："议论本于学识，忧爱发于忠诚，洋洋万言，对奏得体。"私自拟将此卷置之第一名。

复审官良贵看了，也是拍案叫绝，评语云："一笔万言，水涌山出，尽扫拘拘谀谀之习，张程奥旨，晁董伟对，贾陆忠言，皆具此篇。"

众考官的总体评价是规模正大，词语恳切，所答圣问八条，皆有议论，援据的确，义理精到，非讲明礼学，该博传记者，未易到此，奇才也！宜备抢魁之选。

宋理宗赵昀阅卷后，见姚勉体貌丰伟，大悦，钦点为状元。

朝为田舍郎，暮登天子堂。古代读书人，也许就凭一篇文章做得好，就能平步青云。一不靠拼爹，二不靠拍马屁，这有利于完美人格的建立。

"中状元着红袍，帽插宫花好啊好新鲜！"这是《女驸马》里面的唱词。姚勉春风得意，写了一首《贺新郎》以记其事：

月转宫墙曲。六更残，钥鱼声亮，纷纷袍鹄。黼坐临轩清跸奏，天仗缀行森肃。望五色、云浮黄屋。三策忠嘉亲赐擢，动龙颜、人立班头玉，胪首唱，众心服。殿头赐宴宫花簇。写新诗、金笺竞进，绣床争蹙。御渥新沾催进谢，一点恩袍先绿。归袖惹、天香芬馥。玉勒金鞯迎夹路，九街人、尽道苍生福。争拥入，状元局。

词中，把当时殿试、唱名、赴琼林宴及打马游街等情景，做了生动细致的描绘。

不久，姚勉衣锦还乡，他来到梦山还愿，重修罕王庙，并且作了一篇《罕王庙碑记》：

罕王者，刘先主曾孙刘获也。当晋怀、愍时，寇氛作乱，肆掠中原，义师失援，王独仗天戈，扬威烈，率其将何唐、李发，佐晋中兴。寇寨焦毁无遗。元帝颁敕，以旌其功，封广惠、广顺二王。母罗氏，有孝节，劝王扶晋，封协庆夫人。广济惠泽英毅王罗铿，乃协庆夫人之弟，与王共祀于今丹陵也。后五寇云扰，同铿隐居西山之翠岩。梁景明初，僧李月鉴庐於翠岩，梦山赐罕王，及母罗氏为民拯灾。醒觉，惟二蟒蛇同榻，鉴惊，蛇忽不见。临轩出，盼红云蔽空，乃知罕王母子之神也。事闻都督江州王公茂与刘公准，建祠以其神，即翠岩广化院。王生三子，均受侯爵。孚应、庆善、昭利，乃三子侯封之号也。时里民祠于西山凤台之封，奉敕额曰"显灵"，祷者辄应。勉因试漕司不利，夜宿王祠。梦一兀加爿犬肉，达旦不能决，乃辨于承觉寺解道。道曰："爿犬肉是壮字，一兀是元字，子必为状元也。"后勉试南宫，果符其梦。协庆族孙知怀集县，天酉请记，以神其事。

今日的梦娘娘庙，正是姚勉为答谢梦娘娘而建的。

## 三

梦娘娘姓罗，乃蜀汉昭烈帝刘备之孙刘护的母亲。

蜀汉炎兴元年（263），魏灭蜀。刘护同母亲在舅父罗铿率一队人马护卫下，来到这里，见山势险要，便扎寨踞守。数年后，天下归晋，罗氏见大势已不可逆转，便劝子北上归顺了晋室。刘护封为广惠王，母封协庆夫人。太康元年（280），晋灭东吴，余党败走西山藩源，与山贼勾结，拥众万余人，为害百姓。是年九月，刘护奉旨率军破贼，因功又封罕王，赐所驻军的梦山为罕王峰。

在梦山北面，有一高山，叫跑马坪。山之巅，有一马平川，长二百多米，宽有一百五十米，就是当年黄皓、徐渊跑马练兵的地方。在跑马场北边，有一个由四个石柱构成的钟架，原有大铜钟悬挂其上，当年用于报警。

跑马坪，今为安义、新建、湾里三县交界处，海拔有七百一十多米。在牛岭邓家附近。

今山之巅有罕王殿。殿内塑有三尊神像，居中为罕王刘护，左为其舅英毅王罗铿，右为其弟广顺王。

紧靠殿后有一石室，人称朱权石室，是明代朱权晚年读书的地方。石室仿木结构，设计精巧。

山中还有魁星阁、狮涎泉、泽头庙、决战场诸景。听当地老人说，山脚下开荒，挖出不少晋代武将古墓。墓长六米，分前后两室，前有宝剑，后有花瓶，可断定为武将墓。有的棺材都没有烂掉，敲打起来，作金玉声，疑为楠木。

熊荣《西山竹枝词》云："祷雨须从禅悟院，祈梦要到梦王山。禅悟老龙能作雨，罕王夫人梦不悭。"

　　注脚云："禅悟院在缑岭东，有深岩，祷雨辄应，相传许旌阳谶云：老龙寄在禅坞内，留与江西救旱灾。《通志》云：盖山十里为罕王山，上有庙，其神乃汉昭烈曾孙刘获。后塑夫人三位，祈梦多应。"

　　时至今日，每年八月初一前后，有成群结队香客，前来朝拜梦娘娘。

　　游梦山，可寻幽，可访古，更可祷梦。

# 苦菜神

## 一

旧时，在安义架溪，与新建西庄两村的接壤之处，有一座分界殿，祀奉的是吴源圣帝孙钟。

今架溪与西庄皆划归湾里管辖。

殿已毁，唯有殿前两株叫不出名字的古树，依然清荣峻茂，匝地数亩阴凉。

昔日的分界殿很是气派，八字大门，门楣上书有"古分界殿"四字。有一联曰："出蓬莱楼十二界，开云汉路三千殿。"

进大门，便是一个雕梁画栋，典雅古朴的戏台。绕过戏台，有天井，周围是一个四合院式的厢房，供看戏用。最后才是吴源圣帝殿。殿中供有吴源圣帝像，上端悬一匾："泽庇洪都"，为清代乾隆年间内阁大学士、四库全书总裁裴曰修所题。殿柱上有对联云："志不在王侯十八磷中成圣果，心惟利民物数千境内沐皇恩。"这一联，是吴源圣帝孙钟一生功德的写照。

《西山志》的作者欧阳桂著《西山古分界殿记》：

乾隆丙戌春，予遍游西山，历层峦叠嶂，采异登奇，得山水大聚之处曰"霞溪"。霞溪形胜幽秀，环山如城郭，其间古迹仙踪，可供凭吊者，不一而足。有大溪当中流，蜿蜒而东注，为吴源大港。

溯溪而上，过冲虚观旧址，遥闻疏钟、清磬之声，飘出林外。再进有古分界殿在焉。询之比丘，云祀吴源老祖，即三国时敝屣王侯，成真于十八磷中，为吴大帝先世讳钟者也。

予与同人周视其处，见庙貌庄严，林木苍秀，殿之南北高峰屹立，远接半天。

西分安邑之界，故殿额曰"分界"。东则人烟辐辏，即所谓"霞溪"也。殿之势不能一亩，而群山拱护，敞其中以望，则山之高，云之浮，人物之遨游。

西山百二洞天，兹殆其一矣，予于是有概焉。夫神之在三国，枕藉富贵，何求不遂，而独来寂历空山，修真炼性，鲜不以迂且癖者，而孰知千载后，歌功诵德，建殿于此，禋祀报享。至今四境之人，莫不祀之恐后。夫富贵而名磨灭者，何可胜道。而神之享祀若此，然后知富贵非常恃之具，而功德留无穷之誉也。"不以富，而以异"，其斯之谓与。

清代李步瀛，有写分界殿的一首古风：

> 梅岭之西三五里，映带回环大山水。
> 桑麻处处蔼人村，傍路西行神庙起。
> 神庙巍峨压路低，南山北山接云齐。
> 额名分界由来久，西去架溪东霞溪……

# 二

无独有偶，在梅岭吴源港的下游，溪霞水库西北边，有一座海拔六百多米的高山，叫仰天锣。山之巅，用乱石围起一道数亩之广的院墙。墙内原有一石殿，是孙钟的修炼处。

据《富春孙氏宗谱》说，孙钟乃乌程侯孙坚之父，东吴大帝孙权的祖父。东汉后期，天下将乱，遂隐居于故乡富春江畔的阳平山，以种瓜为业。路人有求，慷慨相赠，因此孝友之名，闻名乡里。孙钟种瓜，行善积德，惠及子孙，后子孙后代果然称帝建国，开辟三国时代。也被富阳人传为美谈。

南朝宋刘义庆《幽冥录》有一个这样的故事。孙钟，吴郡富春人，东吴奠基人孙坚之父亲。与母亲一起居住，至孝笃信，种瓜为业。一次，三位少年路过，说口渴，要吃瓜。孙钟热情有加，招待他们。少年临去时说："我们乃司命神，你不仅孝顺母亲，而且心存善念。今日吃了你的瓜，无为以为报，正好这座山的风水很好，将来可作你母亲的墓地。"又说："你家是愿世代为侯，还是做数代皇帝？"孙钟跪下说："还是做数代天子好。"少年说："你可往山下走一百步，再回头，我离去处，便是墓穴所在。"孙钟下山行百步，回过头来，见三位少年化白鹤而去。

我乡很多地方因孙钟得名。梅岭主要溪流，因吴源圣帝，叫吴源港。西山东面的吴城，就因孙钟雇人种瓜收子于此，而得名。

民间传说，孙钟晚年隐居于仰天锣，靠种瓜、吃苦菜度日，人称苦菜神。孙钟得道后，墙内年年长出瓜藤，不开花，也不结果。民谣有云：

> 仰锣墙下种仙瓜，有藤无果又无花。
> 有人吃得瓜中水，即为蓬莱活仙家。

清代溪霞本土诗人陈式玉来游，作《游仰天锣诗》云：

> 仰天锣即风雨池，乘兴登临有所思。
> 丹灶空留人去也，瓜田依旧我来迟。
> 山中岁月春常在，个里乾坤俗不知。
> 为问吴源何处去？白云无意任差驰。

## 三

每年的农历五月二十七日，为孙钟的成仙日。

在这一日，远近数十里的人都来到分界殿赶庙会，进香朝拜。还要举行"游苦菜神"活动，由几个人抬着神像，敲锣打鼓，丝竹伴奏，所到之处，村民鸣炮相迎。

据说，迎苦菜神可消灾避难。

按照惯例，赶庙会所捐的钱，尽用于唱采茶戏，一连数日数夜，观者人山人海。其情形犹如鲁迅笔下的社戏。

分界殿今已凋敝，往昔却是一个民俗风情极为浓郁的地方。

# 灶　神

灶神，也叫灶君、灶王爷、司命帝君、灶神星君、灶神阿公。相传，灶神是玉皇大帝派到人间考察民情的司命之神。

只要在乡村长大的人，都会记得，年关将近的时候，都会看见一个挂着一根拐杖的老人，背着一只袋子，手里拿着一沓"灶神"，走村串户。灶神都是木刻版，印在一张红纸上。不须问价钱，只需一升米一张。

在阴历腊月二十四，也就过小年这一天，在灶上贴上灶神，有的还贴对子：上天言好事，下界降吉祥。横批：一家之主。

这一天，灶神要去天上向玉皇大帝汇报这一家人一年的善恶。为了让灶神多说好话，多用冻米糖、花生糖、芝麻糖之类的东西祭祀他。用又黏又甜的东西塞他的嘴，可让他在玉帝面前多说好话。有的人心事不正，一年中做了不少亏心事，还得用酒来敬，好让灶神神志不清。

祭祀完毕，要点三炷香，送他老人家上天。这叫辞灶，也叫送灶神。

宋朝范成大《祭灶祀》诗云：

古传腊月二十四，灶君朝天欲言事。

云车风马小留连，家有杯盘丰典祀。

猪头烂熟双鱼鲜，豆沙甘松粉饵圆。

男儿酌献女儿避，酹酒烧钱灶君喜。

婢子斗争君莫闻，猫犬触秽君莫嗔。

勺长勺短勿复云，乞取利市归来分。

这首诗把中国民间灶神的习俗，刻画得惟肖惟妙、淋漓尽致。

灶神，最早产生于人们对火的崇拜。因火可以催赶野兽，减少恐惧，也让人吃上熟食，少生病。故，很多人说，灶神就是火神祝融。

《论语·八佾》："王孙贾问曰：'与其媚于奥，宁媚于灶，何谓也？'子曰：'不然，获罪于天，无所祷也。'"

葛洪《抱朴子·微旨》说："月晦之夜，灶神亦上天白人罪状。大者夺纪。纪者，三百日也。小者夺算。算者，一百日也。"也就是说，谁要是得罪了灶神，严重的减寿三百天，轻微的也要减寿一百天。人生就活个几十年，再减一下阳寿，岂不是祸事！

清代的《敬灶全书》则称，灶君受一家香火，保一家康泰。察一家善恶，奏一家功过。每奉庚申日，上奏玉帝，终月则算。功多者，三年之后，天必降之福寿；过多者，三年之后，天必降之灾殃。

人们要祈福禳灾，便要对灶神恭恭敬敬。不得敲打灶，不得将刀斧直接置于灶上，不得在灶前讲牢骚怪话，不得在灶膛烧污脏之物。

《中国文艺辞典》罗隐条说："世传他出语成谶，今豫章、两越、八闽人，凡事俗近怪者，皆曰'此罗隐秀才说过'。"

相传，罗隐幼时去学堂读书，要经过一条浅浅的河，可早晚都有一个白胡子老人，在等候，背他过河。

有一天，母亲问，你每天过河怎么鞋袜都不湿？罗隐就把天天有人背他过河的事，给母亲说了。

母亲觉得十分奇怪，要他问个究竟，以后也好答谢人家。

第二天清早，罗隐一趴到老人背上，就问："老公公，你真好！可为什么天天背我过河呀？"

老人说："天机不可泄露。"

在罗隐再三追问，老人才说："我是当地的土地公公。你是未来的真命天子，奉玉皇大帝之命，伺候你。你看，你头顶每天有一朵祥云罩着呢。此乃天机，切记！切记！"

罗隐回到家，忍不住把这事给母亲说了。母亲正在灶下洗筷子，听如此一说，十分快活，把筷子往灶上狠狠一撇，说："要是我崽当了皇帝，首先杀了上屋叔婆起。"

因上屋叔婆经常欺负他们孤儿寡母。

灶神可不干了，立时来到天宫，给玉皇大帝告状，说罗隐皇帝还没有当上，就无法无天了，怂恿他娘打我四十金棍。

玉帝大怒，命令天神把罗隐的仙骨换掉，三天内执行。

第二天，土地公公对罗隐说："孩子，以后我就不背你了。你的仙骨，今天晚上就会被天神换掉。"

罗隐哭着说："老公公，可有什么办法解救？"

土地公公说："你今晚睡觉要咬紧牙关，可留一口金口玉牙。另外，可把脚板顶紧床头，留一副好脚板，走遍天下。"

此后，罗隐留下出口成谶的金口玉牙和一双走遍天下的脚板。

等正月初六，灶神才重返人间，家家又要接灶。

清顾禄《清嘉录·接灶》："安灶神马于灶陉之龛，祭以酒果糕饵，谓之接灶。谓自念四夜上天，至是始下降也，或有迟至上元夜接乾。"

灶上蟑螂、蚂蚁太多，在农历四月初八，可在灶上写：伏历四月八，毛蚂永不发。

中国民间对灶神顶礼膜拜。打灶，和做屋上梁一样，要选良辰吉日。

每年的八月初三，是灶神的生日，确保大吉。但在灶神上天几日，为死日，切不可动土打灶。

打灶有十二忌讳：不可背宅方向，不可与大门相冲，不可与厨门正对，不可与对厕所相冲，不可对房门，不可贴近卧房，不可背后空旷，不可横梁相压，不可斜阳照射，不可灶安水道，不可尖角对斜，不可水火相克。

打灶高低宽窄都有规定：

作灶尺寸取单数，长七尺九寸，象征着天上北斗七星高高悬挂，福星高照，地上九州地域博大；宽四尺五寸，象征着五湖四海，拥有天下之物；高一尺二寸，象征着一年十二个月，月月开灶制餐。

有歌曰：神仙留下一张弓，十个时师九不通。作灶若然用此法，定生富贵禄千钟。

细伢子骂人，辄曰：你家倒屋倒灶咯。灶很能体现一户人家的荣辱与兴衰。要灶里不断火，路上不离人，则为兴旺之家。

恭喜人则说：祝你家开烟发户。这意味多子多孙。

随着城镇化建设蔓延，家家烧的是管道煤气，渐渐，灶神阿公被岁月遗忘了。

# 百无禁忌

举头三尺有神明。

我们的先民对未知世界感到神秘和敬畏，才会出现各种禁忌。

门有门神，灶有灶神，床有床公床母。山有山神，藤有藤怪。有了敬畏感，行为才有规范，才不至于为所欲为、无法无天。

孔老夫子就说过："君子有三畏：畏天命，畏大人，畏圣人言。"

我细伢子的时候，同俵儿秋生去山上砍柴。走在路上，秋生一不注意，说到了鬼呀，蛇呀，虎呀等字眼，就觉得不吉利，便把柴刀往地上一抛，说："你怎么说这样的话？去归去归！"

过年过节，更不可胡言乱语。猪头叫"顶子"，猪耳朵叫"顺风"，猪舌头叫"招财"，猪骨头叫"元宝"，猪血叫"旺子"。桌上的鱼，还不可以吃完，这叫作年年有余。总而言之，都是讨口彩。

说起"招财"，有个很好笑的故事。

我乡有个李老板，外出做生意，忌初五、十三、二十三出行。出门看见乌鸦，便往回走。如是看见喜鹊，便大为欢喜。还不能遇见剃了光头的和尚、尼姑。扁担放在地上，不可以让人跨过。

李老板做行商，慢慢有了一些积蓄，准备在山外开一家茶铺。

在开张那一天，选了一个黄道吉日。为了讨口气，买了一个好大的"招财"挂在大门口。爆竹响过，很多人进门，都说："老板招财进宝，恭喜发财！"李老板很高兴，每人饷予两个茶饼。可邻居家的细伢子一进门就说："哎呀，好大一个舌头！""舌头"音"蚀头"，气得李老板脸都黄了。把门一关，另选日子。

过几天，李老板重打爆竹重开张。邻居家的细伢子经过爷娘一番调教，特意上门，将功补过。李老板看见这个小屁孩又来了，心里发毛，赶紧把"招财"

藏起来。细伢子说："老板，怎么'招财'不见了呢？"李老板气得哭笑不得。

又过了好几天，李老板重新开张。这个细伢子见说"舌头"不行，说"招财"又错了，干脆远远站着。李老板怕他上门，用眼睛恶狠狠地瞪着他。细伢子心里很委屈，大骂："鬼才进你家门呢！"李老板气得差点昏过去。

我小时候，家里开了一家代销店，有时也帮卖一些东西。父母教导我：坐店不可敲打柜台，不可伸懒腰，不可打哈欠，不可玩弄算盘子，不可背朝外。扫地要往里扫，这样才关得住财。大清早做第一笔生意，必须慎重，如做砸了，一天不顺利。如有人不小心打碎了盘碗或玻璃瓶，还要说："发了，发了！"

人家做屋上梁，在堂屋正上方写着：天地阴阳，百无禁忌。因上梁要求吉利，尤其怕细伢子乱说话。

我的一个堂伯父做屋，弄不到椿芽树做梁，在山上相中了一棵挺拔的松树。松树，我乡称枞树。伯父出梁的时候，正是寒冬腊月，村里一个后生缩着脖子，筒着手，缓缓走来，说："哎呀，你家怎么弄一棵枞树做梁？"枞，我乡读穷。伯父气得脸色乍变，跨步上前，狠狠抽了年后生一巴掌，说："短命鬼，你烂嘴巴。我这是富贵树哪！"

房子做成了，忌正月、九月搬家。灶王爷是一家之主，先要打好灶，然后搬别的东西。

大门口不可以对着人家的烟筒、墙角、巷口、高塔，还不可有枣树、桑树等。

吃饭时，饭掉地上，不可用脚踩。不可用一只筷子，或一长一短。不可敲碗，不可撑碗。

客人来了筛茶，双手捧上，不可太满。吃饭时，菜碗要成双数。喝酒时，客人要满盅，不可自斟自饮，要先敬客。没有吃完饭，不可收碗抹桌子。

探望病人，要上午，下午阴气太重。水果要买苹果、橘子，不可买梨子。

吃中药，只可说吃茶，喝完把碗倒扣在桌上。细伢子胖，不可说壮。病了，只可说身体不舒服。有人过世了，只可说圆福了。

七月半祭祖，不可用狗肉、牛肉，因牛耕田，狗看家，不忍食之。尤其是狗肉，有打狗散伙的意思。不可用豆芽、蚕豆、豌豆等做菜，因"豆"音"斗"，会导致子孙后代不和睦。不可用茄子，怕后代出瘸子。不可去乱坟岗，不可大声喊名字，不可去游泳，到傍晚更不许外出。

在野外，不可捡人家的猎物。如果实在想捡去吃，放一块石头在原处，要说："你在这里避难，我捡你去下饭，你若要寻事我，要等这石头烂。"

入国问禁，入乡随俗。民间禁忌，多如牛毛，看似平常琐碎，但根深蒂固，不可不慎。

# 第六辑　农林渔猎

# 田上一年

在我乡，不知几时起，农民纷纷进城打工，田地或荒芜，或被征收。——再也看不到细伢子浸泡在水田里，捉泥鳅、捡田螺、挖慈姑了。他们似乎和城里的孩子一样，已是五谷不分。由此，我十分怀念以前的农耕岁月。

《周礼》云："荆、扬二州，其谷宜稻。"《豫章记》云："郡江西岸有盘石下良田，极膏腴者一亩二十斛。稻米之精，如玉映澈于器中。"由此可见，我乡种水稻历史之悠久。

清明节前四五天，在布谷鸟的声声叫唤声中，选择一个阴雨天气，开始浸禾种。按照一亩田二十斤的分量匹配，便八九不离十。浸到一日一夜，便用禾秆把种谷包起来，放进甑里催芽。开始要用温水淋，一日二三次。到二天，这些蕴含饱满生命力的种子发芽了，且活力充沛，自己会产生温度。用手摸，还滚烫。如温度太高，会烧包，灼伤谷芽，隔上三四个小时，要用冷水淋。一般讲究寒头浸种，寒尾下田。到了第四天，谷芽就有半寸长了，在一个晴天丽日，把它撒到秧田。用毛竹片插成一个弧形，盖上薄膜。过二十五六天，秧苗有四五寸长，就可以栽禾了。

秧好一半禾。秧田必须施足肥，以猪粪、草木灰为主。

红花草开了，大地一片锦绣，红艳夺目。春耕正式开始。

《礼记·月令》记载，先秦时期，每逢孟春之月，天子就要率领三公九卿到郊外迎春，后来形成了打春牛的礼俗。

《燕京岁时记》载："立春先一日，顺天府官员，至东直门外一里春场迎春，立春日礼部呈进春山宝座，顺天府呈进春牛图，礼毕回署，引春牛而击之，曰打春……"

民国《安义县志》记载："立春，游土牛，市坊各扮演故事，居民咸集竞看，官吏、师生从东门迎春。次晨，鞭春如制。"

由此可见，在我们这样的农业大国，春耕是何等神圣的一件事。田要三耕三耙。还要铲田塍，搭路脚，挖田角。最后把木梯放进田里，绑上绳子拉一下，叫打扛。

我乡有手拿竹梢，吆喝水牛耕田的谜语："三个头，六只脚，国公钓鱼手拉索。"

其实，每年早春，山野望春花开放的时候，我父亲便开始了春耕。这时所耕的多是秧田。犁铧所到之处，常有泥鳅翻出来，我便跟在父亲身后捉泥鳅。泥鳅还在冬眠状态，迷迷糊糊，就被我装进了鱼篓里。

这时总有许多八哥在刚翻开的土地上，找虫子吃。不时有八哥飞到牛背上，展开嘹亮的歌喉，唱起了一支支春天的序曲。

犁田是父亲的一手绝活，犁铧所到之处，掀起一片片沃土，就像屋上盖的鱼鳞瓦一样平整。

父亲每日犁田。犁了一丘又一丘，耕了一垄又一垄。

父亲掮着犁，牵着一头水牛，走在田塍上，口里还哼着儿时唱过的歌谣：

> 赶只黄牯前头走，牵只水牯后头跟。
>
> 捉到黄牯打三梢，捉到水牯打三鞭。
>
> 打死黄牯不要紧，打死水牯扣工钱。
>
> 黄牯水牯莫怪我，只怪东家作田多。

可现在，改天换地了。

父亲民国时期师范毕业。在新中国成立初期连犁都不会扶，由于成分不好，同人家一样出勤，却硬要比人家少挣两分工。为养家糊口，揽下这桩人家不愿干的活，才扯平了工分。

开始扯秧，叫开秧门。要在田边点香烛，打爆竹。第一把秧洗净泥，用秆扎好，带回家，抛到屋顶上。栽禾的第一餐饭，要杀鸡，剁肉，打酒。中途还要过昼，吃米花泡酒暖身子，还要吃冻米糖、油饼。

很多风俗，到了人民公社年代，被革除了。

　　我第一次栽禾，是读小学五年级时，学校放了五天农忙假，不由分说，便约了几个老庚，去生产队参加劳动。

　　出勤的钟声响过后，社员们陆陆续续往田边走去。我这个小社员，是第一次出勤，赤着脚，走在湿漉漉的田塍上，路面石头虽有些硌脚，但觉得什么都新鲜，连泥土的气息也别样好闻。我们家的小花狗愉快地摇着尾巴，一步三回头在前面引路。田塍上，印下了一朵朵小梅花。

　　一丘刚整平的水田，倒映着蓝天白云，也倒映着田塍上欢声笑语的男女老少。生产队长拖过"划行器"后，把秧抛下。大家便绾起裤脚，撸起袖子，纷纷下田栽禾。

　　我下了田，水冰冷彻骨，泥巴还在咕噜咕噜地冒冷气。顺手抓起一只秧，解开，握不下，放下一半，在大人的指导下，猫下腰，栽起禾来。左手不可以搁在膝盖上，抓秧的同时，母指和中指忙不迭地分秧，八九根合成一株；右手接过，无名指和中指将菀夹住，插进泥里。起先，我栽的禾东倒西歪，弯弯曲曲，拿大人的话来形容，像蛇子过水。栽着栽着，也就好了。

　　大人说：栽禾栽得正，当上一道粪。做人也一样，要堂堂正正。

水田里，不时有小鱼、泥鳅、蝌蚪、蚂蟥在悠游。蚂蟥游着游着，粘到脚上，一不注意，瘪瘪的身子撑得滚圆。

生产队劳动颇不寂寞，有人打谜语，有人唱歌谣，有人讲故事。插科打诨，谈笑风生。

有一个扯秧的故事。

一个农民在扯秧，洗净泥巴，用秆绑好，往田塍上抛，正好有一位秀才走过。农民说："先生哎，我有一个对子对不上，请你帮忙好吗？"秀才点了点头。农民说："秆绑秧苗父绑子。"秀才冥思苦想，对不出。正急得团团转，看见一个人扛着一把锄头，竹篮里装着几只笋，便说："有了——竹篮装笋母抱儿。"

有一个栽禾的故事。

一个秀才，以能言善辩闻名乡里。一天骑着高头大马，在田野兜风。看见一个崽俚子在栽禾，便逗他："崽俚子，你栽禾叮叮咚，一天栽几千几百几十棵？"崽俚子答不出，回家给姐姐说了。姐姐聪慧过人，教他对答。第二天，秀才又在飞马扬鞭。崽俚子把他拦住，说："你骑马嘚嘚嗒，一天骑几千几百几十脚？"秀才一愣，说："这是谁教你的？"崽俚子支支吾吾地说："是，是我姐姐。"秀才硬要去会村姑。来到一间竹篱茅舍前，门口站着一位妙龄少女。秀才从马上跨下一只脚，说："你知道我要上马还是下马？"村姑道了个万福，一只脚站在门槛里，一只脚站在门槛外，对秀才说："那你晓得我要进门还是出门？"两人相视大笑，平分秋色。秀才又说："你能在一个盘子里，装十样菜吗？"村姑进了灶房，才五分钟，端出一盘韭菜炒蛋来。秀才拱了拱手说："佩服！佩服！"

有时，泥里钻出一条又长又粗的黄鳝来，大家抓着玩，有男人开玩笑说："女客婆快走开，不要让黄鳝钻到你的洞里去了。"

我不知所云，问旁边一位大婶："大婶，哪来的洞呀？"

大婶说："回家问你娘去。"

惹得大家哈哈大笑。

黄鳝非得用三个指头扣，才能抓住。做事都有诀窍。

栽禾以退为进。等大家各将几行禾从田头栽到田尾，一丘田也就栽完了。田里就像织下一张绿色的网。

"手把青秧插满田，低头便见水中天。心底清净方为道，退步原来是向前。"

这是布袋和尚的诗。

到了晚上，父亲告诉我说："你今天挣到两分工了！"我虽累得腰酸背疼，但心里还是美滋滋的。

此后，我每逢假日便去挣工分了。

作田不耘禾，收谷收半箩。禾栽下去，过个七八天，开始返青，便要耘禾。先要在田里撒一些草木灰追苗。在我乡，耘禾叫"蹋禾"，挂一根棍子，左右脚轮流在禾蔸下游离，若有草，便深踩一脚。也有的跪行泥中，双手抓泥除草。在耘第二遍时，有的去山上割当年的嫩树枝或芭茅，垫在禾蔸下做肥料；有的冷浆田，泥巴板结，则用石灰沃之。待耘到第三遍，禾开始"塞行"了。

生产队人多势众，一丘田，十来个人一字排开，各挂一根棍子下田，更是热闹。有人还会打山歌：

风吹禾苗叶穿梭，哪有耘禾不唱歌？
哪有划船不打鼓？哪有娶亲不打锣？
火烧芭茅心不死，荷包收口难收心。
山歌越唱心越欢，闺女越听越多情。


南山岭上南山坡，南山岭上打山歌。
唱得红花朵朵开，唱得果树长满坡。
山歌好唱口难开，杨梅好吃树难栽。
米饭好吃田难作，白面好吃磨难推。


传说，一天罗隐先生见几个农人在田里耘禾，嘻嘻哈哈。便说："耘田不弯腰，稗草高齐腰。"罗隐可是金口玉言，从此稗草便与稻谷相伴，生生不息。

在我乡，就有一个禾稗不分的笑话。

早先，梅岭高家有一个秀才，虽在私塾当先生，却作了十多亩田，不过都是雇人种的。一天，高先生又请了几个禾客在耘禾。禾客扯了许多稗草，抛在田塍上。高先生见了，以为是禾，十分心痛，总认为是禾客因早饭吃得不好，在发泄不满。他急忙回家，交代娘子杀鸡打酒。禾客昼饭吃得好，下昼越发仔细，田塍上更是丢满了稗草。高先生从学堂回家，见了，眼都黑了。他瞪着一双白多黑少的眼睛，拱了拱手，说："各位禾客，这就是你们不对了。早饭招待不周，扯了若干禾苗，情有可原。可昼饭又杀鸡，又剁肉，又打酒，可……"

耕耘播种，种瓜点豆，与二十四节气密切相关。如：春分早，立夏迟，清明种棉正当时。立夏栽姜，夏至挖娘。立秋栽葱，白露种蒜。

很多人能用采茶调，将二十四节气唱出来：

一月小寒接大寒，二月立春雨水来，三月惊蛰又春分，四月清明连谷雨，五月立夏小满红，六月芒种夏至天，七月小暑接大暑，八月立秋处暑来，九月白露又秋分，十月寒露霜降来，十一月立冬又小雪，十二月大雪冬至临。

热在三伏，冷在三九。在酷热难当的时候，总有人说：这个伏天，快些过去才好。老人便说：莫盼脱伏交秋，怎望逢冬见九。热也好，冷也好，日子得慢慢过。脱了伏，就到了秋天，立了冬，到了一九，一年还剩多少光景呢？譬如我，就到了逢冬见九的年纪，黄土都埋到颈啦。

早先没有农药，农民很注意保护雀子和青蛙。有的年头，虫害严重，便去山上挖博落回、雷公藤等，斩碎，用尿浸四五天，拌灰或掺水，洒在禾上。

禾长到七十多天，开始扬花灌浆了。到了九十多天，田野一片金黄——"双抢"就要开始了。

到了这个时候，我便说：又要脱皮换骨了。

新谷成熟，第一次收割，称作"开镰"。

这是农历六月天，大家都戴了草帽。下了禾田，右手握镰刀，左手捉住禾秆，稍用点力，嚓的一声，禾就割脱了。割到了五六棵，就放在禾茬上晒。

细人开镰割禾，很容易割到手。一般田边都有禾田草，摘一把叶子，搓碎，敷在伤口上，一会儿就可以止血。禾田草，学名叫合萌。《江西草药》记载："清热利湿，消肿止血。"

禾上有蚱蜢在蹦，禾下有蛤蟆在叫。到了当昼，蝉声此起彼伏。热浪翻滚，人好像在蒸笼里炙烤。

热得快闭气了，喔嚄——！是谁一声长啸，沙沙沙，吹来一阵凉风。

据老人说，只要打一个呼哨，庙里的杨泗菩萨就会移动一下屁股，就有一股风吹来。

栽禾忙，割禾忙，千金小姐请出房。这个时候，谁也没有心思说笑话，打山歌了。

到下昼，割下的禾已晒得半干了。男劳动力掮着尖担，拿着竹"条子"来捆禾。将禾抱上岸，垫好捆上。先用尖担在一捆禾上印好一个洞，再用尖担把另一捆禾撑起，用另一头捅进开始那捆禾里，托起来，放在肩上，就往禾场赶去。脚板踩得大地咚咚地响，左肩累了换右肩，压得难受，不时哼上几声，一路抛洒着汗水。

捆完禾，就有人牵着水牛，背着辘辘来轧田。把牛轭架在牛脖子上，人站在辘辘上，吆喝一声，牛就往前走，辘辘像煮粥一样，咕噜咕噜地响，泥溅得比人还高。渐渐把禾茬打进泥里。轧上两遍，水平如镜，可以栽禾了。

早禾相差上下昼，晚禾只争马过桥。为了抢时间，有时借着月色，都在栽禾。蚂蟥吸血，不痛不痒，吃饱了，自行脱去，只是脚上流血不止，而牛虻、花脚蚊子，能把人叮得跳起来。有《劝早歌》唱道：

> 清早凉凉歇，宁愿中午热。
> 中午热呵呵，宁愿夜晚摸。
> 夜晚蚊虫咬，还是赶早好。

这无休止的劳作，令人腰酸背痛不说，饥饿的折磨，更是让人虚汗淋漓，头重脚轻。十天半月，吃不到一块肉。为了大地的丰收，只有咬咬牙，坚持到最后。

有时，生产队长安排人蒸几笼包子，分给大家吃，那是一种莫大的享受。我连坐在哪块石头上吃过一个包子，至今都记得。口渴了，就趴在田头边，咕嘟咕嘟喝几口泉水。

打禾，经常靠打夜作来完成。禾场被灯光照得如同白昼，把禾铺成一个圆形，便牵着牛，拉着石碾脱粒。在基本脱粒后，边滚，边翻叉，边收谷。

石碾，我乡叫禾磙子。有谜语云："一只冬瓜两个蒂，大人猜一年，细人猜一岁。"

最后，把禾秆堆成圆锥形，留给牛过冬。

我和农民一起胼手胝足、摸爬滚打的日子，真正领会到"汗滴脚下土"的滋味。

世上哪有作田苦，半年辛苦半年闲。秋收后，便同妇女在一起挑猪牛粪。其时，是江南山区小阳春天气，山路上，菊花金黄，山野油茶花开得如烟似雾。空气里香喷喷的，令人陶醉。我们各自挑选二十来斤猪牛粪，一路说着闲话，悠闲得像看野景。一趟跑一二里路，一天跑四趟。谁也用不着行色匆匆。工分工分，还得慢慢地混。

那时的分配原则是按劳取酬。男正式劳力挣的是十分工，女正式劳力挣的是五分工。我父亲是记工员，每晚有生产队长、妇女主任来报工分。社员按工分多少，到年底分红。

当我挣到七分工时，已经十六岁了。也就在那一年，农村实行生产承包责任制，才结束了中国历史上吃大锅饭、挣工分的年代。

从此，我乡便只种一季水稻。生产队早晚稻加在一起，亩产也就五六百斤，而种一季中稻，就有六七百斤产量。种田这样的事，过多的行政干预，劳民伤财不说，还适得其反。

后来，有了杂交水稻，亩产可上千斤了。假如，我现在还在家种田，一年种十亩田，累得腰驼背曲，能收一万斤谷，折合人民币一万五千元。除去禾种、化肥、农药的开支，能剩下几千元？甚至不够感冒发烧住一次院。我如何供养儿女读大学？如何帮他们成家立业？

——我高中毕业后，同父亲在家种了两年田，几乎会做所有的农活。虽然父亲每日向我灌输"作田为大业""富字田打脚""千买卖，万买卖，不如在家翻土块"等农本思想，但我还是毅然走向山外。——第一站，便是在万埠老街摆地摊。

自从父亲过世后，我家的田地彻底荒芜了。我多次说，等我退休后，回归田园，种两亩田，栽几畦菜地，养一群鸡。可还没有等到我退休，田地已被征收了。

这是我为祖祖辈辈耕耘的土地，唱的一曲挽歌。

# 黄泥地

黄泥地，是我们家的一处责任田。才一亩三分地，却有二十三丘之多。一天载完禾，父亲左算右算，少了一丘，回家的时候，才发现被斗笠压着了一丘。

山里的田地，多是如此。

黄泥地离村子有两里多路，要翻过一座蛮高的山，才能到达。它是村子里最偏远、最贫瘠的一垄田，但风景绝佳。黄泥地下，是一汪盈盈的湖水，碧得叫人陶醉，清得看见水底的游鱼。岸上，成片的松林，郁郁葱葱，山风吹来，松涛阵阵，送来可人的松脂香味。林中画眉、黄莺歌喉婉转。山脚下，时而传来野鸡咯咯的啼叫声。湖面不时有野鸭出没，白鹭翻飞，小鹧鸪时隐时现。湖很大，七坳八洼的，沿湖上走一圈，只怕要一天时间。

这个湖叫献忠水库。这是一个有着时代烙印的名称。

我总觉得，黄泥地的宁静秀美，不亚于美国作家梭罗笔下的瓦尔登湖。1845 年的春天，厌倦了都市工业文明的梭罗，借来了一柄斧头，来到瓦尔登湖边的森林里，造了一栋木屋。他在自己的小木屋里，过着与世隔绝的生活，开始对大自然的观察、思考、梦想，写下了美丽的《瓦尔登湖》。

那时的我，是一个迷茫失落的落榜青年，非常迷恋梭罗的《瓦尔登湖》，痴痴地想，等我将来事业有成，也来黄泥地筑一木屋，写一本中国现代版的《瓦尔登湖》。

我与父亲在黄泥地种田的日子，有着田园牧歌式的悠闲。父亲从来不让我干重活、脏活。父亲耕田，我便铲田塍；父亲栽禾，我便扯秧；父亲挑禾，我便割禾。没事的时候，我便牵着一头水牛在湖边游荡。

其时，父亲已是个年过六旬的老农民，对土地有着近乎宗教般的情感。

　　父亲在新中国成立前读过师范，教过书，从过政。新中国成立后，一直兢兢业业从事生产队劳动。到了晚年，农村实行生产承包责任制，他为"耕者有其田"而欢呼。很快，父亲把原来浆冷泥浅，收谷不够雀子吃的黄泥地，精耕细作，成了年年增收的丰产田。他不服老，还雄心勃勃，在山脚下另开了几分荒田。每当水库的水位退去，还要抢栽一茬禾，每年，父亲将一担担金黄的谷子倒进仓，脸上总是荡着幸福的微笑。

　　父亲一边劳动，还一边向我灌输一些农本思想："作田为大业"，"富字田打脚"，"世上哪有作田苦，半年辛苦半年闲；朝见父母晚见妻，抱着孩子笑嘻嘻"。

　　还经常安慰我说："种田就种田吧！万般都是命，半点不由人。这田也是祖辈千百年留下的产业，也得要人继承。我也是个读书人，种了一辈子田，不也过来了？人生哦，做什么都是吃碗饭！"

　　黄泥地曾是我们家的祖业，在我的印象中，父亲永远都是黄泥地的守护者。

　　有一天，父亲耕完田，牵着水牛，捎着犁回家，赤着脚走在前头，我则扛着一把锹，趿着拖鞋，懒洋洋地跟在后头。那天，如血的残阳，把我们的身影，拉得老长，老长。踏着石阶上坡的时候，走在后面的我，总嫌父亲走得慢。父亲有些上气不接下气。我第一次意识到父亲老了。父亲比我大四十三岁，与我这个风华正茂的儿子相比，背也弯了，步履也蹒跚了，头发也花白了。人生易老！这种"父耕原上田，子刨山下荒"的温馨日子，不知还能延续多久。我的心头掠过一丝无可奈何的悲凉！

　　我总嫌故乡的天地太小。三年后，毅然告别故乡，告别黄泥地，只留下老父亲，孤单地在黄泥地亦耕、亦种、亦耘、亦收。

　　不久，我在外面成了家，并有了自己的产业，日子还算过得去，但父亲还是十年如一日，给我提供黄泥地收种的粮食。在他的心目中，我似乎是一个永远长不大的孩子。

　　父亲活到老，干到老。在2000年深秋，收割完黄泥地最后一季稻子后，告别了人世，享年八十一岁。

　　今年秋天，我和大哥去献忠水库钓鱼。走到黄泥地，那里的山依然青，水依然碧，地却荒了。田里长满芭茅、蒿草，田塍上的杂树有的有碗口粗了。树犹如此，人何以堪！想起了与父亲种田的那段日子，不禁潸然泪下。

今生，我还会回到这里开垦这荒芜了的黄泥地吗？当年那个美丽的《瓦尔登湖》神话，还能实现吗？我不知道。只有心里在默念着陶渊明的《归去来兮辞》："归去来兮，田园将芜，胡不归？"

# 童年鱼趣

孩提时，见春溪水涨，便想到钓鱼。

兴之所至，去柴房找来一根直挺挺的竹棍，做钓竿。用母亲纳鞋底的鞋绳当鱼线。弄来几枚大头针，弯成钩。又风风火火往鸭身上揪几根羽毛，聊作浮标。在石头下，扳几条蚯蚓，急匆匆往溪边走去。

来到洗衣埠头，水清见底，游鱼历历可数。垂下钩，鱼儿立即抢作一团，眼见得钩被拖走了，浮子一沉，便呀的一声惊叫，钓竿一挥，一条指头般大小的鱼，被摔在半空，掉了下来，已死翘翘了。

初夏雨后，水色稍浑，最宜钓红车公马口鱼。红车公马口鱼喜欢游弋于急水滩头，浮子随波逐流，人须跟着走。浮子急动，一提竿，钓上一只"花花公子"似的红车公马口鱼来。红车公马口鱼有一二两，头部为黑色，口阔，身长，有红黄蓝白相间的花纹。这种鱼性急，吃钩凶，运气好时，一上午就可钓三四斤。

秋冬季节，我喜欢坐在潭边钓鲫鱼。就一个人，如老僧入定，或坐岩石上，或立大树下，或倚竹林旁，手执一竿，静悄悄的，只有鸟语，只有花香，不时，钓起一只只巴掌大的鲫鱼来，这种情趣，只有身临其境才能领略。

深潭中多"巨鳞"。这种鱼日久成"精"，深入简出，老奸巨滑，捉不到，钓不着。于是，设法堵住上游的水源，待潭中只剩一泓水时，用脸盆将水舀干，一会儿，红的鲤鱼，黑的月鳢，青的鲢鱼，哗啦啦一起露出脊梁来，一一唾手可得。

山溪多月鳢，俗称秤星鱼。头大而嘴阔，身长而多鳍。两边各有九条人字形的花纹，还点缀许多白色的花点，像满天星光。喜栖居于山区溪流、沼泽地、冷浆田。多藏于岩洞里，还会钻泥、打洞。

月鳢看似风度翩翩，却十分贪婪愚蠢。

我依稀记得小时候钓月鳢的情景。在钩上挂一只小青蛙，只要对准溪中的岩洞，左右摆动几下，很快，就有一只月鳢摇头摆尾地出来了，将钩吞下，待它掉过头回洞时，一提钩，可十拿九稳，把它钓上来。即使没有钓牢，只要赶紧补上一钩，它照常吞钩不误。这种蠢蠢然、昏昏然的举动，真有些像清代李宝嘉《官场现形记》中，见钱眼开，见利忘义的贪官。我给它取了一个外号，叫"送死"。

有一次雨后，溪水有些浑，村里有五六个人在洗衣埠头钓鱼，钓上来的多是两把重的石斑鱼和马口鱼。令人大跌眼镜的是，有一个才五岁的细伢子，硬是钓上一条八两多重的月鳢来，让人惊叹。

我在菜园里，挖了一个一米深、两米见方的池子。池子毗邻水田，有水汩汩冒出。我们便在小溪里，捉了许多指头般大的月鳢，养在里面。我们还捉一些蝌蚪，挖一些蚯蚓，喂养它们。过几天，我们就用钩钓上一条，看看是否大了一些。但只要一下雨，池子水满，月鳢跑得精光。但我们还是乐此不疲。

石斑鱼，我乡有的人叫锈金鱼，有的人也叫它石坎鱼。它的学名叫斑条光唇鱼，或叫浅水石斑鱼。

石斑鱼，梭形，头小而体胖，背低而脊宽，全身呈棕褐色，腹部花白，各有六七条黑色横斑纹。属冷水鱼类，只生活于南方山溪水质清冽的石缝里、深

潭中。以溪中的石虫、小型水生动物和微生物为食。因此，生长缓慢，大者也不过二三两。

下雨天，溪水满溢，它喜欢逆流而行，遇激流险滩，一跃而上，可达一米多，宛如空中闪过一道彩虹。有时，失之偏颇，也就掉到岸上来了，让人不劳而获。

石斑鱼以肉质细嫩、味道鲜美而著称。唐代诗人李频有"石斑鱼鲊香刺鼻，浅水沙田饭饶牙"的诗句。

每日夕阳西下的时候，我们总是不失时机地掮着笱笼，往港边走去。在鱼往来如织的溪段，筑一渔梁，在缺口处，将笱笼安置好。再去上游，将鱼驱赶得急游直下，尽入彀中。有时，笱笼放过夜，另日清早去取，常能装到一两只脚鱼，或三四斤鱼虾。

在烈日炎炎的盛夏，正是大人们"双抢"的季节，我们邀上四五个伙计，各出一个枯饼，用火烤得焦黄，香喷喷的，舂成粉末，再将晒干了的醉鱼草、水蓼粉末，和在一起，来到港的上游，将它们溶于水中。水染成酱色，流经之处，鱼纷纷浮出头来，眼睁睁地看着人，口一张一合，似痴人说梦。

这个时候，我们一个个腰间挂着鱼篓，手里拿着网兜，先是在岸上观察"鱼情"，只要看见鱼被痨晕，立即把它捉上来。半个时辰后，药性发作，鱼纷纷浮出头来，我们便各分一段，忙着捉鱼。有时连脚鱼、乌龟也痨得无法藏身。捉了一筐又一筐。村里有人发现有人痨鱼，纷纷前来"赶场"。整整一天，沿港尽是捉鱼人，这种情景，也叫"闹港"。

宋朱辅《溪蛮丛笑·痨鱼》曰："山猺无鱼具，上下断其水，揉蓼叶困鱼，鱼以辣出，名痨鱼。"

一天，我独自在溪边摘野豆，偶尔发现一丛芭茅掩映的小潭里，有许多小鱼。我来到潭边，潭水清亮，有好几十条黑脊梁的、花脊梁的鱼儿在怡然嬉戏，并不因我的出现而藏匿。

我从口袋掏出一只红薯，洗净，嚼碎，喷于潭中，它们争着用口一张一合地吃着。我心中一喜，又吐一口在手心，放进水里，它们照抢不误，碰在手上，麻酥酥的，趁其不备，捞了一只上来。呵！它真小呢，小得才指头般大，背部有黑色的花纹，它挣扎着，乌黑的眼睛望着我，企求得到释放。我不忍心伤害这可爱的小生灵，把它搁置水中，倏地，消失在鱼群中。我深深地爱恋上了这潭小鱼。此后，经常寻来红薯、饼干、玉米棒，嚼碎给它们吃，并挖来蚯蚓，用小刀切碎喂养它们，希望它们快快长大，心情不亚于母亲对家禽的期望。但，我决不想从它们身上得到什么，或捉它们吃。我的心像潭水一样清澈。潭鱼，是我那时最好的朋友，也是我那时感情的维系。

好景不长，我的秘密终于被一个比我大三四岁的孩子发觉。一天放学后，他赤着脚，提着网兜、鱼篓，来到小潭，堵住了上游的水源，把潭水浇干，鱼被一网打尽。

等我赶来，他提着大半篓活蹦乱跳的小鱼，正"功德圆满"要回家。我心中的爱恋，心中的维系被他一网打碎了，疯狂地哭着，骂着，要抢回鱼。他狡诘地一笑，说："笑话，港里的鱼怎么会是你的？你也不要闹了，我们回去请大人评理去。"

我哭丧着脸，跟在他背后，心想，鱼是我花了心血养的，你还能有理么？

回到家里，父母正在吃饭，我哇哇地边哭边诉说，却把父母笑得直喷饭。

村里人听说了，都笑我是个傻孩子。

# 水库捉鱼

到港里捉鱼，实属小打小闹。要想翻江倒海捉大鱼，还得去水库。在水库捉鱼的方法有许多种，在这里，我只挑几种有趣的说一说。

我这里说的水库，叫献忠水库，距离屋场近二里多路，要翻过一座山。

以逸待劳。春天，蛰伏了一个冬天的鲢鱼，欢喜结队而游，当游到有活水贯入的水域，便不知中了什么邪，会异常兴奋，腾空而跃，互比高低，一不留神，有的居然跃上了岸，给人以意外的收获。鲢鱼也叫跳鲢，以善于跳跃而著称。有时，鳙鱼也跳上来。有一次，我同村里的一个伙计去钓鱼，他像变戏法，一会儿工夫，就钓上好些红的鲤鱼、青的鲫鱼来，让我羡慕不已。可我，老半天还没有一条指头大的鱼上钩，很是恼火，干脆躺在湖畔草地上，做白日梦。猛然，哧溜一声，湖中蹿出一条十多斤重的大鲢鱼来，白光一闪，恰好落在我身边。我抱住大鲢鱼，哈哈大笑。都说勤劳是成功之母，其实运气一样重要。

守株待兔。扳罾是一种古老的捕鱼方法，《庄子·胠箧》就有："钓饵网罟罾笱之知多，则鱼乱于水矣。"《楚辞·湘夫人》云："鸟何萃兮苹中，罾何为兮木上？"扳罾，就是把一张四方形的网，长宽丈余，用两根竹竿，交叉把它四角撑开，再用一根细长的杉木棍支在地上，起网时，只要拉绳子就行。把扳罾沉入水中，过个一二十分钟提起，只见得网上有鱼在活蹦乱跳。扳罾一般在大风暴雨的天气，披蓑戴笠，选一个有活水贯入的深潭，水在旋转，鱼在跳跃。记住，扳罾一定要放在漩涡的边沿。有时一个晚上，可扳两三百斤鱼，多是红尾巴梢子、翘嘴白。红尾巴梢子学名叫拟赤梢鱼，身长似鳘鱼，背部隆起，头细且尖，尾巴及鳍，皆为红色，重可二三斤。扳罾须大人才可以操作，细伢子只能打下手。我们则把家里的破蚊帐，如法炮制一个桌面大的小扳罾，用鸡肠鸭肠，烤得喷喷香，或用蚌肉，绑在扳罾中间，来到湖边的静水湾。可我们扳到的都是小鱼小虾，但还是乐此不疲。

愿者上钩。以往钓鱼，最讨厌的就是钓白鲦。每当我打了窝子，静静地等候，好不容易才有鲫鱼频频上钩。正当我春风得意、渐入佳境时，只觉得水光接天的湖面，乱云飞度，定睛一看，是白鲦结队而来。它们十有八九像饿死鬼，见食就吃，拽钩就跑。刹那间，窝子周围成了白鲦的一统天下，慢条斯理的鲫鱼再也没有机会与钓饵"接吻"了。白鲦，也叫鲎鱼，小如竹叶，浪费大好时光及上好的饵料钓它，实在划不来。无奈，你赶它不去，驱之还来。姜太公钓鱼，愿者上钩。渐渐地，我被白鲦的"诚意"所感动，于是，专门干起钓白鲦的把戏来。经过我长期的观察和摸索，对白鲦采用了一种与常规钓鱼方式截然不同的钓法。弄来一根钓竿，长只要二米，线长六尺。无须按沉水，也不用浮漂，将钩上的倒挂须去掉，好待鱼自行脱落。来到湖边，选好一块地形平坦的地方为背景，在岸边，插一些树枝做屏蔽。用和了肉蛆的秕糠，间或撒上几把，待一会儿，白鲦蜂拥而至。火候到了，在钩尖上挂一只蛆，将钩不间断地往水面捽去，就像变魔法，钩落鱼起。一会儿工夫，地上落得一片雪白。不时，还可钓上红车公马口鱼，每看到它从头顶划过，宛如天空掠过一道彩虹，令人心花怒放。按此法钓白鲦，虽不像钓巴掌大的鲫鱼及四五斤重的鲤鱼那样令人兴奋，却能以数量之多取胜。我曾有两个小时钓八百条鱼的纪录。

浑水摸鱼。湖畔有一荒滩，大三四亩，一到夏季，芳草萋萋。几场大雨后，荒滩淹没，有草鱼一队队悠游到荒滩上吃青草。见此情景，我们就约了七八个伙伴，来湖畔摸鱼。派几个人，先把荒滩出口处的水搞浑，让鱼迷失方向，接着，我们一齐赤条条地在水里扑腾，把水搅得愈浑愈好，经过一番折腾，短命的鱼早已浮出头来，草鱼屡屡被踩到，鲤鱼急得跳上岸，唯有狡猾的泥鳅、乌鱼，见有人把水搅浑，早已钻到泥巴里去了，谁也奈何不得它。

一举全歼。去山上砍来一捆捆茅草、芦杞，将荒滩围了起来，只留两个缺口，到晚上，鱼贯而入，在凌晨三、四点，就悄悄用稻草将缺口堵上。第二天早上，我们各出上几个枯饼，用火把它烧烤得焦黄，香喷喷，舂成粉末，撒在荒滩中。油茶枯饼对鱼来说如酪如酒，一吃就醉，不到一个时辰，纷纷浮头，口一张一合，似痴人说梦。

请君入瓮。到山脚下，引来一支涓涓细流，快到湖边，用竹管接上，流往湖中。在湖边水管的流程内，挨水边挖一个二三尺见方的坑，灌满水，上铺柴草。晚上，鲫鱼听见叮咚的流水声，就容易兴奋，只要一跃，就落入坑中。如有兴趣，在坑沿点上一支长香。夜间，脚鱼闻香而动，跌进坑中，见有吃不完的鱼，便乐不思归，甘为瓮中之鳖。

直捣龙宫。我们常用雷管、炸药，装在酒瓶里，安上导火线，填上沙土，组合成炸弹。来到湖边，看见一大群鱼游弋于水面，便点燃导火线，嗞嗞地响，心跳加快，立即把炸弹扔往湖中，水面荡漾涟漪，分明还有一缕青烟袅袅升起。七八秒钟后，猛然一声闷雷似的轰响，地都有些震颤，浊浪翻滚的同时，浮出若干大小不一的鱼来。我们各拿一根绳子，游过去，把鱼一只只穿上，游上岸。多时一次能炸好几百斤。

水库捉鱼，不在鱼，而在捉鱼的快乐中。

水库捉鱼，是我童年生活的一个重要组成部分。

# 装毫子

筲笼，我乡俗称"毫子"。是一种用竹篾编制成的捕鱼工具，口阔而颈小，腹大而身长，设有倒挂须，鱼进得去，就出不来。

平时，碰到易如反掌、坐享其成的事，就说："你装毫子呀。"

其实，它也可称筌。《庄子·外物》云："荃者所以在鱼，得鱼而忘筌。"

《诗·齐风·敝笱》云："敝笱在梁，其鱼唯唯。"

《诗·小雅·小弁》云："毋逝我梁，毋发我笱。"

从字面上看，描写的就是远古时候，我们的先人用筲笼捕鱼的情景。

唐代诗人陆龟蒙《渔具诗·鱼梁》：

> 能编似云薄，横绝清川口。
>
> 缺处欲随波，波中先置笱。
>
> 投身入笼槛，自古难飞走。
>
> 尽日水滨吟，殷勤谢渔叟。

筲笼也叫笭箵。皮日休在《渔具诗》第十五首中写道：

> 朝空笭箵去，暮实笭箵归。
>
> 归来倒却鱼，挂在幽窗扉。
>
> 但闻虾蚬气，欲生萍藻衣。
>
> 十年佩此处，烟雨苦霏霏。"

这两首诗，犹如两幅用筲笼捕鱼的民俗风情画。

在我孩提时，天井左边的阁楼上，不知什么时候，放着一只笱笼。

有一年夏天，姑姑带表俚长胜来我家做客，看见笱笼，便怂恿我去港里捕鱼。

其时，我似乎只有五六岁。表俚要比我大两岁，却比我高大得多，由他扛着笱笼，来到港边。笱笼大有合抱，长二米有六，看似庞然大物，其实空空如也。

我们在有鱼往来如织的水域，用石头垒起一道渔梁，留一缺口，将笱笼填上，用一块石头压住。

表俚再去上游，将鱼驱赶得急走直下，尽入彀中。待一会儿，我们将笱笼掀起，看见有十多条鱼儿在里面活蹦乱跳，便心花怒放。拿掉倒挂须，将鱼倒出，折一根树枝穿好。

那天，我们余兴未足，将笱笼放过夜。另日清早去取，装到一斤多鱼虾。

我在表俚的带领下，对笱笼捕鱼产生了浓厚的兴趣。不久，做篾匠的二哥给我做了一个小一号的笱笼。

此后，每日夕阳西下的时候，我总是不失时机地带着狗，捎着笱笼，往溪边走去。

有狗作伴，可以壮我行色。那时的山野，有豺狼虎豹。

乡村的黄昏，景色实在迷人。晚霞满天，凉风习习。蝉声息去，蛙声如潮。禾苗上，滚动着晶莹的露珠。牧归的老牛，哞哞地叫着。

我沿港而上，察看着"鱼情"。我喜欢在水深碧绿，且多岩石的溪段，设下笱笼。这样的地方鱼多且大，甚至还有脚鱼。

脚鱼可是水中的尤物，大则三四斤，小则六七两，如捕获一只，就能让一家人美美吃上一餐。有时打风暴的天气，脚鱼喜欢出来活动，我一晚最多装过两只。可我村有一个人一晚装过七只，令我羡慕死了。

当然，踏空的时候也常有，最晦气的却是装到蛇，令人心惊胆战。

易涨易退山溪水。有时候，夜里落暴雨，我的笱笼十有八九被冲走。我还得沿溪而下，去寻找。

近山识鸟音，近水知鱼性。锈金鱼（浅水石斑鱼），喜欢藏在深水里；红车公马口鱼，喜欢待在水流较急的浅滩；秤星鱼（月鳢），喜欢躲在岩石洞里；虾子，喜欢匿于水草中。

有时，在一段水美鱼肥的溪段，安好笱笼，就像种下一个美好的希望。就连夜里躺在床上也在想着我的笱笼，总幻想着鱼儿、脚鱼、乌龟，三三两两，进入我的笱笼里。有时一兴奋，干脆就失眠了，听了一夜的蛙鼓。以致如今，午夜醒来，听见远处传来的蛙声，我就会联想起当年的情景呢。可见，笱笼当时对我有着多么大的吸引力。

在这里顺便介绍一下，我乡还有一种小笱笼，大如笔筒，长二尺许，两头设有倒挂须。笱笼放在田头、水沟，要放一些酒糟、油菜枯饼做诱饵。也是头天傍晚放，第二天清早去取。一只笱笼约能捕到一二十只泥鳅、黄鳝、虾子。

俗话说：鱼子腥，下饭精。那时，母亲常用鱼煎辣椒给我吃。这是我一生中吃过最可口的菜。

时过境迁。如今，我乡山瘦水枯，再加上鱼藤精、电瓶的大肆捕杀，鱼虾快绝迹了，笱笼已成了一种逝物！

# 窝雀子

我在这里，写的是擒获雀子的往事。我乡方言，这叫"窝雀子"。《说文》云："获，猎所获也。故从犬。"甲骨文的象形字是用手抓住一只待飞的鸟。

在我家屋侧边，是一片菜地，靠西边篱笆，有一棵四抱粗的古枫树，还有一些丈把高的桃树、梨树、棕树。枫树上住着一对斑鸠夫妇，不时传来呼晴唤雨、呼朋引伴的叫唤声：鹁鸪——咕！

它们经常在菜园里捉虫吃，当然也啄菜叶子。看见人来，啪嗒啪嗒飞到树上。到了菜花金黄的日子，便有一群小斑鸠在学翅。小斑鸠懵懵懂懂，不晓得世事的险恶，有时栖在五尺来高的梨树枝头夜宿，被我逮到过两只。

一年冬天，大雪一落就是二十多天，出门还得用锹铲雪开路。我们天天坐在家里烤火，偶尔打开榈子透气，只见得，斑鸠羽毛散乱，情形就像痨晕了头的鱼。

父亲说："这雪下落得太久，雀子都快饿死了。我们来获斑鸠改善一下生活吧。"

落了许久的雪，不要说鱼肉，就连新鲜蔬菜也很久没吃过。腌薯藤梗、干芋头秆、酸腌菜、豆饵，轮番上桌，吃得我嘴角都烂了。常言道，飞斑走兔。听父亲这么一说，口水都出来了。同父亲来到禾场秆堆下，扯了一些秆，做成十个八字形的秆块，两边安上坑。用一根两尺多长的鞋绳，绑在中间，两边各做一个绳套，安在坑边。每个坑里放上一把谷子。把这些秆块放在园里树下。我再也没有心思烤火了，从榈子的缝隙里看着。不一会儿，扑腾腾，飞来一只斑鸠，看见秆块里的谷子，不由分说，啄食起来，才啄到第四下，就被套住。我急着要去拿斑鸠。父亲说："等一下子。"过了个把小时，居然套到四只。

那天晚上，我们一家人吃了一顿红烧斑鸠，鲜美无比，几乎把舌头都吞进肚子里了。

大哥对我说："我们明天去禾场获竹鸡，看我的本事。"

晚上，大哥锯了一截二三米长的毛竹筒，只留一面做底，其他三面，挖出许多两三寸见方的孔。第二天，把竹筒放在秆堆下，一头用秆堵上，里面放了一些谷子。我同大哥就躲在禾场的阁楼上看。

天色漠漠，雪花飘舞。山间不时传来此起彼伏的爆竹声，惊得山雀满天飞。

空中不时传来几声凄凉的鸟鸣声。

半个多小时过去了，飞来一群竹鸡。它们在秆堆下寻谷子吃。一只竹鸡看见竹筒里有许多谷子，进去吃，别的竹鸡也争先恐后，进入竹筒中。大哥在数，一、二、三……跑过去，把进口堵住，塞上秆，一次擒获七只。

从此，我喜欢上了获雀子。

我家有一片菜地，位于村前的葛山脚下，蔬菜常受到竹鸡的侵扰，啄去菜叶。父母对竹鸡的这种劣行习以为常，很是宽容。我却不以为然，扬言要找竹鸡算账。用一支竹做的自动机关，撑着一只筛子，在机关的舌片上放上稗谷，只要竹鸡稍一啄，准罩住。可苦心经营许久，罩着的总是些黄雀、画眉、乌鸫之流，狡猾的竹鸡根本不上圈套。

等呀，等呀，终于等到下大雪，我才如愿以偿，罩到五只竹鸡。

野鸡喜欢生活在山脚下的荒田里、榛莽丛中。大约是它们体重太沉的缘故，飞不多远，就落地行走。我就经常在它们出没的地方安下绳套，费尽心机，不曾捕获一只。一次雨后，在我家靠山脚下的菜园里，看见一只野鸡，羽毛湿了，飞不起来，就在后面死劲地追，可连野鸡毛都没有弄到一根。

有一次我在砍柴，看见不远处有两只野鸡打架。它们不是头对头地打，而是站成一排，你啄我一下，我啄你一下。等它们打得正激烈，我从后面，悄悄走近去，一手按住一只。

我读高一时，一日天才麻麻亮，我骑脚踏车赶去上学。走到村头，看见禾场上有好几百只野鸡，在觅食、嬉戏。怎么会有这许多的野鸡，聚在一起呢？这种现象很罕见。我想，也许它们在迎接一个盛大的节日吧。我掉头回家，叫大哥拿来了猎枪。大哥站在马路上，居高临下，一声枪响过后，有三只野鸡在地上挣扎，扑腾了几下，很快闭上了眼睛。

有的年头，在晚禾收割后，我来到山外，和表哥去捉野鸡。晚饭后，表哥背着一只装有九节电池的木匣，用两根电线，串连在头上的电筒上。一束强光，在田野间四处乱晃。我拿着一个安有竹把的网兜，在后面紧跟。每次都带着一只狗。狗的嗅觉十分灵敏，只要闻到野鸡的气息，就汪汪地叫几声。这时，伏在禾田里睡觉的野鸡，就抬起头来张望。我们发现了目标，先把狗稳住，照着野鸡，悄悄走过去，用网兜，把它按住。有时没按住，可它飞不到几米就落下来，只要灯光照着，还是手到擒来。最多时，一个晚上捉到过五六只。

表哥说，野鸡在夜里视力很弱，几乎是睁眼瞎。

我和父亲在黄泥地种田的日子里，不多一会儿，就能听见野鸡在山脚下咯咯啼叫。野鸡一般成双成对，这个时候，也许它们在和情侣调情，或和幼崽嬉戏。我很喜欢听野鸡欢快而愉悦的啼叫声。一日耘禾，不经意时，看见一只野鸡在田头边的茅草里孵窝，被我逮着，还捡到六个七彩野鸡蛋。

我发现野鸡窝，除了茅草外，还有闪闪发光的松香。

我问父亲："野鸡筑巢还用松香做什哩？"

父亲说："因为松香里面含有雄黄，蛇不敢靠近。野鸡从开始下蛋，到幼崽会飞，起码也要三个多月的时间，难免有蛇经过，所以才这样做。"

可见，野鸡也是用心良苦。

我被野鸡的聪明和智慧折服。我和父亲商量了一下，将野鸡放了，把几个已放进了口袋的蛋，又放回了窝里。

野鸡也叫山鸡、雉鸡，色彩斑斓，似若传说中的凤凰。熊荣《西山竹枝词》就有诗赞曰："觅得雉雌饶五色，阿儿戏作凤凰看。"

时过境迁，我乡野鸡已不多见了。每次在山野惊起一只咯咯啼叫的野鸡，也是恍如隔世。

# 咬　夜

咬夜，吾乡方言，即晚上带猎狗去咬野物。吾友杨圣希先生年轻时就有《猎归》诗云：

> 咬夜乐无边，浑身杀气先。
>
> 月黑星照地，风小雾漫天。
>
> 长啸深山里，孤行丛冢边。
>
> 归来携猎物，儿女笑灯前。

读了这首诗，我想起小时候咬夜的往事。

那时，我酷爱养狗。其中有一只小狗毛色漆黑，只有颈上一块桃叶大小的菱形小花，我给它取了个名字，叫阿花。

阿花四肢发达，两耳高耸，样子威武，在村子里，诸狗争霸，它数第一。它如影随形，总跟着我。上学的路上，它跟在后头；上山的路上，它走在前头。吃饭的时候，它蹲在我的跟前，垂涎三尺地紧盯着。我不时地扔上一团饭，或一块骨头，它便能一口接上。

上山砍柴，有了阿花可以壮我行色，再也不怕牛鬼蛇神、豺狼虎豹了。每当山间惊起一只竹鸡或黄莺，它恨自己没长翅膀，总要无可奈何地吠上好一阵。若遇上孵窝的野鸡或打盹的小兔，便要逮个正着。

每年深秋，等蛇归了洞，才带它去咬夜。每当我亮出那根茶树棍来，它便知道要去咬夜，高兴得摇头摆尾，呜呜乱叫。书包里一般装着几只红薯，一可充饥，二可用来犒赏阿花。邀上一两个伙伴，射着手电，走进夜幕。

有一次，还在田畈走，阿花不知去向。突然，田里传来了它与狗獾撕打的声音，用手电照去，只见它们在奔来逐去地较量，禾茬摩擦得唰唰作响。我们考虑到狗獾会朝山上逃窜，便捷足先登，赶到山脚守候，并跳起脚来，呐喊着给阿花助威。

月光朗朗，看得清，这只狗獾比狗小不了多少，肥滚滚的身子，加上脚短腿粗，怎么也跑不过狗。它稍停顿了一下，出人意料的是，像一股黑旋风似的，朝狗反扑过去。阿花一时惊慌失措，被咬得惨叫几声。狗獾其实也是虚晃一枪，转头就往山上跑。狗獾正要爬上田塍，我赶过去，迎头一脚。狗獾嚎叫一声，摔得四脚朝天，被狗逮住。阿花龇牙咧嘴地怒吼着，用嘴顶住狗獾的脖子，待其窒息而死。好在皮毛没有咬破。把它一张皮剥下来，卖给供销社，可值十多块钱，相当于工人半个月工资呢。

狗獾其实很漂亮，毛色灰中带白。从嘴巴起，有三条白斑，延伸到脑后。有两道黑色纵纹，从鼻子延伸到耳朵，一双桀骜不驯的黑眼睛就藏在里面。肚皮和四肢倒是黑的。尾巴的颜色比身体更浅一些。

狗獾穴居洞中，昼伏夜出。每次出洞、进洞，都要像人一样站起来，叫三声，声音像小狗叫。在我村后的尖栗树下有一对狗獾，怎么也找不到它们的洞。如能找到洞，可用烟熏，也可用绳套。

烟熏，摸清了进洞，还找到出洞，才有把握。

绳套，须得用钢丝绳，因它脾气暴躁，牙齿厉害。有猎人说，狗獾走路，如有树枝拌了脚，非得把它咬碎不可。

豪猪其貌不扬，长得鼠头鼠脑不说，满身的毛刺，乍看像一枚开花的炸弹，让人望而生畏。山中豺狼虎豹见了它，也要退避三舍。谁要是招惹它，不是刺瞎眼睛，也要弄得头破血流。

在丛林里，别的动物行走，悄无声息，甚至还夹着尾巴。可豪猪就很嚣张，肥胖的身体，大摇大摆不说，还在粗短的尾巴上，长了一个铃铛，走起路来，发出清脆的卡嗒、卡嗒声，在数十米以外，就能听见。

它一旦遇敌，先是扬起尾巴，把铃铛摇得硕硕响，嘴里也发出噗噗声，还能将背部的硬刺，靠肌肉弹动的力量，一支支，像箭一样射出。如需要决战，就掉转身子，用背对着敌人，把身子卷成一团，毛刺根根竖起，以不变应万变。

它最脆弱的是脑壳、鼻子和肚皮，一旦攻破，也就死到临头了。所以，它任何时候都晓得虚张声势，掩盖其软肋。

　　有一次，才上山，就传来了狗与豪猪厮打的声音。我们知道豪猪的厉害，跑去给狗助威。走近一看，豪猪不见了。我家可怜的狗，被刺得满嘴是血，呜呜地惨叫。

　　我曾和六七个伙计，带着两只狗咬夜，看见一只豪猪躲进了洞里。两只狗汹涌而上，对着洞口，汪汪大叫。狗用爪子刨土，刨了一米多，累得不行了。不晓得还有多深呢。我心生一计，把屁股堵在洞口，想把豪猪憋死。几分钟过去了，豪猪用嘴拱我的屁股。我慢慢地把手伸进洞，一把拽住它的前脚，把它拎出来。其他几个伙计把早已准备好的棍子，朝它脑袋上一阵猛击。豪猪毙命。

　　有一次和堂叔带狗咬夜，休息的时候，他讲了他少年时遭遇豹子的故事。

　　那一天，他们五个人，各带着一只猎犬。两个年纪大的有二十七八岁，一个叫木印，一个叫水金，其他两个和堂叔一样，是十五六岁的少年。那天月光皎洁，没有打火把（那时没有手电）。五只狗在田垄发现猎物，狂喊乱叫。他们马上朝一个山冈追去。木印跑得最快，来到山冈上，看见五只狗朝一棵三丈多高的荷木龇牙咧嘴地嚎叫。木印猜是一只九节狐狸，把一个茶树棍绑在腰间，就往树上爬，好用棍子把它顶下来。等爬到一大半，抬头张望，那野物扑在他身上，扑通一声，跌在地上。木印已经昏迷。这时，正好水金赶来，看清是一只豹子，大喊一声："哎呀，是豹——豹老虎！"心里十分胆怯，但不能见死不救，就握紧矛，拼力朝豹子刺去，正好刺着豹子肚子。豹子痛得嗷嗷大叫，一用力，矛断了。一只狗过来帮忙，豹子击一掌，打爆了一只眼，惨叫不已。另一只狗过来，也被踢出一丈远。水金看见豹子直扑过来，露出白森森的牙齿，眼看要咬到自己，就拼命用半截棍子，敲打豹子牙齿。当水金抱住豹子在地上打滚时，木印已苏醒，摇摇晃晃站了起来，抢起茶树棍，朝豹子脑袋猛击。五只狗也疯狂撕咬。豹子终于被打死。而堂叔他们三个人手里连棍子都没有带，听说是一只豹子，吓得往屋场跑，去叫人。等屋场上的人赶来，只见两人累得瘫在地上，满身血污。这只豹子有七十多斤。

　　当时还没有野生动物保护法，打猎、咬夜是合法的事。如有本事能打到老虎、豹子还有奖励。我乡把豹子叫豹老虎。

　　杨圣希晚年《梅岭竹枝词》有云："吟过山中狩猎诗，已经存档代供词。恳邀套麂谋雉客，诚意诚心做反思。"

　　时至当下，咬夜已成为遥远的过去。